Über dieses Buch

„Es war einmal eine irrlichterne Sehnsucht. Und wenn sie nicht erfüllt ist, dann sehnt sie noch heute…"
Schleichend, aber bestimmt bricht das Kartenhaus ihres Lebens in sich zusammen. Ihre Ehe mit René implodiert, die trügerische Sicherheit der ehelichen „Normalität" hat etwas Bedrohliches. Das Leben verläuft gleichmäßig belanglos, die Liebe mechanisch, ohne nennenswerte Aufgeregtheiten. Scheinbar ziellos schmachtet sie Frauen ihrer Umgebung hinterher. Da ist zunächst die begehrte Hannah, an der sie sich emotional den Hals bricht, weil sich das Schmachten in veritables körperliches Begehren auswächst. Kaum ist Hannah verschwunden, bildet die schöne „Aussichtslose" die Schablone für ihr richtungsloses Begehren. Für die „Aussichtslose" aber scheint ein solches Begehren allenfalls ein Experimentierfeld zu sein. Zum Objekt einsamer Phantasien wird auch die fremde „Gestiefelte", die die Waldspaziergänge und Träume der Protagonistin durchkreuzt. Unausgesprochen quält sie sich also weiter mit ihrer rasselnden Sehnsucht nach einer Frau.
Als hätte das lange Schmachten sie schon um den Verstand gebracht, stürzt sie sich kopflos in ein anonymes Abenteuer mit Marla, der „virtuellen Geliebten", die sie über das Internet gefunden hat. Kopflos genießt sie wüste, leidenschaftliche Abgründe, von denen sie gar nicht wusste, dass es sie gibt. Sie erlebt die Liebe wie ein Pulverfass, das versehentlich in die Luft gesprengt wurde. Im Verborgenen. In schummerigen Seitenstraßen, in kalten Treppenaufgängen, in einer zum Liebesnest verwandelten Hütte im Harz.
Über den Umweg waghalsiger Affären scheint sie bei der geheimnisvollen Val, der „Siegesgewissen", endlich angekommen zu sein. Val jedoch lebt ein eher ungewöhnliches Modell der Liebe. Die Turbulenzen nehmen ihren unvermeidlichen Lauf…

–

Maren Brandenburger

Unter dem einstürzenden Kartenhaus

Herausgegeben von

ISBN 978 -0-9562978-0-8
©opyright 2009 by Maren Brandenburger
Herausgegeben im Verlag meread, Tayinloan, Schottland
mailto: meread@ymail.com
Titelbild by Ann-Lena, Eckhard u. Jörg
Druck: Lightning Source UK Ltd., England

Inhalt

I. Teil

II. Teil

Für meine smaragdäugige Königstigerin

Dank an die drei fleißigen „Felsenburger"

I. Teil

1.

März

Dann wieder rasend unbeirrbar...

Glauben die Schauspieler eigentlich, was sie da spielen? Diese 90minütige Glückseligkeit, die sie uns da vorgaukeln? Ich denke, nein. Sie spielen das Glück, weil sie in ihrem realen Leben wahrscheinlich eine Katastrophe nach der nächsten hinlegen. Aber Schauspieler haben diese göttliche Gabe, sich in ein anderes Leben hineinzudenken. Es zu spielen. Und wenn auch nur für andere. Der Film da vorne, wenige Meter nur vor meinen ungläubigen Augen, plätschert so selig dahin, die Zuschauer sind ganz benommen vor lauter Glückseligkeit, die ihnen da für wenig Geld vorgegaukelt wird, mit klebrigem Eiskonfekt und stinkendem Popcorn. Freiwillig essen diese Glücksucher Popcorn, beinahe rituell. Als gehörte diese klebrige Masse zu der verkleisterten Illusion der Glückseligkeit.

Warum kann ich nicht einfach mal in einen ganz normalen Kinofilm gehen, mich dort ganz normal in die Welt der Glückseligkeit entführen lassen und dann ganz normal entspannt nach Hause gehen wie alle anderen normalen Menschen auch? Ich starre zwar nach vorne auf die Leinwand und lasse den Film gurrend vor meinen Augen ablaufen. Aber ich nehme nicht teil. Ich hinterfrage die Handlung. Ich hinterfrage die Liebesszenen. Diese wunderhübsche Frau da vorne auf der Leinwand, die sich stöhnend in die Arme ihres Supermanns fallen lässt und so tut, als beginne in seinen Armen die Glückseligkeit, kann diesen mit schwülstiger Musik unterlegten hingehauchten Orgasmus so gar nicht erlebt haben. Das ist einfach nicht glaubwürdig. Das kann sie mir nicht weismachen. Sie wird allenfalls mäßig erregt gewesen sein, vielleicht hat sie seine Nähe einfach nur genossen. Wer weiß, vielleicht riecht er gut. Vielleicht hat er Geld. Aber sie belügt ihn. Denn sie ist definitiv nicht in seinen Armen explodiert. Sie gaukelt ihm diesen Orgasmus vor. Auf der Leinwand. Und wer weiß, wie oft im wahrem Leben auch. Der Film ist einfach schlecht. Er gaukelt uns vor, dass uns allen, wenn wir es nur wirklich wollen, die wahre Liebe wie die von Barbie und Ken bevorsteht. Man muss nur daran glauben. Ich starre auf die Leinwand und frage mich, was das überhaupt ist, dieses Gefühl der Glückseligkeit.

Rechts neben mir die Frau ist vollkommen in ihrem Kinositz zusammengesunken vor Ergriffenheit, dass der Held nun doch zu seiner Dulcinella zurückgekehrt ist und sich nun alles in Wohlgefallen in ihrem Bett auflöst. Ich überlege einen Moment, ob ich ihr sagen sollte, dass dieser Orgasmus keiner war, selbst wenn man einmal davon absieht, dass es nur ein Film ist. Ich lasse das. Ich lasse diese zusammengesunkene und ergriffene Frau in ihrem Glauben an das Prächtige in der Liebe. Solange Ken nicht bemerkt, dass Barbie ihm den Orgasmus nur vorspielt, soll es mir doch auch egal sein. Um mich herum schnieft der Kinosaal in seine Taschentücher, sogar die nervtötenden Popcorn-Raschler haben aufgehört, klebrigen Popcorn zu rascheln. Sogar die lästigen Gummibärchen-Schmatzer haben aufgehört, klebrige Gummibärchen zu schmatzen. Und das alles wegen des kleinen vorgegaukelten Glücks, das ebenso künstlich ist wie Barbie auf der Leinwand mit ihrem Silikon-Körper. Finden die das schön?

Und René? Entspannt zurückgelehnt, das rechte Bein bequem über das linke geschlagen, seine rechte Hand vertraut auf meinen Oberschenkel gelegt, als wollte er verhindern, dass ich heimlich hinausrenne. René ist auch ganz ergriffen von diesem Film. Auch René genießt die Illusion der Glückseligkeit. Wenigstens ihm muss ich doch sagen können, dass hier alle miteinander einer drittklassigen Liebeszene auf den Leim gehen. Aber ich lasse das. Ich lasse auch ihn in seiner Ergriffenheit baden.

Warum kann ich nicht wie alle normalen Kinobesucher dieses vorgegaukelte Glück teilen? Weil ich es weiß. Weil ich weiß, dass dieses Glück nicht existiert. Nicht so jedenfalls. Vollkommen desillusioniert sitze ich da in meinem schummerigen Kinosessel, um mich herum ergriffene Mienen, und denke über das verständliche Sehnen nach Glück nach. Eigentlich wollen doch alle nur dieses einfache Glück empfinden. Barbie und Ken setzen ihr munteres Liebesspiel auf der Leinwand fort, links und rechts von mir fiebern die Menschen dem nächsten unechten Höhepunkt entgegen. „Du bist das beste, was mir je passiert ist", lügt die Leinwand-Barbie ihrem Helden ins gebräunte Gesicht, das von seiner Lust irgendwie fratzenhaft entstellt wirkt. Und während sich da vorne dramatische Szenen abspielen, läuft vor meinen Augen mein eigener Film ab.

Nein, unglücklich kann ich den Zustand nicht nennen. Wirklich unglücklich fühlt sich mein Leben ja nicht an. Es plätschert eben so dahin, ohne größere Verwerfungen, ohne nennenswerte Höhepunkte. Wenn man mich fragte – aber es fragt eben niemand wirklich, weil ich nach außen immer diesen allzeit unbesorgt und zufriedenen Eindruck hinterlasse – müsste ich wohl sagen, dass alles reibungslos sich ineinander fügt. Halbwegs geradeaus gewachsen, mit den unvermeidlichen Blessuren und Narben des Lebens zwar, aber - insgesamt irgendwie okay. Glaube ich. Irgendwie zufrieden. Zufrieden mit mir, mit meinem Körper, mit meinem Leben. Ein, wie ich immer empfunden habe, luxuriöses Leben. Was für ein Luxus, Zeit und Muße zu haben, sich in Bücher zu versenken, die Welt zu beobachten, das Meer zu riechen, Musik zu hören oder über den Sinn all dessen nachzugrübeln. Einen leidlich interessanten Job, eine wirklich hübsche Wohnung am Wald, einen treuschluffigen Hund, eine handvoll lieber Freunde und eben *einen Mann*. Ich glaube, so muss es sich anfühlen, wenn man von sich sagt, dass man sich geliebt fühlt. Wenn ich nun wieder so vor mich hin lebe in dieser trügerischen Sicherheit und geordneten nicht hinterfragten Welt, dann würde ich wohl in fünfzig oder sechzig Jahren auf der sonnenbeschienenen Parkbank sitzen und meinen Enkeln davon erzählen, dass ich ein zufriedenes Leben gelebt habe. Mag sein ein glückliches.

Nun fragt eben niemand wirklich „Sag', bist Du glücklich so?" Ich meine, wer fragt so etwas schon, warum auch, wenn man nach außen den Eindruck einer stabilen und glücklichen Beziehung vermittelt!? Dass ich mich gerade jetzt mit so grundle-

9

genden Fragen des individuellen Glücks befasse, muss wohl am drohenden Frühling liegen. Eine fatale Jahreszeit rückt da wieder einmal unerbittlich heran. Kaum zuckt die erste Märzsonne unruhig hin und her, dreht sich bei mir die emotionale Spirale, die Sehnsuchtsfalle klappt auf. Wie eine rostige Mausefalle. Wenn mich aber nun jemand fragte? „Bist Du glücklich?" Ich weiß es nicht. Wie soll man ein Gefühl beschreiben, das man gar nicht kennt, das man aber dennoch umso schmerzlicher vermisst?

Barbie da vorn auf der Leinwand gaukelt ihrem Ken derweil Leidenschaft vor. Vielleicht weil sie ihn liebt. Vielleicht weil sie glaubt, dass zur Liebe eben Leidenschaft gehört. Weil sie glaubt, dass Ken es verdient hat, ihre Leidenschaft zu erfahren. Aber ihre Leidenschaft ist gespielt. Trügerisch. Der arme Ken. Er wird belogen. Und damit um sein Glück gebracht.

Vielleicht hat Barbie ja Recht, denke ich, und man muss die Leidenschaft einfach nur spielen. Und – schwupp – ist sie da. Wenn man die Liebe aber nun einmal leidenschaftslos erfährt? Solange aber nichts wirklich Umstürzlerisches geschieht, so hält man diesen Level für in Ordnung. Ja, und so ist es wohl. Ganz in Ordnung. Nicht wirklich schlecht, nicht eben unglücklich. Aber irgendetwas fehlt für das Gefühl von Glück. Irgendetwas Phantastisches, irgendetwas Phänomenales. Irgendetwas Tiefes. Manchmal ist es so klar wie eine Sommernacht, es fehlt einfach die Leidenschaft. Mit starrem Blick auf die Leinwand, wo Barbie ihrem Ken erneut die Leidenschaft vorgaukelt, bekomme ich eine Ahnung davon, was ich so bitter vermisse.

Während ich Barbie und Ken ungläubig mustere, betrachte ich wie von außen meine eigene komische Suche nach einem einfach nur normalen und ruhigen Leben. Endlich teilzuhaben an der simplen Glückseligkeit, das muss doch möglich sein. Meine emotionale und leidenschaftliche Seite habe ich derweil allerdings untergebuddelt wie ein Mörder eine Leiche im Kiesbett des Baggersees verscharrt, damit er endlich Ruhe hat. Und heute? Heute bricht meine Sehnsucht immer wieder hervor. Die Sehnsucht nach einer Frau. Wenn ich mich zurückerinnere, wie es damals war, an das flirrende Gefühl, verliebt zu sein, an diese Höhenflüge, an diese Intensität, dann bekomme ich

Angst und schlage in Hast dieses Kapitel meines Lebens schnell wieder zu wie ein verbotenes Buch, von dem man Unheil erwartet. Dabei erinnere ich mich so gerne. *„Et l'on revient toujours a ses premiers amours"* (!) Damals! Wie das klingt! Als hätte ich mein Leben bereits hinter mir. Den größten Teil zumindest. Dabei ist das alles kaum mehr als zehn Jahre her. Die Sache mit Lisa. Was sind schon zehn, zwölf Jahre?

Lisa war einzigartig wunderbar. Lisa war meine. Damals stand mein Herz in Flammen. Lichterloh, ungezähmt, leidenschaftlich. Unfertig zwar, ungezielt und in der Liebe wahrscheinlich ungeschickt. Aber es war eben Liebe, das, was da zwischen uns hin und her schwappte, was unsichtbar zwischen uns gespannt war wie das Drahtseil eines Seiltänzers. Für Lisa wäre ich, ohne lange darüber nachzudenken, *„durch Dornen gegangen"*, wie sie es immer genannt hat. Mit dem ganzen jugendlichen Pathos und der ganzen Unschuld, zu der man nur mit 18 Jahren fähig ist. Und natürlich mit den Narben, die nur die erste große Liebe hinterlässt. *„The first cut is the deepest"*. In ganz warmen Farben denke ich an Lisa. In ganz wunderbarem Licht sehe ich sie an der Schulmauer stehen, lässig angelehnt, den Kopf leicht geneigt. Wie sie mich anlächelt, sich an mich schmiegt, wie wir uns aneinander verschwenden, wie wir die Leidenschaft füreinander ins Unermessliche steigern, wie wir uns erhitzen und wie unsere jungen, unerfahrenen Körper wie Sterne verglühen. Ich habe diese Wärme so vermisst. Wir waren zu jung für so viel Leidenschaft und zu jung für so viel Anfeindung, für so viel Verachtung, die uns entgegenschlug. Ich habe ihre Wärme so vermisst.

Und heute muss ich fast wie im Triumph unserer jungen Jahre lächeln, wenn René sagt, ich sei kalt *„wie ein Kühlschrank"*. Ein wirklich dämlicher Vergleich. Aber in einer Weise hat er ja Recht. Denn meine Hitze galt nur ihr. Wenn er nur wüsste, welche Wärme ich in mir seitdem vergraben habe.

Manchmal fühle ich mich zu Boden gedrückt von der Last der Normalität. Von dem allgegenwärtigen Druck der Konformität. Normal sein!? Was heißt das schon. Alle wollen es, normal sein. Weil es so einfach ist. Weil man dann dazu gehört. Weil man dann ein Zuhause hat. Weil es dann so klare Regeln gibt, so wunderbar feste Strukturen. Es gibt es klares Oben und Unten, ein sauberes Rechts und Links. Alle wollen normal sein. Und auf allen lastet die Bürde, es sein zu müssen. Darum denken wir im dahinplätschernden Alltagsbetrieb nicht darüber nach, ob wir überhaupt normal sein *können*. Ob es uns überhaupt entspricht. Also gehen wir alle den vorgefertigten Weg der Normalität. Und es lebt sich recht kommod in der Normalität. Eigentlich. Wenn ich mich nur nicht so verfolgt fühlte bisweilen von dieser Last, von diesem Erwartungsdruck.

Von Normalitätslast überzogen führt mein Weg dann also in die vorgegebene, in die sichere Welt, die ja so unendlich viel einfacher ist. So viel einfacher als die Welt, die Lisa und ich kurz aufglimmen sahen, als wir noch den Mut dazu hatten. Kein Hohnlachen mehr, kein Spott, kein Verstecken mehr, wenn man liebt, sondern Respekt und Anerkennung. Einfach nur dafür, dass man als Frau eben einen Mann liebt. Es ist so simpel wie es grotesk ist: Ich liebe einen Mann und man zollt mir dafür Respekt. Ich liebe eine Frau und ich ziehe dafür Spott und Verachtung auf mich, schlimmstenfalls Mitleid.

Und mehr als zehn Jahre danach sitze ich nun hier in diesem Kinosessel mit meiner Frage nach dem Glück. Dem einfachen Glück. Dem leichten Leben. Das leichte Leben, das uns da vorne vorgegaukelt wird wie die Liebe von Barbie und Ken.
Lange schon empfinde ich die Liebe von Barbie und Ken als Zerrbild. Ihre Küsse berühren mich nicht. Ihre Liebe lässt mich kalt. Ihre Erregung lässt mich kalt. Da fließt einfach kein Strom. Zu sehen, wie Barbie den Körper von Ken fast verschlingt, ist mir irgendwie unangenehm. Das kann doch nicht richtig sein, denke ich, während Barbie sich wollüstig über ihren Ken beugt. Da stimmt doch etwas nicht. Barbie beugt sich mit lüsternem Blick über ihren Ken und ich empfinde Ekel dabei, zu sehen, wie sie seinen nackten Körper abschleckt. Ich empfinde Übelkeit bei dem Anblick, wie sein Fleisch in ihrem hübschen Mund verschwindet. Da stimmt doch irgendwas nicht. Ich kämpfe mit Übelkeit nur bei dem bloßen Gedanken daran? Nimmt man denn nicht alles, jeden Körperteil, mit

Wonne und Lust, wenn man liebt? Barbie scheint es zu genießen! Ja, doch, sie scheint es tatsächlich zu genießen! Entweder stimmt mit Barbie etwas nicht oder mit mir, denke ich angewidert. Ken explodiert in Barbies Mund. Jetzt ist alles aus. Das ist einfach furchtbar, denke ich und wende meinen Blick von der Leinwand. Warum genießt Barbie das? Barbie genießt so etwas, weil sie Ken liebt und weil sie es vollkommen normal findet, von dem Geliebten einfach alles zu nehmen. Wenn dies aber normal ist, so bin ich es offenkundig nicht. Denn mir ist *diese* Intimität unerträglich. Es kann aber doch nicht richtig sein, dass man sich um der Normalität willen dazu durchringen muss, solches Treiben genussvoll zu finden!?
Während ich also meinen Blick von Barbie und Ken abwenden muss, weil ich deren Liebesspiel absurd finde, versinkt der Kinosaal in stumpfer Ergriffenheit. Die begeisterten Gesichter der Kinobesucher zeigen mir, dass deren Welt nicht die meine ist. Renés Ergriffenheit in diesem durchgelatschten Kinositz zeigt mir, dass seine Welt nicht die meine ist. Die Küsse von Barbie und Ken berühren mich nicht. So wenig, wie mich Renés Küsse berühren können.

Ich empfinde mein Sehnen nach einer Frau als einen unvermeidlichen Irrtum. Mein ganz persönlicher Irrtum. Aber unvermeidbar. Als eine Wirrnis meiner eigenen Natur, die wahrscheinlich keine Wirrnis ist, sondern einfach dem wahren Gefühl entspricht. Kein Irrläufer, keine Laune, vielleicht einfach nur ehrlich. Wie ein Behältnis, das allmählich überbordend überzulaufen droht, unbeirrbar, unvermeidbar. Wie ein schmaler Weg, der gegangen werden muss, um überhaupt jemals irgendwo anzukommen. Als wäre durch jahrelange konsequente Verleugnung und Feigheit ein Riss entstanden, eine pulsierende Wunde, ein zu füllendes Vakuum. Ich starre auf die Leinwand, wo die wüstesten Liebesszenen toben, die mich aber unberührt lassen, die in meinem Empfinden stumm sind. In meinem Empfinden pocht in solchen Momenten eine andere Welt. So sind es nicht eigentlich Neugier und Lust auf Wagnis, vielmehr so etwas wie eine Unbedingtheit. So pirscht sich an Tagen wie diesen eine Entscheidung an mich heran, stetig und langsam, mit Unterbrechungen, dann aber wieder rasend unbeirrbar...

Wenn man mich fragte, „Sag', bist Du glücklich?", könnte ich wahrscheinlich noch nicht einmal nein sagen. Wahrscheinlich halte ich mit meinen mittlerweile dreißig Jahren dieses mehr oder weniger friedliche, aber belangslose Leben, das so eindimensional, ohne nennenswerte Aufgeregtheiten und Höhepunkte dahinplätschert, bereits für Glück. Aber es fragt mich eben niemand danach. Keine Frage, kein Nein. Und damit eben auch kein wirkliches Nachdenken darüber, was mir so bitter fehlt, was ich so bitter ersehne und verleugne. Ich glaube, Frauen haben eine fatale Fähigkeit, sich über Jahre ihres jämmerlichen Lebens die Wirklichkeit schön zu empfinden. Das *Glück*, was soll das schließlich sein? Was für ein großes Wort. Selbstverleugnung verdrängt solche Fragen. Und wenn dann niemand fragt: „Sag', bist Du glücklich?", dann gibt es eben auch keine Antworten. So schrecklich simpel ist das.

Und dennoch. Dennoch schlagen die Wogen der undefinierten Sehnsucht an manchen Tagen so wüst über mir zusammen, dass mir niemand die Glücks-Frage zu stellen braucht. An banalen Tagen, wenn ich gerade damit beschäftigt bin, meinen gleichmäßig belanglosen Alltag zu gestalten, steht plötzlich eine schöne Frau vor mir, lächelt mich auf eine Wiese an, in der eben nur Frauen lächeln können, und alle Fragen nach dem Glück haben sich erübrigt. Andere müssen sich stundenlang drittklassige Kinoschnulzen mit Barbie und Ken anschauen, um dieses Gefühl der Ergriffenheit zu erleben. Mir genügt dafür einzig dieses winzige Lächeln einer schönen Frau. Dieses Lächeln beantwortet in wenigen Sekunden alle Fragen. Dieser entwaffnende Blick, dieses lässige Lächeln bohrt sich tief in mein Herz und zerrt mich für Sekunden aus meinem Schlaf der Gerechten: Es ist die Sehnsucht nach einer Frau. Die Liebe einer Frau. Eine Frau. So wundervoll simpel ist das. Das sind meine Momente der Ergriffenheit.

Da stehe ich dann, voll bepackt mit irgendwelchen Einkaufstaschen und sinnlosem Zeugs, vor mir dieses wunderhübsche Lächeln. Es können Stunden, Tage oder auch nur Sekunden vergangen sein, die ich so dastand vor dem meeresblauen Lächeln. Stunden vergehen, in denen ich diesem Meeresblau mein Leben zu Füßen lege und hundertfach schöne Geschichten um dieses Lächeln herum komponiere. Ihre meeresblauen Augen scheinen auch nach Stunden noch zu lächeln, als ich merke, dass wohl doch eher nur Bruchteile weniger Sekunden vergangen sind, in denen die Meeresblaue mich wiederholt bittet, meine Einkaufstaschen ein kleines Stück zur Seite zu nehmen, damit sie an ihr Fahrrad herankommt. So sonderbar simpel ist das. Für die lächelnde Meeresblaue eine banale Begebenheit des Alltags – wahrscheinlich stellt SIE sich diese dummen Fragen nach Glück gar nicht. SIE wird sich möglicherweise noch nicht einmal über meinen weltvergessenen Gesichtsausdruck gewundert haben. (Manchmal ist es eben gut, dass man sich selbst nicht sehen kann.) Für mich ist ihr ozeanisches Lächeln die Antwort schlechthin. Es ist die Sehnsucht nach einer Frau. Die Liebe einer Frau. Eine Frau. So wundervoll simpel ist das an diesem dahinplätschernden Nachmittag.

༺ ༺ ༺

„Ich habe so viel an Dich gedacht! Wo bist Du gewesen?"
Kaum, dass ich ihr Gesicht sehen konnte im abendlichen Halbdunkel des Parkplatzes. „Ich habe Dich vermisst!", sagt sie fast beiläufig. „Geht's Dir gut?"
Ein kurzer scheuer Blick in ihre strahlenden Augen, um dann schnell wieder den Blick zu senken, damit sie nicht das Gewitter in meinem Inneren hört, das ihre liebevolle Begrüßung in mir auslöst.
„Ach, danke, gut so weit" oder ähnlich dumme Allgemeinheiten quetsche ich mir heraus. Seit langen Wochen treffe ich Hannah jeden Donnerstag Abend beim Sport, jeden Donnerstag schlägt mein Puls schon am Morgen bis zur Halskrause, jeden Donnerstag frage ich mich bereits beim Frühstück, wie ich es anstellen soll, ihr einfach nur ein zweisames Treffen aufzuschwatzen. („Woran denkst Du so angestrengt?", „Ach, nichts, nichts" antworte ich René fast wortgleich jeden Donnerstagmorgen auf die immer gleiche Frage.) Und dann an diesem Abend „Ich habe Dich vermisst!". Wie kann sie mir nur

so leichtfertig DIESEN Satz um die Ohren werfen?! Hat sie mich wirklich *vermisst*? Ich meine, richtig *vermisst*? Eine Woche lang? Nur diesen Tag lang? Sagt sie das nur so, weil sie etwas Nettes sagen wollte? *Wie* vermisst sie mich? Ein Satz, der nur aus vier Worten besteht, mich aber bis ins Mark erschüttert und verunsichert. SIE weiß ja nicht, wie ich sie tatsächlich vermisse. SIE weiß ja nicht, wie ich sie begehre!

Dann gehen wir gemeinsam ins Studio, scherzen über irgendetwas, lächeln einander noch kurz an, bevor wir gemeinsam die Glastür viel zu schwungvoll aufstoßen, und verschwinden in den palastgroßen Umkleideräumen, als ob nichts gewesen wäre. Und immer noch schlägt mein Hals bis unter die Kopfhaut. Alltägliche Szenen des Umkleidens sehen heute anders aus. Wie Hannah ihre Lederjacke auszieht und penibel in den Schrank hängt, wie sie ihre Sportsachen sortiert, wie sie langsam ihre Jeans herunterstreift. Wie sich in ihrer Bewegung unter dem engen Shirt ihr luxuriöser Oberkörper abzeichnet mit seinen weichen schlanken Formen. Wie bringt sie es nur fertig, dass sich ihre Brüste so waghalsig abzeichnen? Wie sie sich fast unbemerkt im Spiegel betrachtet und sich selbst zuzulächeln scheint. Entzückend. Wunderhübsch. Was für ein wunderbares Geschöpf unter der Sonne. Alles sieht heute anders aus. Für mich sieht alles anders aus. Sie weiß das alles nicht. Oder doch?

- „Was hast Du gesagt? Was ist wunderhübsch, hm?"

Wie betont beiläufig sie das fragt, während sie mich endgültig tötet und ihr Shirt auszieht. Ihre knisternde Stimme holt mich aus meinen beobachtenden Tagträumen zurück ins Leben. Oh, nein, ich habe doch nicht etwa laut vor mich hingemurmelt!? Gelegentlich tue ich das.

- „Ach, nichts, nichts, war gerade irgendwie in Gedanken."

Und was für Gedanken! Dieses flüchtige „So, so!" lässt erahnen, dass sie genau verstanden hat, was ich da gemurmelt habe.

Hannah. Groß, schlichtweg schön, stolz, ein wenig hochmütig, rätselhaft. Hannah gehört zu diesen Frauen, die, egal was sie anhaben, immer besonders elegant aussehen. Bei Hannah liegt es eindeutig an ihrer Haltung. An ihrer Figur. Und an diesen

16

gelungenen Kombinationen. Wenn sie ihre schlotterige, ausgeblichene Lieblingsjeans mit einer weißen Bluse und ihrer abgewetzten Lederjacke kombiniert, sieht sie einfach hinreißend aus. Sie bewegt sich eben wie auf dem Laufsteg. Ob sie ihr langes blondes Haar ordentlich nach hinten wirft oder nach dem Sport gekonnt mit einer einzigen Handbewegung zu einem zerknüllten Zopf wurstelt, sie sieht einfach immer hinreißend aus. Eine irgendwie stets lässige, unaufdringliche Eleganz, die ohne viel Schnick-Schnack auskommt. Bei Hannah genügt schon eine schmuddelige Lederjacke zu ihren hautengen, kaugummifarbenen T-Shirts und sie würde auf jedem roten Teppich bei jeder Veranstaltung alle aufgetakelten Weiber ausstechen. Mit ihrer bloßen Anwesenheit.

Männer haben augenscheinlich Angst vor Hannah. Deren zurückschreckende Art belustigt mich. Hervorragend, wie sie - ohne auch nur ein Wort zu verlieren - diese kläffenden, protzenden Coyoten mit einer einzigen Bewegung ihrer wunderbar geschwungenen Augenbraue wegbeißt. Meeresblaue Augen mit einem solchen Augenaufschlag, dass man sich schlank auf den Boden werfen mag. Wenn sie ihre langen blonden Haare über ihre Lederjacke zurückwirft mit einer so lässigen, eleganten Geste, haben sich dann auch die letzten kläffenden Balzhähne mit eingekniffenem Schwanz aus dem Staub gemacht. Hannah ist rätselhaft. Sie spricht nicht viel, allenfalls das nötigste, lächelt überwiegend und verständigt sich mit Gesten. Das ertragen die Männer nicht, die um sie buhlen. Rätselhafte! Sie wirkt so distanziert, als ginge sie das alles nichts an, als perlten die Balzversuche um sie herum an ihrer Haut ab. Mit einer lässigen, abwendenden Geste dreht sie sich um und lässt einen unbeholfen Flirtenden mit einem knappen „Hm..." im Regen stehen.

Umso verblüffter bin ich, als Hannah, die Sprachlose, die Gestenstarke, die Distanzierte, neulich eine Horde unflätiger Jugendlicher im Imponieralter mit nicht ganz so feinen Worten zum Teufel jagt. Während ich noch überlege, wie wir uns am späten Abend dieser Gang möglichst unauffällig entledigen können, fasst sie mich kurz am Arm, sagt freundlich „entschuldige mal eben" zu mir, dreht sich zur Straße und trällert den Jungs ein unauffälliges „Verpisst Euch, Ihr Wichser" zu. Pffff... Irgendwie passt DIES nun so gar nicht zu ihr.

- „Du musst schon entschuldigen, aber sonst wären wir die Herren heute gar nicht mehr losgeworden".

„Hmmhmm..."

Hannah scheint Erfahrungen, wohl leidvolle Erfahrungen in der Abwehr lästiger Junghunde zu haben. Sie spricht nicht darüber, aber manchmal sehe ich traurige Tränen in ihren Augen, wenn sie zu solchen rabiaten Reaktionen greift. Hannah, die Rätselhafte, Hannah, die Kühne und Hannah, die Traurige.

„Du musst nicht glauben, dass Frauen, nur weil sie hübsch sind und einen gepflegten Sprachstil schätzen, in allen Lebenslagen auf Derbheit verzichten. Manchmal ist es eben unabdingbar, sich der Derbheit zu bedienen. Manchmal sind auch Flüche sehr effektiv."

Hannah zögert sichtlich weiterzusprechen, als warte sie auf eine Reaktion von mir. Prüfend liegen ihre Blicke auf meinem Gesicht.

„Übrigens", sagt Hannah, ohne ihren prüfenden Blick von mir abzuwenden, „ist es ein weit verbreiteter Irrtum, dass Derbheit nicht auch zu schönen Frauen passt. Ich meine, dirty-talk, wenn Du verstehst?"

Nein. Nichts verstehe ich.

Endlich entlässt Hannah mich aus ihrem eindringlichen Blick. „Aber eben immer hübsch zur seiner Zeit", sagt sie fast beiläufig. „Es gibt für alle Emotionen und Leidenschaften eine Zeit. Aber ich hoffe, ich habe Dich nicht allzu sehr erschreckt mit meinen Flüchen gerade!"

Oh, je. Ich glaube, das war der längste zusammenhängende Wortbeitrag, den ich je von Hannah gehört habe. Und dann so einer! Sie verblüfft mich immer wieder.

- „Nein, nein, es ist nur so, dass ich, ich meine, eigentlich dachte ich... ." Eigentlich weiß ich gar nicht, was ich da antworten will. Pfffff......

„Du dachtest eben genau in diesen Schubladen, gib's zu!"

„Wenn ich ehrlich bin, ja." Schublade auf, Hannah rein, Schublade zu.

Hannah. Du Waghalsige. Triffst mit dieser wagen Andeutung mit Wucht in mein Innerstes, mitten in meine uneingestandenen Phantasien.

Nachher gehen wir mit einigen anderen – nur Statisten an diesem Abend für mein Treffen mit Hannah - in die Stadt und unterhalten uns eigentlich nur miteinander.

„Ach, weißt Du, irgendwie beneide ich Dich um Deine geordnete kleine Welt, mit Ehemann und Hund und dem ganzen Drumherum."

‚Drumherum'!? Hannah, wenn Du wüsstest, wie lausig dieses ‚Drumherum' sich anfühlt!

„Ich habe da einfach kein glückliches Händchen. Mit Männern und diesen Dingen, meine ich. Mit Männern habe ich noch nie Glück gehabt." Hannah hat mit einem Male so etwas Ernstes in ihrem Blick.

Wie kommt sie denn nun darauf? Eben noch sprechen wir über das schlechte Sprachverhalten mancher TV-Moderatoren, und nun dies? Warum sagt sie das? Sie ist doch mit einem Mann zusammen. Jedenfalls erzählt sie manchmal von ihrem Freund.

„Ich glaube", sagt Hannah mit einem fast schon resignierenden Unterton, „den Mann, den ich heiraten könnte, gibt es gar nicht."

Manchmal weiß man eben nicht, warum man in manchen Momenten so oder anders reagiert. Ich habe auch keine Ahnung, warum ich in diesem Augenblick alle Zurückhaltung sausen lasse, sondern einfach nur mit meiner Frage herauspoltere:

„Warum, Hannah, willst Du denn überhaupt so dringend heiraten? Hast Du es denn schon einmal mit Frauen versucht?"

Kaum ausgesprochen, hätte ich unter den Tisch kriechen mögen, wo sich dann bitte ein großes Versteck auftut. Oh, je, als gebe es sonst keine einfühlsamere Frage auf ihre Unglückseröffnung. Ich Trottel. So platzt man doch nicht mit der Tür ins Haus, auch wenn es noch so offen vor einem steht. Aber Hannah lächelt nur süß in sich hinein, blickt mich ganz kurz nur an, viel zu kurz, als dass ich ihren Blick hätte interpretieren können, und NICHTS, kein Wort dazu, kein gar nichts. Wenn es nicht zu auffällig gewesen wäre, hätte ich mir unter dem Tisch vors Schienbein treten mögen. Aber Hannah treibt gestenstark und ohne ein Wort die Kommunikation weiter voran, indem sie einfach ihr Glas nimmt und mir lächelnd zuprostet. Mehr nicht. Und doch so viel.

So gehen schweigsame, genießerische Minuten dahin. Wir beobachten andere Menschen, blicken einander hin und wieder viel zu lange in die Augen und warten auf irgendetwas. Nein, eigentlich warte nur ich auf irgendetwas. Hannah scheint nie auf etwas zu warten. Sie ist einfach nur da. Einfach so. Kellner stolpern an ihr vorüber, Aschenbecher werden geleert, sie bestellt ein neues Glas Wein, Kellner stolpern erneut an ihr vorüber und sie bedankt sich mit einem zuckersüßen Lächeln. Zwischendurch spricht sie wieder einmal einen Satz. So verfliegt der Abend, der Augenblick. Wir merken noch nicht einmal, dass fast alle anderen inzwischen aufgebrochen sind.

Warum aber, wenn alles dies so normal und selbstverständlich ist, warum dann steht Hannah noch stundenlang mit mir am Parkplatz zusammen und erzählt mir von ihrer Kindheit, von Holunderblüten-Sirup, von Großmüttern. Warum steigt sie nicht einfach in ihr Auto und fährt nach Hause, anstatt mir kurz vor Mitternacht in einer noch kühlen Märznacht, unnachahmlich entspannt an ihr Auto gelehnt, Holunderblüten-Sirup-Rezepte zu erklären? Dieses süße Gesicht nicht einfach küssen zu können! Die Art, wie sie beim Sprechen den Kopf schräg hält, die Art, wie sie sich die Haare aus dem Gesicht streicht. Wie sie stundenlang entzückende, aber niemanden wirklich interessierende Rezepturen für die Herstellung von Holunderblütensirup herunterbetet. Dieses süße Geschöpf nicht einfach küssen zu können! In meiner tobenden Phantasie, die zu dieser späten Stunde bereits kühn vorangeschritten ist, höre ich nichts mehr über Holunderblütenextrakte, sondern unerhört sündige, wunderbare Dinge. Und ich muss mich beherrschen, nicht das zu tun, wozu dieses süße Geschöpf mich in meiner Phantasie auffordert. Was ist Holunder? Warum aber, wenn es ihr nur um Holunder geht, steigt sie nicht einfach in ihr Auto und fährt nach Hause, anstatt sich von mir im fahlen Licht der Parkplatz-Laternen in Grund und Boden schmachten zu lassen? Eine Antwort habe ich nicht erhalten. Nie. Stattdessen wochenweise herzzerreißende Blicke aus ihren strahlenden Augen. Manchmal hätte ich ein Königreich dafür gegeben, den Mut zu besitzen, ihr einfach nur eine Haarsträhne aus ihrem hübschen Gesicht zu streichen. Holunderblüten-Hannah. Tagsüber begnügt sich mein Sehnen mit solchen hübschen, zaghaften Berührungen, in den tollen Träumen dann ersehnt sich da manch Anderes zusammen, Deutlicheres, Erotisches, Wüstes.

Und dann ist Hannah eines Tages fort. Einfach weg. Als wenn nichts zwischen uns gewesen wäre. Und nüchtern betrachtet *ist* auch nichts zwischen uns gewesen. Wenn man mal absieht von wundervoll lasterhaften Gedanken und kleinen elektrischen Berührungen im Vorbeigehen. Abgesehen von diesen kurzen Umarmungen zur Begrüßung, die sich in meinem Empfinden Tage hinzogen und die in mir einen brennenden Durst nach mehr hinterließen. Mit ihrem Weggang zerplatzt sie die Seifenblase meiner kühnen, krachenden Sehnsüchte. Vielleicht, ohne es zu wissen. Vielleicht.
Nach langen Wochen trudelt dann diese Postkarte in meinen Briefkasten „Und warte schon sehnsüchtig auf Deinen Besuch!" – Ist das die Aufforderung zum Tanz oder nur eine freundliche Geste? Die Postkarte hinterlässt ein Meer von Fragezeichen. In kargen Andeutungen geht aus der Postkarte hervor, dass Hannah sich von ihrem Freund getrennt hat und deshalb ganz schnell ganz weit weg wollte.
Gerade habe ich mich nach Hannahs Verschwinden wieder behaglich eingenistet in meinem Leben der heterosexuellen Wohlanständigkeit, in der solches Begehren keinen Raum hat. In der ehelichen Welt der emotionalen Belanglosigkeiten - und dann DIESE Postkarte! Wie eine Trophäe trage ich sie wochenlang mit mir herum, als könnte dadurch irgendetwas geschehen. Als besäße sie irgendeinen wilden Zauber. Ich telefoniere mit Hannah und habe nicht den Mut, ihr zu sagen, wie es ist. Ihr zu sagen, dass ich diese Zutraulichkeiten, diese Nettigkeiten, diese Herzlichkeiten eben *so* verstehe und empfinde. Warum nicht einfach der Begehrten das Begehren zeigen? Weil es eben nicht geht. Weil man eben nicht einfach zu irgendeiner

Frau marschieren kann und ihr sagen kann „Hör mal, Süße, Du bist unanständig schön und ich möchte Tag und Nacht mit Dir zusammen sein." Nein, so geht das eben nicht. Nein, man würde sich ja komplett lächerlich machen. Wie gerne hätte ich Hannah schon bei der ersten Nettigkeit etwas grundlegend anderes geantwortet, stattdessen murmele ich so beiläufig wie irgend möglich „Ja. Freue mich auch Dich zu sehen". Wie gerne hätte ich jedes Mal alle Bedenken zum Teufel gejagt und mich ihr vor die Füße geworfen. Aber irgendetwas stoppt mich dann und bewahrt mich vermutlich davor, mich gänzlich lächerlich zu machen. Abweisungen tun eben weh und machen verletzbar. - „Warte schon sehnsüchtig auf Deinen Besuch!". Fast unmöglich, genau zu erkennen, was gemeint ist, wie es gemeint ist. Wenn ich ihr mit meiner Interpretation von Sehnsucht komme, schlägt sie mir möglicherweise die Tür vor der Nase zu!?

❦ ❦ ❦

Hannah ist fort. Also verharre ich weiter in meiner kleinen, überschaubaren Welt der ehelichen Anständigkeit. Ziehe mich – wieder einmal – mit meinen emotionalen Blessuren in mein Schneckenhaus zurück - Hannah ist weg - und verleugne meine Sehnsüchte nach einer Frau. Beschränke mein Empfinden auf eine Welt, die mir zugänglich ist, in der man sich keine blutigen Nasen holt. Eine Welt, zu der keiner einen Zugang hat – die Welt der Fiktion nämlich, der eigenen Phantasie. Eine einsame, eine wundervolle Welt. In der ich einsam leide, aber wunderbar kompromisslos experimentieren kann. Manchmal muss ich mich doch sehr wundern über die schamlose Freizügigkeit, die mir da in meinen hübschen kleinen erotischen Phantasien begegnet. Worte, die auszusprechen im wahren Leben mir den Hals brechen würden. Berührungen, die mich im wahren Leben vor Scham in den Boden sinken ließen. Küsse, von denen ich nie geglaubt hätte, dass sie zu küssen sind. Hingabe, die so verschwenderisch wohl nur in der Phantasie hinzugeben ist. Und während ich nächtelang so in meiner Fiktion, in meiner Phantasie die süßesten Erfahrungen mache, weiß ich immer deutlicher, wohin die Reise geht. Herauszufinden, ob sich die Liebe in einer erlebten Welt genauso anfühlt. Genauso süß wie in der Fiktion...

In meiner phantastischen Welt rühren mich so intensiv Szenen, Sequenzen allein eines Filmes, bloßer Fiktion. Da erregen mich derlei Vorstellungen und Visionen. Es träumt sich da in meinen waghalsigen Nächten so viel Unglaubliches zusammen. Mal ganz konkret mit irgendeiner wieder einmal meinen Verstand umstrudelnden Schönen, mal auch anonym, doch nicht minder authentisch und farbenfroh. Es ist ein blinder Schrei vor Sehnsucht, zwanghaft verfolgt. Peitschend empfinde ich dieses Gefühl, Herzjagen und zugleich lähmende Wehmut. Als gäbe es sonst nichts mehr, als müsste erst diese Schale gelöst werden, um atmen zu können. Als müsste erst dem Drängen nachgegeben werden durch das Aufschnellen einer Tür. Erst langsam, dann wieder rasend unbeirrbar...

2.

April

Wie ein Fisch, der an die Wasseroberfläche geworfen wird...

Es gibt Tage, an denen ich funktioniere wie ein Roboter, wie ein Maschinengewehr, wie eine Nähmaschine. Benehme mich vollständig unauffällig, gehe zur Arbeit und bringe den Alltag hinter mich. So auch in diesen dahin geworfenen Apriltagen. Und niemand wird merken, dass ich bereits am Morgen auf dem Weg ins Büro, der mich durch den nach Frühjahr riechenden Wald führt, von schlimmen Sehnsüchten durchflutet werde. Meine stummen Tränen hört niemand. Mein Schmachten sieht niemand. Und meine ziellose Ungeduld spürt niemand. Sollte ich etwa auf die immer gleiche Frage am Morgen „Guten Morgen, wie geht's Ihnen?" antworten „Danke, mir geht's *nicht* gut, ich hatte wieder diese süßen, phantastischen Träume, die mir zeigten, wie wunderbar die Liebe zwischen Frauen ist"? So viel Offenheit will vermutlich keiner hören. So halte ich die brave Fassade aufrecht. Allenfalls ernte ich ungläubige Blicke, wenn ich zur Beschreibung einer Kollegin das zugegeben ungewöhnliche Attribut „ja, ein hübscher Vogel" verwende.

Mit einer sinnlosen Wehmut an vertane, dahin geworfene Chancen blicke ich an solchen Tagen immer wieder all die Jahre zurück. Wäre ich bereits damals mit Lisa einen anderen Weg gegangen, hätte ich mich selbst ernster genommen, stünde ich heute nicht so sinnlos schmachtend in der Welt herum.
„Man muss sich selbst auch ernst nehmen, man muss auch Individuum bleiben" hatte Jürgen immer zu mir gesagt in unseren nächtelangen Debatten über die Welt, über Musik, über die Menschen, über einfach alles. *„Man muss sich selbst auch ernst nehmen"*... . Diese raumgreifenden Gespräche während des Studiums in unserer kleinen rumpeligen Wohngemeinschaft vermisse ich manchmal. Schlichtweg *alles* haben wir kurz und klein diskutiert. Nichts war zu abstrus, dass man nicht hätte

darüber debattieren können. Ein Luxus, diese endlos durchquatschten Nächte, den sich wohl nur Studenten leisten können. Weil sie eben nicht am nächsten Morgen frisch gekämmt und gepudert so tun müssen, als wären sie ausgeschlafen. Wie habe ich diesen verschwenderischen Luxus genossen. Zeit und Geist im Überfluss. *„Man muss auch Individuum bleiben"*. Sehr gerne. Was aber, wenn zum *„Individuum bleiben"* das Zerschmettern bestehender Beziehungen gehört? Was aber, wenn man, um glücklich und erfüllt zu lieben, andere Menschen verletzen, verlassen und demütigen muss? Jürgen hatte zum Thema Leidenschaft so seine eigenen Theorien. Er hielt die Leidenschaft für ein notwendiges, lebenserhaltendes Gefühl, das uns aufrecht gehen lässt, uns andere Menschen wertschätzen lässt. Allerdings, so betonte er unnachgiebig, bestehe Leidenschaft nicht aus physischer, sexueller Inspiration. Nicht sexuelle Lust, nicht Erotik also als Triebfeder menschlicher Leidenschaft, sondern vielmehr geistige, intellektuelle oder emotionale Tiefgänge ließen seiner Meinung nach Menschen zu sozialen Wesen werden. Nun ja!? Ist das so? Ich weiß es nicht. Was aber, wenn in der Beziehung zweier Menschen, die einander lieben (tun sie das?) die erotische Spannung nur von einem empfunden wird? Wenn sexuelle Leidenschaft nur von einem erlebt wird, es für den anderen ein Mechanismus ist, der nicht eben etwas Besonderes ist? Da helfen keine intellektuellen Leidenschaften mehr! Vielmehr ist es so, dass man mit dem einen Menschen das eine erleben, mit einem anderen Menschen das andere erleben kann.
Vielleicht muss man das trennen. Für die unterschiedlichen Spielarten des Lebens erfüllen ganz unterschiedliche Menschen unterschiedliche Ansprüche.

Für mich bedeutete das also, ich bleibe brav verheiratet mit meinem Mann, mit dem ich interessante Dinge erlebe. Eine recht nette Freizeitgestaltung und ein ganz behagliches Gefühl, eben einen Heimathafen zu haben. Für meine Lust an philosophischen Diskursen verbringe ich Nächte mit Jürgen, und meine erotischen Phantasien? Die lebe ich mit Frauen aus. So verblüffend einfach kann das sein. Aber ist *das* wirklich ein tragfähiges Modell?

Und wie schon immer und alles in meinem Leben vollzieht sich diese emotionale Wirrnis im kompletten Chaos, in der stetigen Ungewissheit, in der Vision, im Traum. So kapriziere ich mich auf visionäre Beziehungen, träume von unmöglichen Zuneigungen, während ich lähmend einzementiert bin in meiner Ehe. Wenn ich dann dieses Sehnen nach einer Frau zulasse und mich wieder einmal schmachtend einer fremden Schönen vor die Füße werfe, atme ich auf wie ein Ertrinkender. Wie ein Fisch. Wie ein Fisch, der unvermittelt strudelnd nach oben an die Wasseroberfläche geworfen wird, kurz die Welt erblickt und alsdann wieder hinab gezogen wird in die Tiefe. Wie an einer schweren Kette gefangen, von einem schweren Stein in den trüben, kalten Abgrund gezogen.

Da träume ich von Aufbruch und Wagnis und drehe mich im gleichen Moment zurück in die trügerische Sicherheit und Nestwärme, die ja lange schon keine mehr ist. Unzulänglichkeiten und Fremdheitsanfälle in der Beziehung zu René überspiele ich mit dem fragwürdigen Moment der Sicherheit und Starrheit der Ehe.

Die Ehe. Die Heirat im letzten Jahr. Gerade in dem Jahr, in dem meine flackernde, irrlichternde Sehnsucht größer wurde, traf ich den Entschluss zu heiraten. Als wollte ich dadurch meinen Gefühlen ausweichen, als könnte ich dadurch abtauchen und müsste mich meinen Gefühlen nicht länger aussetzen. René war damals plötzlich da, fing mich ein und hielt mich fest. Gab mir einen Halt. Ich hatte ihn so gern und das Umsorgtsein schmeichelte meiner jungen Seele, beruhigte mich nach diesen turbulenten, zerworfenen, zerfurchten Jahren des stolperigen Erwachsenwerdens. Nach einsamen Jahren, nach Katastrophen. Endlich eine Stabilität, die blinde Gräben zudeckte und Fragen beantwortete. Nach sieben Jahren dann (!) traf ich den Entschluss, ihn zu heiraten. Oder vielmehr er traf den Entschluss, mich zu heiraten...

Ich heiratete, als die Sehnsucht nach einer Frau am größten war. Unnötig zu sagen, was dabei verleugnet wurde.

ঔ ঔ ঔ

Und nun wieder die bleischwere Einsamkeit. Eheliche Einsamkeit. Nebeneinander einsam zu sein ist so sinnlos. Warum tun Menschen das? Warum tue ich das? Aber dann wieder, wie aus einem anderen Leben, aus einer vollständig anderen Welt meine sonderbare visionäre Lust. Ein bisschen wie verhext. Visionäres Verliebtsein, so massiv herbeiphantasiert, dass es grausam real erscheint. Wo kommt eigentlich Empfinden her? Was ist das überhaupt? Biochemische Abläufe? Seele? Bin ich das? Ich empfinde in diesen Visionen Sagenhaftes, am Rande der Qual, wohl wissend, dass ich mich in verwegene Fiktionen verrenne. Traum und Wirklichkeit. Filmsequenzen wie *„...aber sie beantwortet meine stummen Fragen"* aus *„When night is falling"* erhalten fast existentielle Bedeutung in ihrer simplen, rechtfertigungsfreien Erklärung. Die Liebesszene der beiden Frauen - die Zaudernde und die Fordernde - auf den purpurfarbenen Kissen und Planen der Zirkus-Requisite, unterlegt mit dieser traumwandlerischen Musik. Zärtlichkeiten, die mich erschaudern lassen. Die Erregung der Frauen treibt wie die Musik ihrem unvermeidlichen Höhepunkt zu. Der erlösende Rausch des Sich-Fallen-Lassens in den sehnenden Schoß der anderen. Den Kopf in den Nacken, in die purpurfarbenen Kissen gelegt, entfährt ihr ein befreiendes Stöhnen, das zugleich mit dem Schlussakkord der Musik dahin streicht. (*„The entire mystery of a womans body lies in the intensity of the pulsation right before the orgasm."*- Wie treffend Anais Nin weibliche Erotik beschreibt!). Höhepunkt und Erlösung zugleich. Lust und Erlösung im Einklang. Perfekte Harmonie der liebenden Frauen, perfekte Harmonie der beiden Trapezkünstlerinnen, die scheinbar unbeeindruckt vom Liebesspiel der beiden Frauen am Himmel des Zirkuszeltes, im Einklang mit sich und der Welt, ihre akrobatischen Tänze proben. Ein wunderhübscher Film. Wieder und wieder nur diese Film-Sequenzen, bis ich jede Bewegung, jeden Hauch miterlebe. *„Sie ist so süß, dass es mir das Herz bricht!"*

Assoziationen zu Hermann Hesses „Die Geheimnisvolle":

So viele Frauen, wenn sie lieben, geben
Uns in der Wollust ihr Geheimnis preis,
Wir pflücken es, und kennen sie fürs Leben.
Denn ob die Liebe auch zu täuschen weiß,
Ob auch die Wollust noch vermag zu trügen:
Wo beide Eins sind, können sie nicht lügen.

Wie hypnotisiert stürze ich mich kopfüber in sprunghafte Zuneigungen, ohne Sinn und Verstand. (*„Und wenn ich fern Dich Schlanke gehen seh', kann ich die fremde schöne Frau begehren..."*) Empfinde Verliebtheit und verbinde wieder und wieder Traum, Fiktion und Wirklichkeit. *„Sie ist so süß, dass es mir das Herz bricht!"*

In diesen Tagen besucht mich erstmals meine „Aussichtslose", für die ich eine aussichtslose Schwäche entwickelt habe. Ein Treffen in meinen vier Wänden! Waghalsig, so ein Besuch, muss ich mich doch sehr beherrschen, ihr nicht all die süßen Sachen zu sagen, die ich in meiner Traumwelt tausendfach schon ausgesprochen habe. Dinge, die ich in der konkreten Begegnung niemals über die Lippen bekäme. Sie nicht einfach an mich zu reißen und all die wunderbaren Dinge mit ihr zu tun, die ich in meiner Phantasie bereits mit ihr erlebt habe. Wenn sie davon wüsste, würde sie nicht einmal einen Schritt in meine Wohnung setzen, glaube ich.
Leider fällt mir auch nichts Besseres als Erdbeerkuchen ein. Gibt es etwas Dümmeres als Erdbeerkuchen, wenn man im Begriffe ist, sich seinem verunsicherten Besuch vor die Füße zu legen? Erdbeerkuchen!! Was noch schlimmer ist, ich komme wieder einmal zu spät. Zu *diesem* Besuch! Wie kann man ein solches Rendezvous so jämmerlich verpatzen?

Die „Aussichtslose"! Sie weiß noch nicht einmal, dass sie in meiner kleinen Welt der Visionen so heißt. Ich habe die unmögliche Angewohnheit, Frauen nach ihren Bedeutungen für mich oder nach dem Bild zu sortieren, das sie in meinem Empfinden hinterlassen. Ich gebe ihnen dann in meinem Innern einen zumeist nicht sehr originellen Namen. Das hilft Grenzen zu setzen. Sie nun ist also meine „Aussichtslose". (Meine erste große

28

Herzensangelegenheit, Lisa, nannte ich schon damals meine „Einzige" – auch nicht eben sehr originell.) Die „Aussichtslose". Weil ich – Hannah hin, Hannah her - kopflos für sie schwärme. Weil sie mir den Verstand raubt. Weil sie mit meiner Zuneigung spielt. Weil sie so tut, als wüsste sie gar nichts von meinen Gefühlen. Entzückende Lügnerin. Weil sie mich drei Schritte vorwagen lässt, um dann selbst vier Schritte zurück zu weichen. Weil sie verheiratet ist. Weil sie NIEMALS aus ihrem braven bürgerlichen Leben ausbrechen wird. Weil sie wunderschön ist. Stolz und entwaffnend.

Genau das ist der fatale Mechanismus. Ich schmachte unkontrolliert den Frauen meiner Umgebung hinterher. Irgendwie ziellos. Und halte dieses Schmachten für Verliebtheit. Dabei ist das drängende, beinahe verzweifelte Schmachten nur der Ausdruck eines einzigen Gefühls: der Sehnsucht nach einem anderen Leben. Und es ist stets der gleiche Mechanismus. Ob es nun Holunderblüten- Hannah ist, ob es die Meeresblaue auf dem Markt ist mit ihren herumstehenden Einkaufstaschen, ob es meine „Aussichtslose" ist oder sonst jemand. Ich glaube, da hätte Lady Di oder Biene Maja kommen können. Es wäre jedes Mal der gleiche sehnsüchtige Impuls. Wie im Affekt.

Im letzen Herbst stürzte ich mich in diese Begegnung mit der „Aussichtslosen", die seitdem zum Spielball all meiner wirren Gefühle geworden ist. Vom ersten Tag unseres Zusammentreffens an war es klar definiert. Nur mir war es natürlich nicht klar genug. Es stand quasi in roter Signalfarbe auf ihrer Stirn geschrieben, dass man von verheirateten Frauen sittsamer Herkunft besser sie Finger lässt.

Über die Köpfe der Anwesenden hinweg hatte sie mich an diesem Vormittag, als ich sie das erste Mal sah, so fragend fordernd angelächelt, dass ich noch in dem Augenblick zu Wachs in ihren hübschen Händen wurde. Ich mache drei Schritte vor und wieder zwei zurück. Ich deute an und ziehe im gleichen Augenblick noch zurück. Ich versuche, selten ungeschickt zwar, aber immerhin, mit ihr zu flirten. Sie mit der Nase darauf zu stoßen, dass es viel mehr ist als nur eben eine freundliche Begegnung. Aber ihre hemmungslose Heiterkeit nebelt meinen Verstand ein, der mich warnen müsste. Und immer in dieser Begegnung stehe ich um Haaresbreite davor, mich endgültig lächerlich zu machen. Ich besuche sie in ihrem zu Hause, wage mich vor in die Höhle des Löwen. Heimspiel für sie. Die „Aussichtslose" mit Heimvorteil stellt mir im entscheidenden Moment – wenige Sekunden vor dem Aufprall, vor meiner Selbstoffenbarung – ihren Gatten vor. Wie reizend. Und wieder kurz davor, mich komplett lächerlich zu machen. Was soll ich denn sagen? „Entschuldigen Sie bitte, aber ich bin gerade im Begriff, Ihre Frau zu vernaschen, Sie haben doch wohl nichts dagegen?" Aber sie spielt mit meiner Zuneigung, da kann sie auch noch so unschuldig tun, sie spielt damit. Und wenn ihr das Schmachten zu heftig wird, so verweist die „Aussichtslose" diskret, aber bestimmt auf ihr geordnetes heterosexuelles Bürgerdasein, in dessen zementen Regelwerk sie sich ja nur zu perfekt einfügt. Da stellt man sich nicht ins Abseits! Aber ich sehe ihre lachenden Augen so gern.

❧ ❧ ❧

Tage und Wochen gehen nach ihrem Besuch so dahin, der „Aussichtslosen" hinterher schmachtend. Die Stimmung ist zum Zerreißen gespannt. Stundenlang gebe ich mich diesen Gefühlen hin, dass es fast wehtut. Die äußere Erregbarkeit prallt mit Wucht auf eine innere Empfindsamkeit. Manchmal gehen die Tage so hin und lassen mich am Abend mit einem ungeheuren Gefühlschaos und allzu häufig mit einem Zustand schmerzhafter Erregung zurück. Zittrig und schwindelig. So gebe ich mich fortwährend dem zerzausten Chaos dieser Gefühle hin, ohne sie wirklich zu besitzen, oder beherrschen zu können. Inmitten dieses sonderbaren Zustandes aber blockiert mich dann die augenscheinliche Angst vor der eigenen Courage. Das ist zum Wahnsinnig werden. Durch meine eigene Feigheit bremse ich meine Sehnsüchte aus. *„Aber sie ist so süß, dass es mir das Herz bricht!"*
Um dem zu entgehen, oder um überhaupt etwas tun zu können, denke ich häufig an ein Wagnis in Anonymität, mit erschreckendem Mut, mit ungewöhnlicher Zielstrebigkeit. Die Liebe mit einer fremden Frau in Anonymität, im Verborgenen, des Wagnisses wegen oder des Erlebens wegen? Eine sonder-

bare Vorstellung. Es ist schon seltsam, welche Blüten die Sehnsucht treiben kann. Aber wohin das führen soll? In eine erlebte Welt vielleicht, mag sein in eine Flucht. *„Mit Angst bezahlt man Abenteuer.“* Der Versuch einer gezielten Anonymität, einer fragwürdigen, berechneten und verabredeten Erotik erscheint dennoch lächerlich und dumm. Dann wäre Leidenschaft ja beliebig.

Aber was ich empfinde, kann ich nicht ausleben. Mag sein, ich empfinde gerade deshalb so, weil diese Zuneigung von vornherein unmöglich ist. Willentlich für das Aussichtslose zu schwärmen, um dann später die Schuld für die Tragik von sich wiesen zu können, dass dieses Schwärmen unerfüllt blieb. Ein so durchschaubares Muster! Hineinzustolpern in diese Zuneigung und dann zu leiden. Eine theatralische Märtyrer-Pose, mit der man still und heimlich das aussichtlose Schwärmen erleidet, die Ausweglosigkeit aber der Anderen zuschreibt. Das Muster ist aber auch zu einfach: Nicht verliebt in die Person, sondern vielmehr verliebt in den Zustand des Verliebtseins? Die Begehrte würde damit zum Objekt, würde in der gekränkten Wahrnehmung der unerfüllten Sehnsüchte beliebig und – eben austauschbar. Schwer zu sagen, ob mir dieser Zynismus immer so deutlich ist. So stürze ich mich bei voller Zurechnungsfähigkeit und mit offenen Augen ins Aussichtslose. Ins Gefühls-Nirwana.

Insgesamt sind dies Tage eines desaströsen Gefühlslebens. Wie ich diese innere Unordnung hasse! Wie ich dieses von mir selbst errichtete Chaos verabscheue! Wie sehr kann ein Mensch lieben? Wie teilbar ist Liebe? Ist Geborgenheit und Heimathafen bereits Liebe? Benötigt Liebe zwingend Leidenschaft? Ist das Schwärmen für einen Menschen bereits Liebe? Wirrnisse und Ungewissheiten.

Die Erregung, die ich empfinde, findet jedenfalls im ehelichen Zusammensein keine Entsprechung. Sexuelle Mechanismen, die mehr von Vertrautheit als von Leidenschaft sprechen. Fassungslos nimmt da der Ehemann die Erregung seiner Ehefrau zur Kenntnis, die ihm doch gar nicht gilt, die sie mit ihm ganz gewiss nicht teilen will. Im Gemüt immer nur diese rauschhaften Filmsequenzen zweier Frauen, in der Realität sein fremder

Körper. Der seltene Versuch - meist unter stummen Tränen - mündet dann zwangsläufig im ehelichen Fiasko. Zurückweisung und Demütigung, Pflichtgefühl und Gesten des friedlichen Umgangs, erneute Zurückweisung. Jedes eheliche Zusammensein treibt mich meinen schwirrenden Sehnsüchten weiter entgegen.

Eines Tages, nachdem erneut eine unserer Zweisamkeitsbemühungen mit Wucht an der Schlafzimmerwand zerschellt ist, spricht René es aus. Nachdem er wieder einmal verzweifelt nach Gründen dafür suchen muss, warum er kein Begehren in mir entfachen kann. Nachdem er sich – wieder einmal – in der Position des Gedemütigten wieder findet.

„Verdammt", knurrt er geladen und schleudert die Fernbedienung mit einer solchen Wucht gegen die Schlafzimmerwand, dass sie, zerlegt in etwa siebenhundert Einzelteile, in verschiedenen Winkeln des Raumes wie Sternenregen zu Boden rieselt. „Es ist einfach nicht normal", höre ich ihn vertraut fluchen, während in allen Ecken des Raumes kleine Fernbedienungsteile zu Boden regnen. Sein Fluchen ist vertraut. Das ist mein Stichwort. Solche Diskussionen hatten wir nun allzu häufig, darum nehme ich bereits wieder meine Rühr-mich-nicht-an-Stellung ein, verschließe mich und rolle mein Schneckenhaus bereits aus, in das ich mich in solchen Momenten gerne verkrieche. Normalerweise diskutiere ich nicht mit ihm darüber. Normalerweise erkläre ich in solchen Augenblicken lediglich knapp, dass eben nicht alle Frauen permanent und ständig Sex wollen und dass Sex nun einmal nicht die allein glückseligmachende Basis für eine Beziehung sei und dass ich eben zu den Frauen gehöre, die all dem Trubel um Sex nicht soviel Bedeutung beimessen und so weiter und so fort und so fort und so fort…

Das ist dann normalerweise Renés Stichwort: Nein, eben nicht *alle* Frauen seien *so*. Es sei eben nicht normal für eine Frau, so wenig Wert auf Sex zu legen. Und überhaupt, Sex sei zwar nicht die *allein glückseligmachende Basis* für eine Beziehung (und wie immer wiederholt er in diesen Momenten meine Wortwahl, indem er jeden einzelnen Buchstaben nahezu ausspuckt, als wären es Kirschkerne). Aber Sex sei eben auch *eine*, und zwar eine *wichtige* Basis. Und so weiter und so fort. Die immer gleiche Litanei zurechtgelegter Erklärungen, die eben keine sind. Es sind immer die gleichen dahin geleierten Argumente. Es sind auch immer die gleichen dahin geleierten Erwiderungen und Vorwürfe. Eigentlich hätte jeder, der diese leidigen Debatten auch nur zwei- bis dreimal mitverfolgt hätte, schon gelangweilt mit einstimmen können. Wie eine Souffleuse im Theater, die den nach Worten japsenden, gelangweilten Darstellern die Sätze zuwispert.

Normalerweise enden diese sinnlosen und nervtötenden Debatten in einer friedlichen „irgendwie-kriegen-wir-das-schon-in-den-Griff" - Stimmung. Dann nimmt er mich – normalerweise – in den Arm, wischt mir zärtlich die Tränen aus dem Gesicht und ich fühle mich - trotz allem – auf so wunderbare Wiese bei ihm geborgen. Das schönste am Streit ist eben das Versöhnende am Ende. Aber das Problem haben wir wieder einmal elegant *nicht* gelöst. Normalerweise.

Aber heute ist es eben anders. Heute zerschellt die Fernbedienung in tausend Einzelteilen an der Schlafzimmerwand und die normalerweise vertraute Diskussion nimmt einen gänzlich anderen Verlauf.

Zum ersten Mal spricht René es aus. In sich zusammengesunken, auf der Bettkante sitzend, spricht er es zum aller ersten Mal aus. Man merkt, wie schwer es ihm über die Lippen kommt. Als hätte er monatelang auf diesen Moment gewartet und geprobt.

„Sag', kann es sein, dass Du lesbisch bist?" –

Seine Stimme hat etwas Verzweifeltes. In den verschluckten Silben liegt mehr Resignation als Vorwurf.

„Antworte doch, kann es nicht sein, dass Du lesbisch bist?", wiederholt er, ohne mich anzusehen.

„ ...d a s s D u l e s b i s c h b i s t" –

Er spuckt die Worte so betont frivol aus, als könnte er damit die Wirkung erhöhen. Er wirft sie nahezu angewidert heraus, als handele es sich um Keuchhusten. Renés Stimme versinkt plötzlich in ein mooriges, unverständliches Gurgeln. Es ist, als presste ihm jemand die Kehle zu.

„Ich - "

Ich lasse seine Frage unbeantwortet im Raum. Ich muss nachdenken. In seiner Frage schwingt so viel Enttäuschung, so viel
Verzweiflung, so viel Absurdität mit. Genauso gut hätte er
fragen können *„Kann es sein, dass Du versehentlich den Nachbarn
erschossen hast*?" Oder schlimmer noch *„Kann es sein, dass Du
Aids hast oder Krebs oder so was Furchtbares*?"
Ich sitze geduckt auf der Bettkante. Es ist wie im Film. Einan-
der den Rücken zukehrend, sitzen wir da, ich auf der einen
Seite, René auf der anderen. Der Klassiker aller Scheidungs-
dramen, denke ich abwesend und betrachte wieder einmal die
Szenerie von außen, als ginge mich all dies nichts an. Aber es
ist kein Film, muss ich mir immer wieder vorwurfsvoll sagen,
„Du bist live auf Sendung". Dies ist das Leben! Dein dummes
Leben, das Du nun endlich einmal ordnen solltest.
Aber ich kann auf seine Frage nicht antworten. Ich blicke nur
stumm und mit ganz leisen Tränen, die ich vor ihm verberge,
aus dem Fenster ins Nichts. Es könnte in diesem Augenblick
ein Hubschrauber, ein Steinadler oder ein rosafarbener Heiß-
luftballon an meinem Schlafzimmerfenster vorüber fliegen, ich
würde es nicht bemerken. Mit sturem, tränendurchsetzten
Blick buchstabiere ich nur wieder und wieder seine Worte. Das
unaussprechliche Wort. Wie eine Ohrfeige schallt seine Frage
in meinem Kopf hin und her. Vor und zurück. Schmerzhaft bei
jedem Nachhall.
Aber es ist nicht mehr wie sonst, wenn er mir Vorwürfe über
unser dürftiges Liebesleben macht. Es klingt anders heute, es
schmeckt irgendwie schlimmer, bedrohlicher. Ich spüre, dass
mit dieser Frage nichts mehr überdeckt werden kann. Dass
nach dieser Frage nichts mehr so sein wird, wie es war. Dass
ich eines Tages werde antworten müssen. Vor allem mir selbst
endlich antworten muss. Nun spricht René es zum ersten Mal
aus und bringt mich damit in schleudernden Zugzwang.
Aber ich antworte ihm nicht.
Er spricht es jetzt, nachdem ich ihn gerade habe zurückweisen
müssen, mit einer solchen Direktheit aus, dass es etwas Bedrohliches hat.
„Kann es sein, dass Du lesbisch bist - ". Mein Gesichtsausdruck
muss so etwas wie *„Was will der Mann von mir?"* enthalten,
jedenfalls wiederholt er es zum dritten Mal, als glaubte er, eine

Schwachsinnige vor sich zu haben, die ihn einfach nicht verstehen will. Will ich ihn nicht verstehen oder bin ich schwachsinnig?

Ich habe das Wort stets umlaufen, als wäre es etwas Unaussprechliches, als wäre es mit einem bösen Fluch belegt. „Lesbisch!" Das böse Wort mit „L". Ein Tabu in meiner betulichen Welt. Ich kann es kaum sagen, denke ich, während ich so aus dem Schlafzimmerfenster starre, es erschlägt einen beinahe; es ist ein so ungeheures Wort. Ich versuche mir zu erklären, *warum* ich es immer vermieden habe. Es hätte mich zerfressen, glaube ich, wenn ich es auch nur gedacht hätte. René ist mir da um Meilen voraus, in einem strategischen Vorteil. Er hat sich alles wohl überlegt, während ich noch nicht einmal dieses Wort gedacht habe. Ich möchte weglaufen, aus diesem Schlafzimmer, aus der Wohnung, aus der Reichweite seiner unnachgiebigen Fragen. Aber ich bin reglos. Ich beobachte mich von außen, wie ich so wort- und bewegungslos auf dieser Bettkante kauere und zu keinem nennenswerten Widerstand fähig bin. Ich bin einfach reglos. Außerdem weiß ich, wie sehr René es hasst, wenn ich in solchen Momenten fliehe und ihn einfach mit einem sinnlos abgebrochenen Streit stehen lasse.
Ich wage noch immer nicht, es ganz auszudenken. „Lesbisch!" Entweder ist es wahr, dann muss ich mich daran gewöhnen und das Wort verliert damit seinen Schrecken. Oder das Unaussprechbare ist eben nicht wahr, dann kann ich es problemlos ausdenken, ausformulieren, weil der Schrecken mich ja nicht betrifft. So einfach ist das. Aber bin ich nicht gerade deshalb so gelähmt in diesem Augenblick, weil ich spüre, dass es wahr sein könnte und dass mich das Wort deshalb so erschlägt? Ich antworte René nicht. Nicht heute.
Als das Gefühl der Lähmung aus mir weicht, stehe ich wortlos auf und sammle mechanisch die zerborstenen Teile der Fernbedienung auf. Als wäre es vollkommen normal, dass wir in unserem Schlafzimmer Elektrogeräte an die Wände werfen. Mechanisch beseitige ich die Spuren der Auseinandersetzung, des immer gleichen Konfliktes und gehe damit erneut einer Lösung aus dem Weg.
Ich antworte René nicht. Nicht heute.

Nach manchen Begegnungen mit meiner „Aussichtslosen"
schließe ich vor Vergnügen die Augen und überlasse mich
dann ganz der Wucht meiner Phantasien, manchmal den Tränen nahe. Die Bilder, die dies bei mir auslöst, sind so intensiv,
dass es mir jedes Mal für eine Weile die Konzentration raubt
und mich für einen Moment vollständig entfernt von der mich
umgebenden Welt. So verliere ich zeitweilig in der isolierten
Wahrnehmung die Kontrolle über mein sprunghaftes
Schmachten. Das Schmachten und die Sehnsucht nach... einer
Frau. In solchen Momenten bin ich mir schmerzhaft der eigenen
Feigheit bewusst, nie den Mut zu erbringen, es irgendwie voranzutreiben. Wohin auch immer. Es gibt keine Selbstverständlichkeit im Umgang mit der „Aus-sichtslosen", jede Begegnung
mit ihr eine Behutsamkeit, jedes Wort eine Abwägung. So lebe
ich mein Leben weiter wie einen Drahtseilakt. Wie ein Kind am
Trapez. „... *Und schwindelnd schaute es zu Boden, sich der Unmög-
lichkeit des Absprunges bewusst.*"

In dieser emotional halsbrecherischen Zeit reagiere ich – möglicherweise zum ersten Mal – auf Blicke anderer, insbesondere
anderer Frauen. Ich glaube in den Blicken von Frauen ein ge-
fälleloses Schauen zu entdecken, dem eine ernste, aber heitere
Irritation zugrunde liegt. Ungeduldig, zaghaft, neugierig, doch
so sicher. Genau so hatte die „Aussichtslose" mich damals über
die Köpfe der Anwesenden hinweg angeschaut. Lächelnd und
neugierig. Unwirklich und schön. Mit einer hemmungslosen
Heiterkeit. Und bei all der Wirrnis bin ich so neugierig, wohin
mich diese Stimmung führen wird. So verschwende ich oft
tagelang kostbare Konzentration, vernachlässige alles um mich
herum, als gäbe es sonst nichts mehr von Bedeutung, als müsste
erst diese eine Frage beantwortet werden. Wie auch immer.
Schaue dieser ganzen Wirrnis entgegen wie ein Kind im
Traum. Da mag René richtig liegen mit der besorgten Vermu-
tung, dass mir „diese ganze Angelegenheit" entgleitet, dass ich

– wie er es nennt – die Kontrolle zu verlieren beginne. Und so viel Wirrnis bereits am Ende des ersten Ehejahres.

Also plätschert mein Leben eben so weiter in der anerkannten, nicht hinterfragten Welt. Aber der Gedanke an eine mögliche andere Welt lädt sich immer neu auf. Ich denke daran wie in einem schelmischen Spiel, das ohne wahre Verantwortung und Konsequenzen zu spielen ist. Als könnte ich einmal vorsichtig um die Ecke blinzeln und kurz einmal in *deren* Welt eintauchen. *Deren* Welt? Hochmütige Gedanken. Meine Neugier stillen. So tun, als gehörte ich gar nicht wirklich dazu, zu *denen*, zu den Anderen, zu den Bemitleidenswerten, zu den Beneideten, zu den Freien. Wie in einem Traum, der so wunderbar kompromisslos und frei zu träumen ist. Oder wie in einem Film, dessen Ausgang ich neugierig und leicht erwarte. Eine sonderbare Leichtigkeit umgibt mich dann. Ich weiß ganz sicher, dass es da draußen irgendwo diese *andere Welt* gibt. Diese Welt, in der Frauen Frauen lieben, ohne sich dafür vor der Welt verstecken zu müssen. Ohne sich deshalb vor sich selbst verstecken zu müssen. Denn das ist, glaube ich mehr und mehr, das eigentliche Problem. Nicht allein das mitleidige, gönnerhafte Getue derer, die sich schulterklopfend ihrer Normalität rühmen, als wäre es ihr Verdienst: *„Nun, sie sind ja auch Menschen und sie können ja nichts dafür, dass die Natur sie so bestraft hat."* Oder schlimmer noch sind die religiösen Blindgänger, die ihre verzerrte Ablehnung hinter der Instanz Gottes verstecken: *„Wenn Gott das gewollt hätte, hätte er die Natur so eingerichtet. Es ist eine Prüfung Gottes, die diese armen Menschen bestehen müssen, die Sünde überwinden müssen."* Das schlimmste aber ist, wenn ich höre, wie Eltern über ihre homosexuellen Kinder sagen *„Ja, es war schwer, aber ich liebe sie trotzdem, sie ist doch mein Kind!"* TROTZDEM? Trotz wessen, trotz wie, wo und was? Dieses *trotzdem* ist eine schallende Ohrfeige, ist eine so derbe Demütigung. Noch nie habe ich ein so schlichtes, unschuldiges Wort wie - *trotzdem* - so herabwürdigend empfunden. Ich glaube, es gibt nichts Erniedrigenderes als *trotzdem* geliebt zu werden. Ich möchte niemals *trotzdem* geliebt werden. Ich möchte entweder *sowieso* geliebt werden oder besser gar nicht. Alles andere ist eine schmerzende Ohrfeige, der Schlag ins tränende Gesicht.

Menschen wissen gar nicht, wie verwundend Sprache sein kann! Trotzdem.

Ich denke also an *deren Welt* und wie ich einen vorsichtigen Fuß hinüber setzen könnte, ohne ganz springen zu müssen. Vielleicht könnte ich *deren* und *meine* Welt miteinander verbinden. Hätte ich nur den Mut, eine von diesen um mich umherschwirrenden Frauen auf mein kleines „Zwei-Welten-Problem" anzusprechen. Aber ich habe diesen Mut nun einmal nicht. Schon aus Angst, mich vollständig lächerlich zu machen. Was sollte ich auch schon sagen:

„Hör mal, meine Schöne, es ist so. Ich bin in meiner biederen Welt verankert, wenn Du verstehst, was ich meine. Ich bin verheiratet, wie es sich gehört in dieser Welt. Ich liebe aber nun einmal Frauen. Jedenfalls glaube ich das. Und da kommst Du nun daher. Hättest Du nicht Lust auf ein kleines sexuelles Abenteuer?"

Sicher, das hätte ich fragen können. Wenn ich bereits den Verstand verloren hätte, meine ich. Ich hätte zum Beispiel Hannah fragen können, ob sie nicht merkt, dass ich sie bibbernd begehre. Es wäre ganz einfach gewesen. Ich hätte lediglich riskiert, dass sie mich schallend auslacht, mich mit angewidertem Bedauern zur Seite schiebt, dass sie mir entsetzt einen Fausthieb verpasst (Nein, das passt nicht zu Hannah) oder dass sie schleunigst aus meinem Umfeld verschwindet. Sonst aber wäre es ganz einfach gewesen. Aber ich habe Hannah nichts dergleichen gefragt. Und nun ist Hannah außerdem fort. Auch ohne, dass ich sie verschreckt habe.

Ich kann also nicht, beschließe ich an solchen Tagen, an denen mich meine „Weltenfrage" umtreibt, einfach auf Hetero-Frauen zuspazieren und ihnen mein Begehren zu Füßen legen. Nicht Hannah, der schon gar nicht, obwohl sie so undefinierte Signale hinausschleudert. Aber nein, das Risiko ist zu groß. Nicht Hannah.

Auch nicht der „Aussichtslosen", die sich zwar nicht mit Grauen abwenden würde, wenn ich den Versuch unternähme, sie zu verführen. Ja, wie würde sie eigentlich reagieren, frage ich mich amüsiert. Allein ihr Gesicht zu sehen, wenn ich sie so etwas Unschickliches fragte, das wäre das Risiko schon wert, denke ich und muss bei dem Gedanken daran lachen. Sie zu fragen, ob sie nicht Lust auf Abenteuer hat? Nein, das ist nun wirklich zu viel. Sie muss allerdings bezaubernd aussehen in einem solchen Überraschungsmoment. In der Defensive. Ich sollte es tun, ich sollte zum Angriff übergehen, allein ihres erstaunten Blickes wegen. Aber nein, auch das ist unmöglich. Sie würde lachen, weil sie eben ein so heiterer Mensch ist. Sie würde sagen *„Na das ist ja ein reizendes Angebot. Wer hätte das gedacht, dass ich auf meine alten Tage noch einmal so ein verlockendes Angebot bekomme*!?" Dann würde sie nicht weiter sprechen, sondern die Frage unbestimmt unbeantwortet im luftleeren Raum lassen, um hinterher sagen zu können, niemals nie gesagt zu haben. Aber sie würde mir durch Gesten zu verstehen geben, dass sie selbstverständlich nicht zu „diesen Frauen" gehört. Mit einer heiteren Mehrdeutigkeit würde sie sich allerdings alle Türen offen halten, schon allein, weil es ja auch irgendwie schick sein könnte, von einer attraktiven Frau umgarnt zu werden. Wer weiß, wozu das mal gut ist, würde sie sich sagen, es aber niemals aussprechen.

Und irgendwie werde ich den Verdacht nicht los, dass sie mit mir spielt. Mit einem experimentellen Auge. Absurde Welt. Verkehrte Welt. Aber ich werde diese unausgesprochene Grenze zu ihr hin eben nicht durch eine leichtfertige Frage überschreiten, die auf einen Schlag alles in Trümmer legen könnte. Also auch kein „Weltenverbinden" mit meiner „Aussichtslosen". Nein.

Vielleicht hätte ich die fremde Frau, die mich auf dem Markt neulich so bezaubernd anlächelte, fragen können, ob sie nicht mit mir zusammen einige wüste Dinge erkunden möchte, eine neue Welt betreten möchte, ohne dass die alte Welt verlassen werden muss. Wenn es mit vertrauten Menschen, die ich nicht verschrecken möchte!, nun einmal nicht möglich ist, so muss es doch mit fremden Frauen möglich sein. Also mit einer möglicherweise vollkommen fremden Frau?

Ich bin tagelang mit meiner kleinen „Weltenfrage" beschäftigt. Dinge, die mich sorgen sollten, berühren mich kaum. Mit einem Federstrich schiebe ich sie hinweg, als hätte ich die Freiheit und die Wahl dazu. In einer lässigen, mich abwendenden Ignoranz. Offenbar fühle ich mich bereits so weit entfernt von einfachen Zuneigungen, die Menschen einander zu schenken imstande sind, dass ich so vehement verzaubert bin durch die lächelnde Zuwendung einer Frau wie meiner „Aussichtslosen", die mir einfach nur unablässig diese netten Dinge sagt. Ein so hübscher Zug unter Menschen, ein so seltener.

Mitten in dieses emotionale Chaos platzt nun in diesem Frühjahr unerwartet Lisa, meine „Einzige". Plötzlich steht sie mit ihrem Freund vor meiner Tür, wie es ihrer Art entspricht – ruckartig, überfallartig, anstrengend. Dennoch ist es wohl mehr Wehmut an vergangene Liebesdinge, an vergangene Zärtlichkeit und Vertrautheit, mit der mein unerwarteter Gast scheinbar Vergangenes empor zu beschwören versucht, als dass tatsächlich irgendetwas sich bewegt zwischen uns. Den jugendlichen Zauber zu erneuern – ein fragwürdiges Unterfangen. Der Weg zwischen uns beiden war schon zu weit. (*„Ach, da war sie schon zu weit, als ich nach ihr rief."*)

Und daneben ereignen sich diese amüsanten Frühjahrs-Begebenheiten wie die mit der gestiefelten Dunklen im Wald. Die „Gestiefelte" sitzt auf meiner Lieblingsbank in meinem Lieblingsstadtwald und scheint meine Lieblingswaldluft zu schnuppern. Was für Stiefel! Was für Beine! Lässig das linke Bein angewinkelt auf die Bank gestellt. Sehr feingliedrige, hübsche Finger umkreuzen das Knie ihres angewinkelten Beines. Was für todbringend schicke Reithosen! Was für unverschämt wohlgeformte, schlanke Beine! Da sitzt sie, bequem – soweit das auf diesen harten, verwitterten Waldbänken überhaupt möglich ist – zurückgelehnt, den Kopf leicht zur Seite gebeugt über das aufgeschlagene Buch neben sich. Langsam löst sie ihre rechte Hand aus der eleganten Knieumklammerung, ohne die andere Hand auch nur um einen Zentimeter zu verrücken (keine Ahnung, wie das geht), und schiebt ihre Sonnenbrille nach oben ins Haar, ohne dass sich auch nur eine Strähne ihres langen Zopfes gelöst hätte. Perfekt. Diese Bewegung hätte die Kulisse für eine Kosmetik-Werbung abgeben können. Kunstvoll umfasst sie wieder ihr linkes Knie und verfolgt mich provokativ mit ihren Blicken, als ich an ihr vorüberstolziere. Vollkommen ungeniert beobachtet sie hemmungslos, wie ich einen kurzen Moment zögere, mich auf eben *meine Bank* zu setzen. - Sie kann ja nicht wissen, dass dies *meine Bank* ist. Ihre provokativ hinreißende Sitzhaltung und ihre Blicke hätten als Aufforderung reichen müssen, mich zu ihr zu setzen. Ich gehe aber weiter und setze mich auf die andere Bank schräg gegenüber, unter die kerzengerade gewachsene Buche, meine Lieblingsbuche, von der aus man einen hübschen Blick über den Hof des Wald-Kindergartens hat. In den Pausen kann man hier manchmal diese süßen kleinen Brüllzwerge beobachten, wie sie sich gegenseitig mit Schlamm einsauen oder sich hingebungsvoll mit den einfachsten Dingen beschäftigen. Hier sitze ich an manchen dummen Tagen und lasse mich von der milden Atmosphäre und den lachenden Kinderaugen wieder einfangen und besänftigen.

Die „Gestiefelte" geht in die Offensive. Sie klappt demonstrativ ihr Buch zu, das sie offen neben sich auf der Bank platziert hat, legt es im Zeitlupentempo zur Seite, als hätte sie Angst, ich könnte diese Geste verpassen. Sie schmettert mir einen so offensiven Blick herüber zu meiner gegenüberliegenden Bank, mit einem hinreißenden Lächeln, das ich intuitiv erwidere. Die Augenlieder langsam auf- und niederschlagend, mir zublinzelnd, wirft sie mich in Turbulenzen für den Rest dieses Tages und wird damit – wohl ohne es zu wissen – erneut Gegenstand endloser Phantasmen ...

In dieser Zeit träume ich häufig den gleichen denkwürdigen Traum, der mir unaufhörlich in den Gedanken liegt. Ich erträume mir eine sagenhafte Nähe zu einer Imaginären, Fremden und doch Vertrauten. Eine kompromittierende, eine Schwindel erregende Nähe. Erträumte Intimitäten, die mich jedoch jedes Mal mit Irritation und schalem Gefühl erwachen lassen. Auf eine Weise peinlich berührt und berauscht zugleich. Und immer wieder sehe ich diese Frauen, deren stolzes und entwaffnendes Lächeln. Die Art, wie sie sich kleiden. Schwarz und orange, schlicht und bunt, schlank und fließend. Kleinigkeiten eben. Vielleicht Tagträume, vielleicht einfach nur Sehnsucht. Bröselnde Empfindsamkeit. Unkonventionelles, richtungsloses Begehren. Und zunehmend spüre ich, gerade im

ehelichen Kontext, welche Gefühle und Neigungen da igno-
riert werden.

Dann schließe ich in solchen „ehelichen Momenten" die Augen
und lebe im Phantastischen. Ich erlebe Renés Umarmungen,
seine Berührungen dann wie in Trance. Lasse es geschehen
und lebe dabei nahezu abwesend meine eigenen Bilder. In
seinen Armen, aber eben vollkommen einsam. Einsam in seinen Armen. Isoliert in seinen Armen. Weit weg und mit Tränen in den Augen. Ich lasse es geschehen, weil ich ihn nicht
schon wieder demütigen will. Weil ich mich zwingen will, das
Leben endlich normal empfinden zu können. Aber es geht
dann nicht. Es ist fast, als geschehe es gegen meinen Willen.
Wie eine Vergewaltigung, der das dumme Opfer vorher zuge-
stimmt hat, weil es glaubte, damit den einfacheren Weg zu
gehen. Wie eine dumme Vergewaltigung. Wie gegen meinen
Willen, der sich nur nicht artikulieren kann, weil ich vorüber-
gehend betäubt bin. Betäubt von der Verzweiflung, nicht leben
zu können, was ich empfinde. Dann wird allzu häufig der sexuelle Mechanismus zur Qual. Die Liebe grässlich fade. Sein
vertrauter Körper fremd. Seine Bewegungen widersinnig. Ich
kann René dann nicht berühren, ihn noch nicht einmal umarmen. Er kann doch nichts dafür, aber er muss es dennoch ertragen. Er ist so zärtlich, aber all seine Zärtlichkeit ist vergebens. Ich gehöre hier nicht hinein in dieses Spiel. Ich gehöre
nicht in seine Umarmungen, nicht an seinen fremden, erregten
Körper. Ich gehöre nicht in dieses Bett. Es ist so demütigend.
Ich wende mein Gesicht zur Seite, damit er meine unterdrück-
ten Tränen nicht sieht. Ein Kuss würde mich umbringen in
solchen Augenblicken.

„Es ist nicht normal!", höre ich ihn dann immer leise fluchen.
„Es ist, verdammt noch mal, einfach nicht normal!"
Eigentlich will René gar nicht, dass ich das höre. Er murmelt
mehr vor sich hin, als wollte er für sich selbst eine Erklärung
dafür finden, dass seine Frau ihn beim Sex partout nicht küssen kann. Er hat manchmal, und das amüsiert mich dann irgendwie, auch wenn es dabei nun wirklich nichts zu lachen
gibt, die verwegene Erklärung aus dem Bereich der käuflichen

Gunsten: Auch Prostituierte mögen, können und dürfen ihre Kunden nicht auf den Mund küssen.

Als er mich das erste Mal mit dieser absurden These konfrontierte, war ich zunächst ernsthaft erschüttert und beißend beleidigt. Warum eigentlich? Was ist so beleidigend daran? Dass er es seiner Frau zutraut, mit dieser Branche jemals etwas zu tun gehabt zu haben? Was ist so verwerflich an diesem Job? Nichts, wirklich nichts. Gewiss kein Job für mich, weiß Gott nicht, aber die Damen, jedenfalls diejenigen, die es freiwillig tun und ohne jemandem das sauer verdiente Geld abliefern zu müssen, sind nun eben Frauen wie alle anderen auch. Sie verkaufen lediglich das, was eigentlich alle wollen - Sex. Sie verkaufen ihren Körper, ihre Sinnlichkeit. Und sie küssen nicht. Diese Erklärung nun aber für mein Verhalten ist so abenteuerlich wie sie abstrus ist. Aber nachdem die Welle des Beleidigseins abgeklungen ist, ich finde es mittlerweile irgendwie amüsant. Warum, weiß ich nicht.

Ich kann René beim Sex nicht küssen. Es ist einfach nicht möglich. Auch bei anderen Männern ist es schlicht nicht möglich. Es geht einfach nicht. Es passt einfach nicht. Der Sex. Es ist eigentlich, wenn ich mir diesen Vorgang einmal in Einzelteilen zerlegt vor Augen führe, ein rein mechanischer, körperlicher Funktionsbetrieb. Ein bloßer Mechanismus, der eben seinen Zweck erfüllt. Erfüllen kann. Es ist nicht so, dass ich mich insgesamt mit Grausen abwende. Nein, Sex erfüllt eben diesen einen Zweck: Die Lust, die uns die Natur nun einmal mit auf den evolutionären Weg gegeben hat, zu stillen und bestenfalls zu befriedigen. Dieser Mechanismus, den ich durchaus gelegentlich als „zweckdienlich" empfinde, und ich muss das so nüchtern betrachten, spielt sich aber eher jenseits des Herzens ab. Er hat keinen besonderen Zauber. Mechanisch.

Küsse dagegen sind viel mehr. Küsse sind hochgradig intim, sind Leidenschaft. Küssen ist Öffnen, ist Hingabe, ist Verschmelzen. Küsse sind aufpeitschend, sind Quelle von neuer Lust, Küsse drehen unerbittlich an der Erregungsspirale, Küsse lassen das Blut in alle Körperregionen fließen, lösen Wellen der Lust vom Bauchnabel an abwärts aus. Küsse lassen die Wellen höher schlagen und das süße Dreieck des Wahnsinns tanzen, wohin es will und so schnell es will. Wenn die Zungenspitzen sich finden und die Lust gegenseitig spüren. Wenn Lippen zögerlich aneinander liegen und die Augen sich treffen. Sich beim Küssen in die Augen zu schauen und die Lust der anderen zu sehen in ihrem Blick. Das ist Leidenschaft! Das ist Küssen! *Küsse mit einer Frau.* Das ist höchste Intimität und Leidenschaft, die ich mit einer Frau empfunden habe, die ich damals mit Lisa, meiner „Einzigen", erlebt habe. Intimität, die ich in dieser Form mit René, mit einem Mann, nicht möchte. Sex mit René ist nüchterner. Ich küsse nicht. Ich stille meine Lust, die nun einmal da ist, ich befriedige mechanistisch, wie man ein gutes Essen kocht und hinterher satt ist. Aber ich empfinde nicht Leidenschaft und Hingabe, nicht lustvolles Öffnen und bebende Erwartung. Nicht die süße Qual der Erregung, die man zappeln lässt und anpeitscht durch Küsse und Blicke. Ich blicke nicht. Ich lasse mich nicht anblicken. Ich schaue ihn nicht an. (Was sollte ich an einem Mann auch anschauen, muss ich mich nüchtern fragen, ohne ihn kränken zu wollen?) Ich lasse mich nicht anschauen. Ich küsse nicht. ...

Aber daneben Zustände der Erregung, die ihresgleichen suchen.

Und René versucht, all diese Erregung abzufangen, einzufangen und zu lenken. Es kommt mir so vor, als neutralisierte er durch seine bloße Nähe all mein Empfinden. Als erstickte er meine Sehnsüchte, von deren Existenz er nicht einmal eine Ahnung zu haben scheint. Bisweilen gelingt es ihm zumindest, mir das Gefühl zu geben, einen Verbündeten zu haben. Einen Vertrauten, den ich ja so dringend brauche. Fragwürdig ohnegleichen, den Gatten als Verbündeten für nach außen gerichtete Sehnsüchte. Denn was bleibt, sind diese flimmernden Sehnsüchte.

Manchmal aber läuft mit René dann wieder alles so leicht. Dann genieße ich die Geborgenheit, die er mir gibt. Das Vertraute, das Verlässliche, das Gefühl, einen festen Anker im Leben zu haben, einen Heimathafen. In solchen Momenten gebe ich mich so gerne der Illusion des Glücks hin. In solchen Phasen turne ich mit behaglichem Rückenwind traumwandlerisch dahin, sorglos und verzaubert. Wenn nur nicht der Alltag der ehelichen Grundspannung und Gewöhnlichkeit mich dann wieder abrupt ausbremste und blutige Risse im Lack hinterließe. Der fade Alltag bremst mich immer wieder unvermittelt aus, schlägt mir derbe Realitäten ins Gesicht, zieht mir das Drahtseil des Seiltänzers weg.

Wie wäre es, könnte man diese beiden Welten miteinander verbinden? *Wasch mir den Pelz, aber mach mich nicht nass.* Dann müsste es kein Widerspruch bleiben. „So" zu leben, aber „so" zu lieben. Anders zu lieben und anders zu leben. Charmante Illusion und der naive Versuch, beim Sprung ins kalte Wasser die Füße auf dem Boden zu lassen. *„Und die Schale quälte sich aus dem Ei. Welten gingen dabei entzwei."*

Einziger Verbündeter ist an manchen Tagen der stolze, schwarze Flügel, für den ich in diesem Frühjahr ein Vermögen bezahlte. Seine Tasten gleiten mir manchmal lachend davon, wenn ich spiele. Als lösten sich die Hände mit den Tasten und machten mich selbst zu meinem eigenen Zuhörer. Erhaben und nicht immer ganz von dieser Welt gehen manchmal so die Stunden und Tage dahin. Welten, wunderbare Welten.

3.

Mai

Irrlichter

Ein leichter Leben

Das schlimmste, dass es keine Liebe gibt
Und keinen Glauben, keine Hoffnung mehr,
Dass jemals einer einen andern liebt
Für nichts! – als wenn es doch ein Anfang wär'.

Denn jeder Anfang, jeder erste Schritt,
der unbedacht und scheinbar frei gesetzt,
Trägt in sich schon sein eignes Ende mit,
Weil er die Kraft der Liebe überschätzt.

Denn Liebe ist nur Illusion, ein Spiel,
Ein Wunsch vielleicht, von Sehnsucht vorgebracht,
Und schmerzhaft unterhalten mit dem Ziel,
Ein Leid zu stillen, dessen nicht gedacht.

Zwar weiß ich: Lieben ist eine leeres Streben,
Doch trotzdem lieben wär' ein leichter Leben.

(Eckhard Brandenburger, Sonette, unveröffentlichtes
Manuskript, 1999)

Frühling! Was für ein Mai! Ein Mai, in dem es manchmal unerträglich ist. Wenn ich mit dem Gatten über den Wochenmarkt schlendere, vorbei an Bottichen voll Blumen, endlosem Gemüse, keifenden Marktfrauen, schnatternden Türkinnen, der unglaublich dicken Fischfrau mit ihrem singenden Ton und den bunten Auslagen in der Frühlingssonne. Dann trabe ich fiebrig dahin, den Tränen nahe vor Sehnsucht nach etwas, das ich selbst nicht benennen kann. Ich beobachte dann die lachenden Menschen, staune über deren ungeheure Geschäftigkeit, über die wimmelnde Bewegung und sehe überall nur Frauen. Immer wieder. Hundertfach. Sehe das Lächeln der Frauen, genieße deren Bewegungen, beobachte detailgenau Blicke und Gesten der Frauen. Beobachte, genieße und leide. Und denke immer wieder, wie es wäre, alle Schwächen einmal offen zu legen, wie ein verwundetes Tier alles preiszugeben, auszusprechen, diese Zuneigung zu formulieren, diesen Zauber zu benennen. Endlich teilhaben am leichten Leben. Das leichte Leben? Wenn mich jemand fragte, was eigentlich mich so schwer zu Boden drückt, dass ich so sonderbare Dinge wie „ein leichtes Leben" bestaune, wüsste ich wohl nichts Vernünftiges zu antworten. Aber es fragt zum Glück auch niemand. Wonach auch?! Und die Suche nach dem leichten Leben? Ich beschreibe diese Suche, als wäre sie Teil einer erdschweren Kurzgeschichte:

„ ... *In diesem Frühling dann zog sie sich in sich selbst zurück. In grotesker Weise begann sie den Frühling, der ihr mit seiner Unbeschwertheit vorenthalten blieb, zu verabscheuen. Ein groteskes Abwenden von der Welt begann. Um sie herum explodierte die Natur. Erwachendes Treiben und Leben in einer bunten, lichten Frühjahrsstimmung, die sie voll Gram und Düsternis erlebte. Je farbenfroher und lustvoller das Jahr die Natur vorantrieb, desto kälter wurde ihr Herz. Das leichte Leben blieb ihr vorenthalten. Das leichte Leben! Sie hatte keinen Anteil mehr an der Welt, die ihr scheinbar hohnlachend Leichtigkeit und Wachstum präsentierte, während sie Schwere empfand. Mit kaltem Herzen. Sie fror so sehr in diesem Frühjahr. Eiseskälte. Und sie mied die Sonne, die sie ja hätte wärmen können. Doch eben das wollte sie nicht zulassen. Denn es war ja gerade die Sonne, die ihr hohnlächelnd entgegenstrahlte und ihr entgegenschmetterte, dass sie nicht zu den Leichten, zu den Liebenden, zu den sorglos Empfindenden gehören sollte. Sie fror so sehr in diesem Frühjahr und empfand sich selbst als Hindernis. Sie verabscheute neidbelastet das lässige Gurren verliebter Pärchen. Frauen und Männer, junge Mädchen und ihre Liebhaber. Die eben die einzige Berechtigung zur Liebe hatten. Sonne und Frühling galt eben nur ihnen. Nicht aber den Introvertierten, nicht den vergebens Sehnenden, wie sie eine*

war. Sie fror so sehr in diesem Frühling. In dieser eisbrecheri-
schen Einsamkeit zog sie sich für den bleiernen Rest des Jahres
zurück. Zurück in ihre eigene kleine Welt, zu der niemand
mehr einen Zugang zu haben schien. Bisweilen nicht einmal sie
selbst. Sie zog sich zurück in ihre Bücher, in ihre Geschichten,
die sie wie ein Schwamm aufsog, und errichtete Mauern aus
Buchstaben und Worten um sich herum. Phantastische Welten
öffneten und schlossen sich. Aber sie fror so sehr in diesem
Frühjahr. ... "

Während andere sich einander zuwenden und in diesem strahlend schönen Mai die Liebe leben, ziehe ich mich in mein
schwer gepanzertes Schneckenhaus zurück und lese stattdessen. Lese über die Liebe, aber lebe die Liebe nicht. Als böten
die Bücher, die ich wie eine Verdurstende aufsauge, die sichere
Distanz und Abgeklärtheit, die uns daran hindert, dass wir uns
vor uns selbst und vor anderen offenbaren. Wie angenehm.
Wie einsam. Wie aufregend. Aber wie unbefriedigend.
Es gibt so unendlich weite Bücherwelten. So viel Geschriebe-
nes, so viel Aufregendes, so viel Einleuchtendes, so viel Ver-
ständliches. Generation für Generation schreiben sich die Menschen die Tränen aus dem Leib, dichten sich die Herzen wund
und erzählen sich den Verstand aus dem Hirn. Es ist wunderbar, welche Möglichkeiten uns die bunte Welt der Bücher zu
Füßen legt. Es gibt so viele Erklärungen in der Literatur, es gibt
kaum ein Gefühl zwischen Himmel und Erde, das nicht schon
einmal beschrieben, kaum einen Schmerz, der nicht schon
einmal gedichtet wurde. Ich versenke mich in die Welt der
Bücher, der Fiktion wie eine Wahnsinnige. Lese Romane wie
eine Verdurstende, klammere mich an diese Geschichten und
Erzählungen wie eine Ertrinkende. Man muss nur die Augen
öffnen und lesen, was Generationen von Frauen bereits über
das Sehnen geschrieben haben. Es gibt so viele Romane, aus
denen wir so viel herauslesen können über die jeweilige Zeit,
über das Leben derjenigen Menschen, die Statisten waren für
die Bücher. „The Well of Loneliness" von Radclyffe Hall, ein
Roman, der unmittelbar nach seiner Veröffentlichung 1928 in
England wegen „Obszönität" verboten wurde, weil er die Geschichte einer Frau erzählt, die wegen ihrer Liebe zu Frauen

von der Gesellschaft geächtet wird. Ich lese das Buch, als liege in der Geschichte ein ganzes Leben vergraben.

Die Romane und Erzählungen von Virginia Woolf geben mir Schablonen für meine Gedanken und Gefühle, die ich darin so wundervoll spiegeln kann. Vita Sackville-West und ihre farbenfrohen Schilderungen geben den Rahmen ab. Die Tagebücher und Romane von Anais Nin lösen Wellen von Fragen und Ungereimtheiten aus. Mercedes de Acosta schreibt so ungestüm, dass es eine wahre Freude ist, ihr zu folgen.

Und natürlich Virginia Woolf. Staunend lese ich über ihre Beziehung zu Victoria Sackville-West, von Virginia zärtlich *Vita* genannt, der lebenslustigen Draufgängerin. Virginia Woolf erscheint mir, je mehr ich von ihr lese, als ein so hoch komplexer Charakter, ein so widersprüchliches Wesen, ein so brüchiger Mensch. Eine getriebene, gepresste Seele, die ihr offenkundig fehlendes Selbstbewusstsein zu kompensieren versucht mit einem Übermaß an Intellektualität. Mit so vorgeschobener Intellektualität, die ihre eigenen Schwächen überblenden soll. So verschlinge ich ihre Bücher. Virginia und ihre wehmütige, grundtraurige Stimmung, mit der sie allzu oft in schwarze Löcher fällt und selbst nicht mehr weiß, wonach sie sich eigentlich sehnt.

Ihre Liebesbeziehung zu Vita, der Lebenslustigen, der Wortgewandten, ist auf so tragische Weise geprägt von diesem intellektuellen Hochmut, mit dem Virginia Woolf ihr physisches und sexuelles Unterlegenheitsgefühl gegenüber der Geliebten verdeckt. Virginia zelebriert gleichsam ihre „Intellektuellen-Tests", mit denen sie Vita vorführen und – was für ein erbärmliches Zeichen von Schwäche – die Geliebte demütigen will. Zynische Tests. Unnötige Tests. Was macht es schon, wenn die Eine diese Ebene der Anderen nicht bedienen kann, wenn sie aber doch *liebt*? Vita lebt dagegen voller Leidenschaft ihre körperliche und fröhliche, lebensbejahende Überlegenheit aus, indem sie lustvoll Körperlichkeit mit anderen Frauen genießt und hemmungslos Affären aneinander reiht. Wie im Jagdeifer. Affären, die Virginia wiederum ihre Unzulänglichkeit auf *diesem* Schlachtfeld vor Augen schlagen. Vita führt mehrere, zum Teil parallel verlaufende Beziehungen, begeistert und verliebt sich mit hoher Intensität, lässt dann aber mit bemerkenswerter Radikalität gebrochene Herzen zurück. Bemerkenswert, wie sehr Frauen, wenn sie Frauen lieben, die Objekte ihrer Begierde wie Trophäen voreinander aufreihen. Vita liebt und lässt fallen, benutzt, genießt und schasst.

In ihren Romanen wagt sich Virginia so wunderbar weit hervor, viel weiter, als ihr eigenes kleines Leben ihr es jemals erlaubte. Eine wahre Wonne ist es, Roman für Roman zu lesen, wie Virginia in ihren Geschichten Freiheit absolut setzt und damit nahezu zwangsläufig gedanklich in anarchistisches Fahrwasser gerät. Wie kann sie nur so wundervoll freizügig libertäre Gesellschaftsmodelle zeichnen, von Frauenbefreiung schwärmen, Machtstrukturen und Denkweisen ändern wollen und dabei selbst in ihrer jämmerlichen Realität einem so abscheulich traditionellen Frauenbild verhaftet bleiben. Was für ein Widerspruch! Sie bleibt in ihrer äußerlichen Welt, verheiratet mit Leonard Wolf, als Schriftstellerin anerkannt, liebt aber in diesem Herbst 1927 eine Frau. Ohne zu dieser Liebe stehen zu können.

Sie schreibt in ihrem vielleicht schönsten Roman *Orlando* so zärtlich über den Wechsel der Geschlechter, über die Austauschbarkeit der Geschlechter: Mal ist der Held Orlando ein sympathischer Jüngling in dem einen Jahrhundert, mal ist sie eine strahlende Frau in einem anderen Jahrhundert, aber bleibt eben Orlando. Die Geschichte gleicht einem Schauspiel, Orlando einem Akteur, der ständig in neue Rollen schlüpft. Im elisabethanischen Zeitalter ist Orlando ein Knabe, der vom literarischen Ruhm träumt, später ein Page, der die Gunst der Königin gewinnt. Im Zeitalter Karls II. wird er Gesandter am türkischen Hof. Er heiratet eine Zigeunerin, verwandelt sich in eine Frau und kehrt auf abenteuerliche Weise nach England zurück. Das letzte Kapitel zeigt Orlando als eine Frau des 20. Jahrhunderts, die als Schriftstellerin Erfolg hat. Sie ist nach dieser letzten Metamorphose zu einer Frau gereift, die männliche und weibliche Eigenschaften in sich vereinigt. Ein wunderbares Spiel mit Rollen und Geschlechtern. Mann oder Frau? Was macht das schon? Orlando liebt mal einen Mann, mal eine Frau, ist selbst mal Frau, mal Mann. Eine hervorragende Freizügigkeit im Denken. Eine Revolution im prüden England ihrer Zeit. Orlando geht so durch die Jahrhunderte, über die Jahrhunderte hinweg, durchbricht dabei die Geschlechterschranken. Ist mal ein schöner Jüngling, wagemutig, verwegen und aristokratisch, mal eine hübsche, intelligente Frau der feineren Gesellschaft, die, als Mann verkleidet, verbotene Abenteuer sucht und findet. Es ist ihre Geliebte Vita, die sie da als Orlando durch die Jahrhunderte streifen lässt.

Virginia schreibt auf so herzzerreißende Weise über Frauen, sehr zaghaft auch über liebende Frauen, über Körperlichkeit. Dinge, über die sie noch nicht einmal sprechen kann. Nach all dem, was ich so über sie gelesen habe, scheint es mit ihrer eigenen Körperlichkeit nicht weit her gewesen zu sein. Die Liebe zu Leonard Woolf eher platonisch, die Affäre mit ihrer Geliebten Vita eher eine Katastrophe, jedenfalls was den Sex angeht. Als habe sie sich ihre Leidenschaft vom Leib geschrieben, als existiere ihr Körper nur in ihren Büchern. "Who is afraid of Virginia Woolf?"

Ich habe Hannah einmal davon erzählt, dass ich große Lust hätte, irgendwann einmal ein Buch zu schreiben. Über dies und das. Über die unberechenbaren Gangarten der Liebe.

„Ich weiß", sagte Hannah damals mit einem milden Lächeln, das sich schon verdächtig scharf an der unsichtbaren Grenze zum feinen Spott bewegte. Was eigentlich hat mich veranlasst, mich Hannah gegenüber derart weit aus dem Fenster zu lehnen? Warum nur bin ich ihr gegenüber immer in der Defensive?

„Damit Du zumindest in der Fiktion endlich über die Dinge schreiben kannst, die zu leben Du in der Realität den Mut nicht hast. Weil Du Deine Phantasie nicht leben kannst. Das ist hübsch. Mach es. Aber mach es schnell, solange der Gedanke daran noch warm ist. Sonst tust Du es nie."

Was da in mir hervor kroch, fühlte sich an wie leichter Protest. Es war aber wohl eher Verwunderung darüber, dass Hannah mir ohne Vorwarnung unerbittlich den Spiegel vorhielt.

- „Wie, Hannah, kommst Du eigentlich darauf, dass ich mit dem Schreiben etwas Ungelebtes kompensieren will?"

Fragte ich mit hauchdünner Empörung, so hauchdünn, dass sie es wahrscheinlich gar nicht bemerkte. Aber es ist eben die einzige Form der Empörung, zu der ich in Hannahs Gegenwart fähig bin. Sie entwaffnet mich bis auf die Haut. Was für eine funkensprühende Vorstellung: Sich von Hannah entwaffnen zu lassen! „Entwaffne Du mich nur", fügte ich in meiner kühnen Phantasie noch hinzu. Und – eben genau das ist es je gerade, was Hannah mir damit klar machen wollte. Meine kühne Phantasie wagte sich Meilen vor, während ich reglos Unverfängliches aneinander reihte. Hannah blickte mich abwartend an, als spürte sie, dass da noch etwas Unausgesprochenes zwischen Hirn, Herz und Zunge lag. Sie wartete. Sie lächelte. Ich verschluckte schnell das Unausgesprochene, als befürchtete ich, ihrem herausfordernden Blick nicht standhalten zu können und doch noch „Entwaffne mich, Hannah" zu flüstern. Als wartete sie darauf, dass ich „Entwaffne mich" flüsterte.

- „Weißt Du", sagte Hannah nach einer Weile, ohne damit eigentlich meine Frage zu beantworten, „Du kennst doch die Romane von Virginia Woolf. Die hat sich ihre Leidenschaft, ihre Phantasie aus dem Körper geschrieben, weil sie ihr Leben nicht in Fleisch und Blut lustvoll leben konnte. Sie hat ihr Herz eingesperrt zwischen Hirn und Schreibmaschine. Aber sie hat wundervolle Romane geschrieben. Vielleicht gerade deshalb. Wer weiß. Du kennst doch ihren ‚Orlando', oder? Wundervolles Buch."

Hannah zögerte wieder einen Augenblick, als wartete sie auf irgendeine Bestätigung. Als zögerte sie, mir noch mehr süße Anspielungen um die waidwunden Ohren zu werfen.

„Tu es", sagte sie und blickte mir dabei so eindringlich in die Augen, dass ich mich am liebsten nach hinten hätte fallen lassen, um mich vor ihr in Sicherheit zu bringen. Hannahs Blicke tun manchmal weh.

„Schreib!", sagte sie, „aber pass auf Dich auf. Virginia Woolf fiel nach dem Schreiben ihres ungelebten Lebens zumeist in tiefe schwarze Löcher. - Du weißt ja, dass sie letztlich gar nicht mehr herauskam."

Ja, das wusste ich. Hannah legte kunstvoll ihr umwerfendes Grienen auf, das sich stets um ihre Mundwinkel herum wickelte, wenn sie sich auf sicherem Terrain glaubte. Was für ein charmantes Spiel mit Mimik! –

Ich liebe dieses Grienen um ihre Mundwinkel. Das hat mich von Anfang an für sie eingenommen; damals, als wir uns das erste Mal begegneten und uns um ein Haar über den Haufen gerannt hätten. Ich sah sie nicht, sie sah mich nicht, weil wir beide zwar eilig voranschritten und uns aufeinander zu bewegten, aber uns jeweils in die entgegengesetzte Richtung umgedreht hatten. Mit Wucht und ohne Vorwarnung rasselten unsere Schultern aneinander. Sie stieß mir im gestreckten Galopp ihr entzückend spitzes Knie gegen meine zerschellende Kniescheibe (jedenfalls fühlte es sich so an) und meine Tasche landete mit Nachdruck auf ihren filigranen Mittelfußknochen. In dem Augenblick des Zusammenpralls zauberte sie zum ersten Mal in meiner Gegenwart dieses Grienen auf ihre Mundwinkel. Andere hätten geflucht, geschrieen, geweint oder sogar gelacht. Hannah aber legte *dieses* Grienen um ihre hübschen Mundwinkel. Donnerwetter, dachte ich da, für *diese Mundwinkel* lässt man sich schon gerne einmal über den Haufen rennen. Seitdem war es eine Art running gag zwischen uns, quasi eine Verabschiedungsformel *„Und denk' dran, meine Liebe, Augen immer hübsch geradeaus!"* Und mit eben diesem historischen Grienen auf den Mundwinkeln dozierte Hannah nun über die Abgründe der Virginia Woolf, um mich – warnend zwar, aber sehr bestimmt – zum Schreiben zu ermuntern. Aus dieser Frau soll einer nun schlau werden.

„Aber pass auf, Süße, dass Du Dich nicht auch eines wunderhübschen Morgens im Nebel im Fluss ertränken musst." Virginia Woolf hat sich vor Traurigkeit und aus Angst vor dem drohenden Wahnsinn im Fluss ertränkt. Was aber weiß Hannah von Virginias Angst, was weiß sie von meiner Traurigkeit? Mein Gesichtsausdruck aber muss ihr verraten haben, dass ich ihr nicht mehr ganz folgen konnte. Meine Schreibseleien mit Virginia Woolf zu vergleichen?! Virginia Woolfs rettungslosen Abgründe überhaupt irgendwomit vergleichen zu wollen?! Das ist ja anmaßend. Eine Anmaßung, für die man geteert und gefedert gehörte. Meine Empörung – Mundwinkel hin oder her – muss wie ein Telegramm über meine Stirn gelaufen sein.

Lachend warf Hannah jedenfalls ein „Entschuldige bitte" hinterher, „war ein blöder Scherz".

Hannah hat ein so schönes Lachen. Hatte sie „Süße" zu mir gesagt? „Süße?" Es war kein blöder Scherz. Hannah hat ein so schönes Lachen. Was aber hatte das alles mit meiner Idee zu tun, irgendwann einmal ein Buch zu schreiben? Gar nichts. Virginia Woolfs Depressionen haben mit mir nichts zu tun. Virginia Woolfs Traurigkeit hat mit mir nichts zu tun. Ihre Bücher haben mit mir nichts zu tun. Sie hat mit mir nichts zu tun.
„Das hat doch alles mit mir nichts zu tun, Hannah!"
- „Nein, das hat alles mit Dir nichts zu tun. Nicht mit *Dir*. Es hat mit Deinen Sehnsüchten etwas zu tun. Mehr nicht."
Was aber weiß Hannah von meinen Sehnsüchten? Ihre lässige Interpretation von Virginia Woolf finde ich hinreißend. Weil es Hannahs Interpretation ist. Ich hätte es auch hinreißend gefunden, wenn es kompletter Blödsinn gewesen wäre. Aber dann wäre es nicht Hannahs Interpretation gewesen. Das wäre dann nicht Hannah. Hannah spricht wirklich nicht viel, aber wenn sie spricht, dann weiß sie, was sie spricht. Hannah eben. Und was weiß Hannah von Virginia Woolf? Von deren Verzweiflung, von deren Wahnsinn? Von deren Liebe zu Vita Sackville-West?

Was ich an Virginia Woolf so besonders schätze, ist ihr sinnliches Verhältnis zu Sprache. Sie beschreibt nicht von außen auf etwas herab, sondern immer die Innen-Perspektive. Schön sind diese inneren Monologe der Hauptfiguren, wodurch ihre Gestalten so lebensnah und authentisch wirken. Lebendige Sprache, gefühlte Sprache:

> *"Ich schlug das Buch auf und begann irgendein Gedicht zu lesen. Und augenblicklich und zum ersten Mal verstand ich das Gedicht. ... Es war, als würde es vollkommen durchsichtig. Ich hatte das Gefühl, dass Wörter eine Transparenz bekommen, wenn sie aufhören, Wörter zu sein, und sich so steigern, dass man sie zu erleben, sie vorauszusagen scheint, als entwickelten sie das, was man bereits fühlt."*

„Wie kunstvoll Virginia Woolf den androgynen Orlando gezeichnet hat! Ich finde das ungeheuer beeindruckend."
Hannah scheint dieses Buch wirklich zu mögen. Die Figur des Orlando, mal Mann, mal Frau, ist wirklich bildschön umrissen. Da hat sie Recht. Ich wusste nur gar nicht, dass Hannah Bücher *so* liest, dass sie sich für diese Dimensionen interessiert. Virginia Woolfs Idee der Androgynie besagt, dass männliche und weibliche Elemente in jedem Geschlecht vermischt sein sollten. Faktisch aber leben Männer und Frauen in komplett unterschiedlichen Lebens- und Erfahrungswelten. Ihre Gedanken zur Androgynie haben etwas wunderbar Utopisches („flight into androgynie"). Asexualität? Eine quasi literarische Rechfertigung ihrer eigenen homoerotischen Entwicklung? Wie auch immer. Eigentlich spielt es auch keine Rolle. Die Begegnung mit Vita mag Anstoß gewesen sein für die Idee der Androgynie, verkörperte sie doch weibliche wie männliche Attribute. Das androgyne Wesen Orlando!

Und dennoch glaube ich nicht, dass Virginia Woolf lesbisch war; ihre Liebe zu Frauen klingt so konstruiert, so wenig authentisch. Vita allerdings lebt ihr lesbisches Auge leidenschaftlich aus. Virginias Idee der Androgynie erscheint ebenso wie ihre homoerotischen Erfahrungen als ein Versuch, ihre eigene sexuelle und persönliche Definitionslosigkeit zu überwinden. Nicht mehr. Aber was spielt das für eine Rolle!

Was spielt es für eine Rolle, *warum* jemand homoerotische Erfahrungen machen will, wenn er doch fühlt, wie er nun einmal fühlt. Gefühle sind eben Gefühle. Den Wunsch nach homoerotischen Erfahrungen zu hinterfragen, hieße letztlich, Gefühle zu hinterfragen. Zu hinterfragen, warum Frauen Frauen lieben. Aber sind nicht die Gründe dafür vollkommen unerheblich? Ich meine, wozu soll es gut sein, zu wissen, warum Frauen Frauen begehren? Und wer will schon darüber richten, ob nun Vita und ihre leicht flatterhafte Art, die Frauen reihenweise zu verführen, authentischer ist als das zögerliche und leicht verklemmte Heranpirschen von Virginia? Und es ist auch vollkommen unerheblich, *warum* Vita ihre Sexualität so ungestüm auslebt mit wechselnden Frauen oder *warum* Virginia homoerotische Gefühle eher im Abstrakten formuliert, nicht aber auslebt. Beide Frauen tun es eben.

Solange Menschen diese Gefühle haben, sind sie schlicht Teil ihres Lebens. So schrecklich simpel ist das. Das Empfinden ist dann eben, wie es ist und damit ist es Teil der menschlichen Natur. Wozu also die dumme Suche nach Erklärungen? Ein Empfinden zu erklären, hieße letztlich, es zu rechtfertigen. Sich für ein Gefühl zu entschuldigen und damit das Gefühl als etwas Minderes zu sehen. Und eben genau das ist es, was mir erdschwer im Gemüt liegt. Ich kämpfe fortwährend innerlich gegen das beleidigende Gefühl, dass gleichgeschlechtliche Liebe etwas Minderes ist. Was für ein schlimmes, lähmendes Gefühl.

4.

Juni

„Es war, als berührte man den eigenen Körper..."

Anonymität. Mein Weg führt über den Umweg der Anonymität. Die Anonymität ermöglicht die sichere Distanz zu der ungewissen Welt, das starre Festhalten am Alten, während das neue Ufer betreten wird.

Nachdem ich in den letzten Wochen bereits mit fiebrigen Augen im Internet so viele Dinge über die andere Welt erfahren habe, ist es abzusehen, dass ich nicht mehr länger als Zuschauer nur noch staunend daneben stehen kann. Erstaunlich wagemutig halte ich mich in den letzten Wochen als Beobachtende am Rande dieser Welt, schleiche wie ein hungriger Wolf um die bekannten Szene-Treffs und lungere wie zufällig auf den Frauen-Events herum. Aber immer mit der Attitüde derjenigen, die dies ja alles nichts angeht, die nur einmal zufällig ihre irregeleitete Nase in deren Welt steckt. Die nur beiläufig, fast versehentlich die Witterung der Frauen-Szene aufgenommen hat. Mit zittrigen Knien zwar, aber das merkt ja keiner, wenn man die entsprechende Miene des Zaungastes aufsetzt. Es ist schon verwunderlich. Niemand scheint Notiz davon zu nehmen. Ich denke immer, wenn ich da so beiläufig wie irgend möglich in dem für mich so schillernden Szene-Café stundenlang an meinem Milchkaffee herumschlürfe, dass all diese Frauen empört auf mich zu steuern müssten, als hätte ich dieses „Vorsicht! Hetero!" auf der Stirn. Aber nichts geschieht. Was immer ich mir vorgestellt habe, es geschieht schlichtweg gar nichts. Einen ganzen jämmerlichen Montagabend geschieht nichts, während ich nur so dasitze, ein Kaltgetränk nach dem nächsten in mich hineinschütte, dass es mir beinahe sprudelnd zu den Ohren wieder herausläuft. Nichts. Niemand nimmt Notiz von mir. Offenkundig habe ich kein Merkmal auf der Stirn, keinen grünen Stern auf der Mütze, keine Nudel im Gesicht, die irgendjemanden auf mich aufmerksam machen könnte. Die Frauen hier sind so normal wie sie langweilig sind, sind so wunderbar und aufregend wie alle anderen Frauen auch. Sind nicht schöner oder unattraktiver als andere, sind nicht größer oder kleiner, sind nicht interessanter oder schriller als andere Frauen auch. Keine von den Damen nimmt erkennbar Notiz von mir. Sie sind schlichtweg – wie ich eben auch – einfach da und schlürfen irgendetwas in sich hinein, schwatzen mit anderen, träumen aus dem Fenster oder streiten sich, lesen eine Zeitung, flirten mit der Bedienung oder gehen zum Klo, ziehen sich ihre Jeansjacken an oder aus. Aber sie sind vollständig normal. Was zum Teufel habe ich eigentlich erwartet hier? Welche Sensationen glaubte ich hier zu entdecken? Erleichtert, aber auch ein wenig irritiert gehe ich nach Hause und bin wild entschlossen, meine Expeditionen fortzusetzen.

Allmählich mache ich mich vertraut mit den Treffpunkten dieser Stadt. Allmählich kenne ich die Termine von Frauenpartys besser als die Veranstalter selbst. Allmählich kenne ich die einschlägigen Internetseiten mit Veranstaltungstipps und Adressen. Ich könnte Szene-Ratgeber schreiben, ohne jemals wirklich Einblicke gehabt zu haben. Bin bloßer Zaungast. Aber mit weit aufgerissenen Augen und Ohren. Ich atme in den Bars deren Luft, ich lese ihre Signale, die sie einander und anderen zusenden, ich höre ihre flirtenden Stimmen. Ich genieße die Selbstverständlichkeit, mit der Frauen hier Frauen anflirten, mit der Frauen hier Frauen küssen, mit der sie sich zärtlich über den Oberschenkel streichen, wenn sie sich setzen und ihre Jacke auf den gegenüberliegenden Stuhl werfen. So einfache alltägliche Dinge, von denen niemand hier Notiz nimmt, springen mir so eklatant ins Hirn und ins Auge.

Mit diesen Bildern von frauenküssenden Frauen schlurfe ich wieder zurück in meine biedere Welt und verdaue diese Eindrücke wie ein Wolf, der gerade ein unschuldiges Lamm gerissen hat. Der Weg nach Hause durch die milde Juniluft ist lang und ergiebig. Die Stadt sieht so anders aus heute. Die Luft riecht heute anders. Die Menschen blicken mich an, als käme ich gerade aus dem Zoo und hätte noch einen Weißschulterkapuzineraffen auf meinem Rücken. Aber eigentlich blickt niemand anders als sonst. Keiner glaubt, ich sei im Zoo gewesen. Niemand nimmt heute anders Notiz von mir und meinem Weißschulterkapuzineraffen. Ich bin es, die die Stadt heute anders empfindet. So wie ich glaubte, die Frauen in dem Café müssten mich bemerken, meine ich nun, die Menschen blickten mich an. Vielleicht glaube ich immer nur, dass all dies etwas Besonderes ist. Frauen, die Frauen lieben, sind stinknormale Wesen, so gut und so schlecht wie alle anderen auch. Genauso belanglos wie Frauen mit Weißschulterkapuzineraffen auf dem Rücken. Niemand nimmt heute auf andere Weise Notiz von mir als sonst auch. Es ist auf so verblüffende Weise wunderbar.

In der Nacht träume ich von der „Gestiefelten", die mit ihren hinreißenden Stiefeln durch den Wald spaziert und einen gackernden Weißschulterkapuzineraffen auf dem Rücken mit sich herumträgt. Der Affe schreit und lacht vor wildem Vergnügen. Er hat ihre Sonnenbrille abgenommen und sich selbst aufgesetzt. Damit sieht er noch dämlicher aus und zieht die Blicke der Sonntagsspaziergänger auf sich. Die „Gestiefelte" nimmt keine Notiz von den Menschen, die lachend und feixend stehen bleiben und mit den Fingern auf das komische Gespann zeigen. Ihre Stiefel sind einfach sexy. Ihr Gang ist einfach sexy. Sie geht zielstrebig auf meine Lieblingsbank zu, setzt sich neben mich und umarmt mich so liebevoll, wie ich es nur im Träumen empfinden kann. „Ich habe Dich so vermisst" flüstert sie mir ins Ohr. „Komm" sagt sie, „ich habe es uns auf meiner Terrasse gemütlich gemacht. Komm nach Hause". Sie nimmt meine Hand, zieht mich hoch und wir laufen an allen gaffenden Menschen vorbei und laufen und laufen. So federnd leicht und fast an der Grenze zum Fliegen, wie man eben nur in Träumen laufen kann. Kaum den Boden berührend. Zu gerne hätte ich weiter verfolgt, was dann geschieht, was auf ihrer gemütlich gemachten Terrasse so geschehen wird. Was ist das überhaupt, eine „gemütlich gemachte Terrasse"? Ich hätte gerne erkundet, warum sie „Komm nach Hause" zu mir sagt. Ich kenne weder sie noch ihren Weißschulterkapuzineraffen. Träume können ja so ungerecht sein. Immer wenn es am schönsten wird, platzt das wahre, dumme Leben hinein, grätscht das Bewusstsein uns in diese aufregende Traumwelt. Ich wache auf und die „Gestiefelte" ist weg.

„Frauenchat" – vor kurzem hätte ich mich noch lustig gemacht über die Verballhornung der deutschen Sprache. Wie kann man die Sprache nur so knebeln und wie glibberige Masse zu solchem Wortmüll quetschen?! „Frauenchat" – heute stolpere ich noch nicht einmal mehr über dieses Unwort und seinen grässlichen Klang. Das Internet liefert uns in der durchglobalisierten Welt so manchen Müll, aber eben auch Kommunikationsformen, die vor wenigen Jahren noch undenkbar gewesen wären. Eine solche Ebene, das „Chatten" über elektronische Impulssendungen, denn mehr ist das nicht, es fließt Strom oder es fließt kein Strom, hat beinahe etwas Beängstigendes. In den Science-Fiction Romanen der vierziger Jahre wäre dies ein Renner gewesen.

Und heute, heute sitze ich nun am PC, starre auf den flackernden Bildschirm und hämmere Gespräche über die Tastatur ins Internet. Was immer das sei. Ich lese in diesem „Frauenchat", schlimmes Wort, eine interessante Bemerkung einer Frau über die nutzlose Zeitverschwendung, der wir uns in mausgrauen Ehewelten hingeben, während wir stattdessen wilde Nächte und Tage mit Aufregendem und Buntem zubringen sollten. Oder so ähnlich.

Ich antworte in den allgemeinen Raum der Schwätzerinnen hinein, irgendetwas Zustimmendes ist es wohl, in das ich die Erfahrungen der letzten Wochen einfließen lasse und Marla antwortet prompt.

„Marla?" -

Wir schliddern sofort in den *privaten* Raum und die Nacht über werfen wir einander zu mit blindwütigen verbalen Schikanen. Das ist aufregend.

„Hör mal, Marla, ich glaube, wir sollten allmählich zu einem Ende kommen, es ist mittlerweile fünf Uhr. In zwei Stunden muss ich zur Arbeit. Wie soll das hier weitergehen. Eine Live-Schaltung in mein Büro? Versprich mir Marla - heißt Du eigentlich wirklich so? – dass wir uns morgen weiter unterhalten, ja? Marla? Wie Marla Glenn?"

- „Okay. Morgen wirst Du mir Einiges zu erklären haben, schätze ich. Schlaf schön, Du Umtriebige. Noch ein kurzes post scriptum: Was spielt es für eine Rolle, ob ich wirklich Marla heiße? Und wenn nicht? Wofür ist das wichtig?"

- „Hatte ich eigentlich erwähnt, dass ich gerne das letzte Wort
habe? Nein? Dann sei es Dir hiermit gesagt. Dir auch eine an-
genehme Nachtruhe ;-)
Auf Dein kleines freches p.s. nur ganz kurz: Es interessiert
mich einfach, wie Du wirklich heißt. Schlaf schön, Du Rastlo-
se.“

Über das weltweite Netz, Segen und Fluch der modernen Welt,
rede ich über lange Tage mit Marla, einer mir fremden Frau,
über unerhört unschickliche Dinge. Mit einer Frau, die die
gleichen Fragen zu stellen scheint, die die gleichen Antworten
erhofft. Ähnliche Erfahrungen, ähnliche Wünsche. Eine erstaunliche Kompatibilität. Gespräche auf Augenhöhe. Erlebnis-
se und Hindernisse der heterosexuellen Beziehungswelt, in der
sich beide gefangen sehen und aus der beide zögerliche erste
Schritte hinaus wagen. Die Ebenen der Kommunikation wech-
seln in Sekunden von abstrakten und literarischen Welten zu
tiefen erotischen Abgründen, die wir uns virtuell erschließen.
Beiden – und darin liegt wohl der einzige Zufall dieser Begegnung – geben diese durchaus denkwürdigen Gespräche Halt
und die ersehnte Bestätigung, nichts Verwerfliches zu empfinden.
Eine Wohltat, Marla, dieser fremden „virtuellen Frau“, von
meinen Sehnsüchten zu berichten. Erzähle mich frei über die
Tastatur. Erzähle davon, wie meine schmachtenden Blicke wie
Pfeile die Körper der Frauen durchdringen. Wie ich mir beständig emotional den Hals breche, wie mir dennoch der Mut
fehlt. Ich erzähle Marla alles über meine Verliebtheitsanfälle.
Davon, wie ich Gefallen fand an einer Freundin, die sich mir so
zutraulich zeigte. Davon, wie ich diese begehrte, aber wieder
einmal keinen Mut hatte, es der Begehrten zu sagen. In den
unzähligen Mails, die wir einander schicken, zeigen wir uns
mal unbedarft und hilflos fragend, dann wieder in einer Weise
hochmütig erhaben über die Spiele, die wir miteinander spielen.
Im Laufe der Wochen, die wir so - ohne einander zu kennen
oder je gesehen zu haben – miteinander verbringen, kommen
wir uns näher und es scheint fast, als wären wir einander so
vertraut wie tratschende Waschweiber. Kein Wunder eigentlich,

denn schließlich erfahren wir voneinander allerhand intime Details. Eine ferne Vertraute also. Manchmal erinnere ich mich dann an diese langen Sommerabende meiner Kindheit, als ich mit meiner Sandkistenbekanntschaft allerhand verbotene und geheimnisvolle Dinge erkundete. Damals. Das ist unerhört lange her, aber es durchkreuzt gerade jetzt wieder meine Erinnerung. Weil es der Situation des Erkundens und Experimentierens so ähnelt. Emotionale Expeditionen ins unerforschte Land der Körperlichkeit. Vertrautheit der Kindheit. Zusammen erste Wege des Körpers gehen. Erste Spuren der erwachenden Sexualität und Emotionalität streifen. Erkundungen, über die wir später als Erwachsene niemals sprachen, bis heute nicht ein Wort. Seltsame Verschwiegenheit. Wenn ich irgendwann einmal ein Buch über all dies schreiben sollte, werde ich Mühe haben, einen solchen Dialog überhaupt in Worte zu fassen:

„Erinnerst Du Dich nicht?" - „Woran?"
Warum eigentlich schweigen Menschen über die einfachsten Dinge, über die schönsten Abenteuer? -
„An früher. An unsere sommerlichen Expeditionen, meist bei Dir zu Hause. Weißt Du nicht mehr? Wir waren so schrecklich neugierig damals. Auch neugierig aufeinander, erinnerst Du Dich nicht? An dieses, nun ja, an das Hinübergleiten vom Spiel zum süßen Ernst?" –
Nein, sie erinnerte sich nicht. Zumindest tat sie so, als erinnerte sie sich an nichts. Aber ihr Schweigen ist mir eigentlich auch viel lieber. So kann ich die hauchdünne Erinnerung daran so farbenfroh behalten wie es war, ohne dass erwachsene Worte sie klein- und belanglosreden. Das Bild bleibt einfach haften als süße Erinnerung.

Eine ähnliche Vertrautheit liegt nun in der Begegnung mit meiner „virtuellen" Marla, die mir immer noch nicht sagen will, ob sie wirklich so heißt. Ganz selbstverständlich lassen wir beide in diese Vertrautheit zielsicher erotische Ebenen einfließen. Geben einander das, was die jeweils andere bitter ersehnt. Mal konkrete erotische Erfahrungen und – wenn man es überhaupt für möglich halten will – *verbalen virtuellen Sex.* Und, ja, es geht. Es gibt ihn tatsächlich, den *verbalen virtuellen*

Sex! Ich hätte noch vor einiger Zeit jeden, der mir so etwas wie *verbalen virtuellen Sex* hätte weismachen wollen, für reichlich überspannt gehalten. Ich hätte es wohl als Ausweis postmoderner, zivilisatorischer Dekadenz gebrandmarkt. So weit, hätte ich wohl gesagt, sind wir nun also schon gekommen in dieser artifiziellen, computergesteuerten Barbiepuppen-Welt, dass wir einander nicht mehr authentisch und leibhaftig die Lust aus dem Leibe lieben können. Dass wir heutzutage in dieser Plastik-Welt schon der Anonymität des Internets bedürfen, um Erregung zu erfahren. Ich hätte stundenlang über die Schlechtigkeit und Verderbtheit der modernen Welt geschimpft und wäre erschöpft in meinem Kulturpessimismus ersoffen.

Und heute? Heute ist es möglicherweise immer noch dekadent, artifiziell, verderbt und ein Ausweis zivilisatorischen Rückschritts. Aber ich habe es, verdammt noch mal, so furchtbar genossen, mich von der fremden Marla - ohne sie je gesehen zu haben - über die Tastatur in atemberaubend aufregende Zustände höchster Erregung versetzen zu lassen. Weil es eben unsere Phantasie ist, die all dies ermöglicht! Und diese Phantasie muss lediglich stimuliert werden. Jemand muss nur den richtigen Knopf finden. Weil eben nur jemand, der Deine wüsten Sehnsüchte erkennt, ob nun hinter der sicheren Wand des Internets oder leibhaftig, Dich so mitnehmen kann. In die Tiefen, in die Abgründe. Dahin, wo es ernst wird. Dahin, wo es auf so süßliche Weise schlimm ist. Denn Erregung spielt sich im Kopf ab. Vergessen wir nicht die Kraft der Imagination, die ungeheure Gewalt des Wortes, die vorzügliche Spannkraft des intellektuellen, verbalen Miteinanders. So wie es die Lust am Wort, an Sprache gibt, so gibt es eben auch Worte und Sprache, die Lust erzeugen. So einfach ist das. Es gibt Spiele, für die man eben nur die passenden Spielpartner benötigt. Ob nun virtuell oder in der konkreten Begegnung. Zudem ist in meinem sehr speziellen Fall die Anonymität ein Sicherheitsnetz, ein doppelter Boden, der mich auffängt, wenn sich das Spiel als Katastrophe erweisen sollte. Die Anonymität ermöglicht es mir, beim Sprung ins kalte Wasser die Füße auf dem Boden zu lassen. Die Liebe mit Frauen zu erkunden, ohne die Sicherheit

meines überschaubaren, wohlanständigen, bürgerlichen Daseins aufgeben zu müssen. Noch nicht.
Und Marla versteht es vortrefflich, mich mit ihrer ungeheuren Wucht der erotischen Imagination mitzunehmen in weit entfernt liegende Welten.

„Was wirst Du heute Nachmittag tun?"
„Wenn ich Zeit finde, werde ich später meinen Hund schnappen und mit ihm eine Runde durch den Wald joggen. Warum fragst Du das, Marla?"
„Weil Du heute etwas vollständig anderes vorhast. Du wirst nämlich heute Nachmittag Dessous einkaufen, Du wirst sie anprobieren, Dich in der Umkleidekabine vor den Spiegel stellen und Dir genau einprägen, was Du siehst. Und eben dieses Bild wirst Du mir heute Abend in Deiner Mail beschreiben! Mit allen Empfindungen, die Du dabei hattest. Woran Du dabei gedacht hast. Und wir werden dann sehen, was geschieht... Verstehst Du mich?"
„Ohh ja... Ich denke, ich verstehe ziemlich gut."

Die abendlichen Mails nehmen also ihren unvermeidlichen Verlauf. Es ist auf so irrsinnige Weise phantastisch, wohin die Phantasie uns treiben kann. Es ist wie ein Spiel. Ein wunderbares Spiel. Ein entfesseltes Spiel. Wenn René auch nur Splitter dieser Spiele hörte, so würde er seinem Verstand nicht mehr trauen. Er würde daran zweifeln, dass es seine Frau ist, die sich hier entfesseln lässt. Es sind Spiele, die ich mit ihm niemals spielen könnte, denke ich, während ich mich gedanklich auf meinen Ausflug in die Umkleidekabine vorbereite. Ich hätte den Mut und die Offenheit nicht, mit einem Mann, noch nicht einmal mit meinem eigenen Ehemann, mich derart frei und bedingungslos preiszugeben. Meine Phantasie würde blockieren und nichts Derartiges zulassen. Es ist absurd, muss ich mir vorwurfsvoll eingestehen, aber ich bin fähig, mit einer mir vollkommen fremden Frau solche phantastischen Spiele zu spielen. Mit meinem eigenen Ehemann, der mir nahe steht wie kaum jemand sonst, finde ich diese Form der Intimität untragbar. Körperlichkeit mit ihm ist weitaus nüchterner und mechanischer. Mit dieser immerhin fremden Frau aber lasse ich bereits nach kurzer Zeit die Zügel fahren... Wer nur soll das verstehen?! Wie nur soll ich das René erklären?

Mit Marla dann wieder Gespräche, Ratschläge. Beruhigend, wenn man jemandem so heikle Dinge erzählen kann wie den täglichen Kampf und das Sich-Winden aus den heterosexuellen Verpflichtungen der Beziehung, die eigentümlicherweise keine von beiden so leichthin beenden möchte. Wir hören einander zu, wenn es wieder dumm und unerträglich wird zu Hause. Bieten einander Ventil für Frustrationen, befriedigen einander, wenn es am nötigsten ist. Es ist, als berührte man den eigenen Körper! Eine sonderbare Leichtigkeit, eine eigentümlich Lässigkeit umgibt mich nach diesen Kontakten.

„Marla? Heißt Du nun eigentlich wirklich so?", frage ich sie, als wir nach einer langen Weile beginnen, miteinander zu telefonieren. Die Telefonate sind entsetzlich aufregend. In die Stimme kann man so wunderbar viel hineinlegen.
„Wofür ist das wichtig? Ob ich nun wirklich Marla heiße oder nicht! Wofür soll das wichtig sein? Mag sein, dass ich Marla heiße, mag sein, dass es nicht mein richtiger Name ist."
- „Ja, Du hast recht. Es ist jetzt in diesem Moment vollkommen egal, Marla. Aber, weißt Du, wenn Du eines Tages vor meiner Tür stehst oder ich vor Deiner, dann ist es nicht mehr egal, verstehst Du? Dann ist nämlich alles anders, dann sehen wir uns in die Augen! Dann ist es nicht mehr egal."
Marla lässt meine Frage unbeantwortet. Vielleicht glaubt sie nicht, dass sie irgendwann vor meiner Tür steht. Vielleicht will sie die vertraute Anonymität nicht verlieren.
„Du glaubst doch wohl nicht, dass ich ...", sagt sie nach einer kurzen Pause.
„Dass Du *was*?" -
Ich unterbreche Marla, lasse sie nicht aussprechen. Das ist eines unserer hübschen, kleinen Spiele. Zu unterbrechen, um die Aufmerksamkeit, die Spannung zu erhöhen. Den Takt vorzugeben. Mit wechselnden Rollen. Zu dirigieren, zu fordern. Anzuhalten mitten im gestreckten Galopp, zu verzögern, wenn es unmittelbar vor der Explosion steht, nur um, ja, um was eigentlich? Ein phantastisches Spiel jedenfalls, das man nicht mit

jedem spielen kann. Wie man überhaupt für diese Dinge einen geeigneten Spielpartner braucht.

– „ ... Dass Du *was* nicht wirst, meine Liebe?"

Sie hat gar keine Chance, ihren Satz zu Ende zu sprechen, denn diesmal bin ich ihr in einem so unerwarteten Moment mit unserem Spiel dazwischengegrätscht, dass sie offenbar einen Augenblick braucht, um zu begreifen, dass die Gangart gerade wechselt. Zögern am anderen Ende der Leitung. Ich höre sie noch nicht einmal atmen. Ich höre sie nachdenken. Allmählich kommt das Leben in ihr Hirn und ihren Leib zurück.

„Oohhkayyy", murmelt sie süßlich und jede Silbe in die Länge gezogen, ohne meine Frage zu beantworten. Sie weiß, dass in diesem Theater jetzt Anderes auf dem Spielplan steht. Dass die Gangart jetzt wechselt. Es ist ein langes, wunderbares Telefonat, von dem ich gar nicht wusste, dass so etwas zu telefonieren ist.

René starrt mich fassungslos an, als glaubte er, dass ich nun endgültig den Verstand verloren hätte, als hätte er eine Schwachsinnige vor sich.

„Du hast *was*?", fragt er etwa zum siebzehnten Mal.

„Du hast richtig gehört, nun tu doch nicht so empört, ich habe mit meiner virtuellen Geliebten telefoniert und es hat so lange gedauert, weil wir beide so furchtbar erregt waren."

Die Erklärung hilft ihm auch nicht weiter, merke ich an seinem geschüttelten Gesichtsausdruck. Eigentlich wollte er nur wissen, warum so lange besetzt war und er über Stunden keine Chance hatte, mich zu erreichen. Auf diese Erklärung schien er nun nicht gerade gefasst zu sein.

„Mit Deiner *was*? – Weil ihr *was*? – Wer zum Teufel...?"

Seine Worte brechen ins Nirgendwo ab, als hätte jemand den Sender eines alten Radios verstellt.

„Du hast gefragt, und ich habe geantwortet. Wenn Du die Wahrheit nicht verträgst, frage mich nicht so was", zische ich René bitter gleichmütig an. Ich habe für einen Moment vollständig ausgeblendet, dass es nicht der Bäcker oder der Nachbar ist, der mich da fragt, warum bei mir stundenlang besetzt ist, sondern mein Ehemann. Natürlich versteht er nicht einmal im Ansatz, was oder wer meine „virtuelle Geliebte" ist und was zum Teufel ich mit ihr am Telefon anstelle. Und warum wir am Telefon erregt sind wie die Raubkatzen.

„Bist Du nun endgültig übergeschnappt? Was treibst Du hier eigentlich für ein Scheiß Spiel?"

Die Frage ist wohl eher rhetorisch gemeint, jedenfalls dreht er sich um und lässt mit Wucht die Tür ins Schloss krachen. Bei dem scheppernden Knall der Tür durchfährt mich ein so heftig warmes Gefühl für René, dass ich ihn am liebsten umarmt hätte, wie er so dasteht und überlegt, was wohl in mich gefahren ist. Ach, René, denke ich, wie soll ich Dir das erklären?

Telefonate! Mails! Stundenlange Gespräche mit der „virtuellen Geliebten" drehen sich um Erfahrungen, kleine Lügen des Alltages, um Fragen des verdeckten oder offenen lesbischen Lebens. Marla sagt, sie wolle sich nicht mehr länger verstecken. Sie werde ihrer Umwelt, ihrem Freund nun ihre neue kleine Welt eröffnen. In ihrer Kehle, sagt sie, schnürt sich allmählich das Gefühl fest, es laut in die Welt herausschreien zu müssen.

„Ich kann es nicht mehr, verstehst Du? Wie lange soll das so weitergehen? Soll ich zwei Leben leben? Soll ich Montags die brave Freundin spielen in ihrer geradeaus gewachsenen Welt, mich dann Dienstags stundenlang grämen, um dann Mittwochs die aufgestaute Frustration und unterdrückte Leidenschaft bei Dir auszutoben? Und das Ganze im Verborgenen? Nein, meine Liebe, so geht das nicht. Ich kann nicht mehr! Ich will das nicht mehr. Ich will mich nicht länger verkriechen."

Da schwingt so viel Ungeduld mit in ihrem Ton.

„Vielleicht hast Du Recht, Marla. Vielleicht kann man nicht beide Leben leben. Aber muss ich nicht erst die neue Welt gesehen haben, bevor ich die alte verlasse? Wir ärgern uns über die Halbherzigkeit von Frauen wie Anais Nin, Virginia Woolf oder Vita Sackville-West, deren Lebensgeschichte und Romane wir verschlingen wie Verdurstende. Anais Nin war Zeit ihres Lebens bemüht, öffentlich jede lesbische Beziehung zu leugnen, obgleich sie diese Liebe wagte und auch lebte. In jedem ihrer Tagebücher, ihrer dichterischen Werke beschreibt sie so empfindsam Zärtlichkeiten zwischen Frauen, beschreibt Küsse und erotische Berührungen, beschreibt Liebe zwischen Frauen. Und doch wagt sie zu leugnen!? Anais Nin erklärt sich diesen

67

Teil ihrer Sexualität mit psychologischen Mustern wie Narzissmus, Eigenliebe oder Suche nach Harmonie und läuft mit diesen nüchternen Erklärungen vor ihren Gefühlen davon. Und wir, Marla? Wir ärgern uns darüber, aber wir verharren genauso starrsinnig in unserer trügerischen Sicherheit des Gewohnten. Weil wir glauben, so viel verlieren zu können."

Das ist auch nicht gerade eine Antwort auf Marlas Ungeduld, eher der Versuch, ihre Ungeduld zu bremsen. Weil ich eigentlich gar nichts ändern will.

„Wir haben ja noch nicht einmal den Mut, uns einander in die Augen zu sehen! Dir geht doch Dein süßer Hintern schon auf Grundeis, wenn ich auch nur andeute, dass ich Dich sehen will...", knurrt Marla mit noch deutlicherer Ungeduld und einem unmissverständlichen Vorwurf im Ton.

Marla hat die Angewohnheit und die beneidenswerte Gabe, die Dinge, die ich gerne blumig umschiffe, kurz und knapp auf den Punkt zu bringen. Sie hat recht, mir „geht mein süßer Hintern auf Grundeis" bei dem Gedanken daran, etwas ändern zu müssen. Wir haben noch nicht einmal den Mut, einander in die Augen zu sehen. Ich habe nicht den Mut. In der sicheren Distanz des Telefons und der Mails gehen wir weiter als manch einer in seinem ganzen Leben überhaupt nur denken mag. Aber wir haben nicht den Mut, einander in die Augen zu schauen. Ich habe tatsächlich nicht den Mut.

„Willst Du das wirklich, Marla?", frage ich sie ungläubig, eher ängstlich, dass sie es ernst meinen könnte. Als könnte ich sie mit meiner Frage von dem befürchteten Vorhaben abbringen. „Willst Du wirklich unsere sichere Kajüte der Anonymität verlassen und mich treffen?"

„Ohne zu zögern, meine Liebe, ohne auch nur einen winzigen Augenblick zu zögern."

Vielleicht wäre ich virtuell nicht so weit mit Marla, meiner fremd-vertrauten „virtuellen Geliebten" gegangen, wenn ich gewusst hätte, dass unser beider Neugier uns soweit treiben würde, dass sie eines Tages vor meiner Tür steht. Denn damit verschwindet ruckartig die sichere Distanz des virtuellen Netzes, innerhalb dessen man sich weit hervorwagen und erotische Phantasien in Worte kleiden kann, ohne die sichere Distanz aufgeben zu müssen. Eigentlich war es abzusehen, dass unser beider Neugier uns eines Tages so weit tragen würde.

Wir wagen es also. Wagen den Schritt hinaus aus der Anonymität. Hinaus in eine ungewisse Welt. Wer mag da vor uns stehen? Einmal abgesehen von einem angenehm kribbeligen Gefühl, etwas Ungeheuerliches und Verbotenes zu tun, ist es eher ein ängstliches Gefühl. Ich weiß nicht genau, was es ist, ich spüre nur ein so ziehendes Unbehagen, als fürchte ich irgendwelche unkalkulierbaren Konsequenzen. Es ist wie eine schleichend-wabernde Angst, die man nachts im Nebel verspürt, wenn man allmählich das sichere Terrain, den bekannten Untergrund verliert. Wenn man fürchtet, die Vertrautheit und den Schutz der Umgebung verlassen zu müssen und nicht weiß, was dann kommt.

Wir verabreden uns, wollen sehen, wem wir uns da anvertraut haben. Vielleicht wollen wir einfach nur mehr. Wohin das führen soll, weiß sowieso niemand. Wir scherzen bereits darüber, dass es im Fiasko münden wird.

Ich öffne die Tür und da steht sie nun. Einfach so. Mit Sonnenbrille im Haar und Blume in der Hand. Recht keck der Blick, wenn man bedenkt, dass wir uns eigentlich gar nicht kennen. Jedenfalls nicht von Nase zu Nase. Wir beschnuppern einander, als wären wir scheue Tiere, die Gefahren wittern. Prüfen, ob die Vertrautheit in der konkreten Begegnung verliert. Messen einander neugierig. Zu der Stimme nun das Gesicht, zu dem Eindruck nun die Erscheinung. Eigentlich sind wir uns beide sehr sicher, dass dieses Treffen nun alles Bisherige verwässert. Dass es nun eben nicht im Konkreten weitergeht, wie es vorher in unserer Phantasie möglich war. Wir sind uns von dem Moment an, als sie da vor mir steht, sicher, dass die nunmehr aufgehobene Distanz unsere Spiele auf eine nüchterne Weise beendet. Als hätte jemand plötzlich das Licht angemacht, den Fernseher ausgeschaltet oder den Vorhang zurückgezogen, hinter dem wir uns behaglich miteinander amüsiert haben.

Da sitzen wir nun stundenlang an diesem Samstagabend bei einer Flasche gutem Wein auf meinem Sofa und reden wie zwei alte Klatschweiber, die sich jeden Samstag bei Kaffee und Kuchen ihre Zeit miteinander vertreiben.

„Wie ist das möglich?", fragt Marla mich mit einem Mal und stellt mit betonter Langsamkeit und ernster Miene ihr Weinglas auf den Tisch, als wollte sie mir ein schlimmes Geheimnis verraten. –

„Wenn wir telefonieren, brennt das Telefon, wenn wir mailen, steht der Bildschirm in Flammen. Und jetzt sitzen wir hier wie Tante Käthe und Onkel Rudolf und betreiben gepflegte Konversation."

Treffender kann man es nicht beschreiben, denke ich, und bemühe mich, mein Lächeln zu verbergen. Marla hat einen so steinernen Ernst in ihrer Stimme und ihrer Mimik, dass ich mein Lachen irgendwie unpassend finde. Aber ein unterdrücktes Lachen macht alles nur noch schlimmer, es wirkt dann so fratzenhaft verzerrt. Natürlich bemerkt sie meinen unbeholfenen Versuch des Lachunterdrückers, es muss zu dämlich ausgesehen haben. Mit verschränkten Armen lehnt sie sich bequem in meinem Sofa zurück und blickt mich prüfend an. „Einfach entzückend, Deine kleinen Grimassen", sagt sie und zieht ihre linke Augenbraue gekonnt hoch, „nur verrate mir, was so komisch daran ist?" Ich fühle mich wunderbar ertappt. Wunderbar deshalb, weil ich es liebe, einem Gegner in Augenhöhe zu begegnen. Touché, denke ich. Und schon habe ich mich wieder im Griff.

„Ich kann es Dir nicht sagen, was es ist, Marla, aber es ist in der Tat verblüffend. Ich meine, was hast Du denn erwartet? Dass ich die Tür aufmache und lang hinschlage vor Entzücken? Ich weiß selbst auch nicht genau, was ich eigentlich erwartet habe."

Es ist gar nicht so enttäuscht gemeint, wie es möglicherweise klingt. Nein, auch Marla scheint nicht wirklich enttäuscht. Worüber auch. Eher ernüchtert. Wir sind zwei Frauen mit ausgeprägter Phantasie und dem Hang zur Hingabe, die zufällig zur gleichen Zeit ähnliche Erfahrungen machen, sich austauschen und sich miteinander vergnügen. Wir haben also lediglich einen netten Samstagabend miteinander, denke ich, wir erzählen uns viel und in einer Weise ist es schon so, als machten wir genau da weiter, wo wir aufgehört haben. Im vertrauten Gespräch.

70

Ich weiß wirklich nicht, was ich eigentlich erwartet habe von diesem Treffen. Neugier? Abenteuerlust? Die Freude daran, ein klein wenig zu zündeln? Ich weiß nicht genau. Ich habe jedenfalls gezielt diesen Samstagabend vorgeschlagen für unser Treffen, weil ich uns heute ungestört weiß. Weil René definitiv erst Dienstag zurückkommt. Weil ich ganz sicher sein möchte, dass, was immer auch geschieht, ich für diesen Samstag und diesen Sonntag ein geschütztes, gesperrtes Refugium habe. Mein Territorium. Eine verschlossene Welt, in der mir alles, was auch immer, möglich ist. Demnach, denke ich verblüfft, scheine ich ja doch irgendetwas erwartet zu haben. Oder war es nur die generalstabsmäßige Vorbereitung - der Wein, die Snacks, das frisch bezogene Bett (!), das abgestellte Telefon. Hm. Also habe ich doch etwas erwartet? Nun aber scheint nach einigen Stunden des Beschnupperns die Welt wieder in bester Ordnung, die Aufregung wieder verflogen, die anfängliche Unsicherheit gebannt. Und wir erwarten beide schlichtweg gar nichts. Wir erwarten gar nichts, weil die Funken eben nicht fliegen.

„Hmm", murmelt Marla, „Ich weiß nicht, vielleicht sollte ich doch lieber fahren?!"
Während sie noch zu überlegen scheint, entkorke ich bereits die zweite Flasche Wein – ich liebe dieses Geräusch, wenn der Korken sich mit einem letzten Plopp aus dem Flaschenhals windet, als wäre es eine lang ersehnte Geburt. Ich liebe diese ganz und gar physische Art, Flaschen zu entkorken. Ohne jeden technischen Schickschnack. Nicht diese schicken durchgestylten Plexiglas-Flaschenöffner, die man erst drei Stunden in die eine Richtung und dann, im korrekten Winkel schräg gehalten, weitere zwei Stunden in die andere Richtung drehen muss. Nein, ich bevorzuge den rein körperlichen Einsatz des Flaschenöffnens, der schon im Vorgang des Entkorkens die helle Vorfreude auf den guten Tropfen verspricht. Die Vorfreude ist immer und in allen Lebenslagen die wirklich schönste Freude. Ich arbeite klassisch mit Drehkorkenzieher. Ich klemme die kühle Flasche Wein zwischen meine leicht geöffneten Oberschenkel, halte den Flaschenhals mit der einwärts gedrehten linken Hand und drehe mit der rechten Hand den

Korkenzieher langsam und genussvoll in den allmählich nach-gebenden Korken. Schon dieses Geräusch hat etwas Sinnliches. Man muss nur die Muße haben zuzuhören. Dann kommt der eigentlich schönste Moment des Flaschen-Aktes. Wie einen Bo-gen spanne ich linken und rechten Arm in entgegengesetzte Richtungen, die Weinflasche fest zwischen den leicht gebeug-ten Beinen gepresst, und ziehe mit purer Muskelanspannung den langsam nachgebenden Korken aus dem Flaschenhals.
„Plopp".
Ein herrliches Geräusch, allein dafür lohnt der Vorgang. Meist sind Frauen hingerissen von diesem in Szene gesetzten Ent-korken. Auch diesmal scheint es zu klappen.
Marla blickt verblüfft und erleichtert zugleich hoch, als sie das „Plopp" hört und nickt mir lachend zu, denn damit ist ihre Frage hinlänglich beantwortet.
„Das ist doch Quatsch, Marla. Das ist zu weit heute Nacht. Bleib einfach hier, kannst morgen früh fahren".
Biete ich ihr in vollkommener Unschuld an, weil ja eben alles so klar ist. Weil sich eben über die Vertrautheit hinaus nichts bewegt zwischen uns. Weil eben keine Funken fliegen. Sie wil-ligt vergnügt ein, wir kappen wagemutig die zweite Flasche Wein und stiefeln lachend und vertraut wie zwei alte Wasch-weiber früh morgens um viertel nach vier ins Bett. In mein Bett. Weil es eben keine Funken gibt zwischen uns.
„Das ist doch okay, oder?", biete ich ihr mit verblüffender Läs-sigkeit meine Bettstatt an, als handelte es sich tatsächlich um Tante Käthe und Onkel Rudolf, die sich hier nach einem an-strengenden Tag auf dem Butterdampfer gemeinsam ein un-verfängliches Klappbett teilen wollen, um dem Gastgeber kei-ne Unannehmlichkeiten zu bereiten. Weil es eben keine Fun-ken gibt, denke ich mit der absurden Sicherheit einer auf die-sem Gebiet vollständig Unerfahrenen.
„Ja, klar!"
Wirft sie mir schnell lachend zu mit dem sicheren Blick einer auf diesem Gebiet ebenfalls vollständig Unerfahrenen. Als Marla sich auffällig langsam, wie ich meine, ihrer ohnedies eher spärlichen Garderobe entledigt und diese entzückenden kleinen Nichtse ordentlich (fast pedantisch) über meinen Stuhl legt, denke ich für einen kurzen Augenblick, wie skurril die

ganze Situation doch ist. Dass offenbar keine Funken fliegen, macht es im Moment zwar leichter, gerade die Bettfindungsphase ist entschieden unkomplizierter, doch wo zum Teufel sind eigentlich die Funken, die in unseren Telefonaten und unseren Mails die Drähte zum Glühen bringen? Wo sind die Voltstöße, die in unseren Telefonaten diese unanständige Hitze in unsere Leiber sprengen? Komisch, denke ich so still vor mich hin, während sie sich mit betonter Selbstverständlichkeit in mein Bett – *in mein Bett!* – kuschelt; so gibt es offenbar Funken, die in der Anonymität fliegen, in der konkreten Begegnung dann aber verglühen wie ermattete Sternschnuppen. Eigentlich bin ich nicht enttäuscht, lediglich verwundert darüber.

Da es bereits hell zu werden beginnt, ziehe ich noch schnell die scharlachroten Vorhänge zu. Tolles Licht, denke ich noch, warum ist mir vorher nie aufgefallen, was für ein zauberhaftes Licht dieses scharlachrot gibt zu dieser späten Stunde kurz vor Morgengrauen? Entzückt bleibe ich noch einen Augenblick vor den zugezogenen scharlachroten Vorhängen stehen und lasse das matte Licht der letzten Straßenlaternen und das erste Morgenlicht zu mir hindurch scheinen. Auf meinen auch nur noch spärlich bekleideten Körper. Wunderschön, denke ich abwesend, als hätte ich den ungewöhnlichen Gast in meinem Bett schon ganz vergessen.
- „Ziehst Du die Vorhänge zu, um mir dieses phantastische Licht zu zeigen oder willst Du die in wenigen Augenblicken putzmunteren Blicke Deiner Nachbarn aus dem Spielfeld verbannen?", fragt Marla spitzbübisch und mit einem zugezwinkerten Auge, das mir verrät, wie genau sie mich zu beobachten scheint.
„Vielleicht beides, wer weiß!?"

Ich blicke nur kurz über die Schulter und suche für einen Augenaufschlag ihren Blick, ohne mich auch nur einen Zentimeter vom Vorhang weg zu bewegen. In mein *„Wer weiß*!?" hat sich unbemerkt dieser süßlich verheißungsvolle Ton eingeschlichen. Es ist schon sonderbar, für einen winzigen Moment ist da wieder in unserem Ton ein Tremolo, das der Beginn eines unserer aufregenden Spiele hätten werden können. Da stehe ich

73

vor dem Vorhang, ihr den Rücken zugekehrt, höre nur ihre Stimme. Ich weiß nicht genau, ob sie mich immer noch beobachtet oder nur dem Geräusch folgt, und warte auf irgendetwas von ihr, das mir verrät, ob die Spiele hier und jetzt spielbar sind oder eben nicht. Marla scheint genauso unsicher zu sein. Jedenfalls schweigt sie sich mit einem lang gestreckten Seufzer in meinem Bett zurecht, räkelnd. Als wäre die Situation vollkommen normal. Als machte sie so etwas alle Tage. Mit einem kurzen Schrecken fällt mir auf, dass ich eigentlich gar nichts von ihr weiß. Macht sie so etwas vielleicht tatsächlich alle Tage und ist deshalb so ruhig? Und wenn schon, denke ich und wische mir diesen Gedanken von der Stirn. Es gehören immer zwei zu einem Rendezvous. Und jeder hat seine eigenen guten Gründe. Jeder muss für sich selbst Erklärungen haben, nicht für andere.

Wie mild das Scharlachrot des Vorhangs zu dieser späten Stunde schimmert. Über mein Bett schimmert. Auf Marla schimmert.
 Da legt sich gerade die Frau, die mir in langen Gesprächen die wüstesten Seiten an mir gezeigt hat, in mein Bett und wir benehmen uns so körperlos wie zwei Konfirmandinnen auf Klassenfahrt nach Borkum. Sie legt sich vertraut neben mich, weil es, wie wir nicht müde werden zu betonen, eben keinen Funkenschlag zwischen uns gibt. Gibt es auch nicht, jedenfalls bis zu dem unglaublichen Augenblick, als meine Hand wirklich versehentlich ihren unter dem Kopfkissen gekreuzten Oberarm berührt. Flüchtig. Sehr flüchtig nur.
Früh morgens um viertel nach vier Uhr, nach zwei köstlichen Flaschen französischem Rotwein und stundenlangen Gesprächen über Sinn und Unsinn dieser Welt schlagen nun mit Wucht die Funken krachend durch das frühmorgendliche, scharlachrote Schlafzimmer. Die Funken, die es doch gar nicht gibt, wie wir so nüchtern festgestellt haben! Auf Marlas Oberarm stehen die feinen Härchen elektrisiert wie Zinnsoldaten stramm, ihre eigentlich bereits müde weggedösten Augen schlagen auf, als hätte schrill der Wecker geklingelt. Und ich weiß für einen Moment gar nicht, was hier los ist. Ich spüre nur noch, dass Wellen der Erregung wie ein Tsunami über mir

zusammenbrechen, als Marla sich aufrichtet, mit ihrer Hand erst sanft, dann fest über mein Gesicht streift, mein Kinn mit dem Druck ihrer Hand leicht zu sich hin dreht und mich küsst. Sturmreif küsst. Erst sanft, dann weniger sanft küsst Marla mich sturmreif.

Mit Wucht kehrt das lange verschollen geglaubte Leben in meinen Leib zurück. Jahrhundertealte Erinnerungen an *diese Sorte* Küsse kehren Millimeter nur von Marlas Lippen entfernt in mir zurück. Ich erinnere mich an *diese* Leidenschaft, die ein bloßer Kuss mit sich tragen kann. In *diesem* Kuss liegen all die ungefragten Fragen der letzten zehn Jahre. Mit der Leidenschaft dieses Kusses flutet Marla in nur wenigen Sekunden die Schleusen der letzten Jahre und reißt mich mit fort. Wie soll ich mich nach diesen Wellen jemals wieder mit weniger zufrieden geben? Wie soll ich jemals auf Küsse wieder verzichten sollen? Ich erinnere mich an Leidenschaft, an Lust, an Vibration, die lange Jahre zurückliegt und verschüttet ist. Marla reißt mit der Welle der Erregung, die ihr Kuss in mir auslöst, den blässlichen Schleier weg, als wüsste sie, was dahinter verborgen liegt. Ihre Lippen öffnen die meinen, weichen zurück, kehren wieder, als sie merkt, dass ich mich ihr entgegenstrecke. Marla lässt ihre Lippen reglos, aber pulsierend qualvolle Sekunden auf meinen Lippen zögern, als genieße sie mein Zittern, um dann mit der ganzen aufgestauten Energie der auch bei ihr verschütteten Jahre dem Kuss wieder freien Lauf zu lassen.

„Wie ein *einziger* Kuss Dich so hochbringen kann?!"
Flüstert Marla leise, kaum hörbar, als fürchtete sie, mit Worten irgendetwas zu verwischen. Aber das Erstaunen funkt wie Elektrizität aus ihrem Blick.

„Phantastisch", sehe ich ihre Lippen lautlos formulieren.
Sie neigt langsam ihren Mund zu meinem Ohr und flüstert schemenhaft, als wäre sie gar nicht da –.

„Von welchem Stern kommst Du bloß, Süße?"
Ich bin außerstande, klar zu denken. Aber für eine Sekunde glaube ich fast..., aber nein, das kann nicht sein. Aber es ist fast so, als habe bereits dieser Kuss mich den ersten Gipfel nehmen lassen. Das geht doch gar nicht. Und dennoch.

Von wegen Klassenfahrt nach Borkum! Diese Reise nimmt eine gänzlich andere Richtung. Wir zerren einander die letzten unnötigen Fetzen Kleidung von den Leibern. Dann wird es Nacht um meinen Verstand und die Dinge nehmen ihren unange- kündigten Lauf. Nach langen Stunden des Beschnupperns lassen wir also doch endlich die Zügel fahren, verlieren die Haltung, ergeben uns der Neugier und explodieren aneinan- der. Mit ungeheurer Wucht. Der Verstand, das Gefühl, der Körper... . Als ich wieder zu mir komme, fühle ich mich wie ein Pulverfass, dass soeben versehentlich in die Luft gesprengt wurde.

Aber es bleibt eben nicht bei dieser einen Explosion. Wenn wir es an diesem Sonntagmorgen bei dieser einen Explosion belas- sen hätten, könnten wir nun beide lachend auseinander gehen. Wir gehen aber nicht einfach auseinander an diesem Sonntag- morgen, wenn es vielleicht auch vor einigen Stunden noch den Anschein hatte. Wir machen genau da weiter, wo wir aufge- hört haben, kaum dass wir für einen Moment so etwas Ähnli- ches wie Schlaf genossen haben.
Ich wache auf. Kaum, dass ich meine Orientierungsphase ü- berwunden habe mit den üblichen Fragen wo-bin-ich, was-bin- ich, warum-bin-ich und was-soll-das-hier-eigentlich-alles, die man sich unmittelbar nach dem Aufwachen stellt, lächelt Marla mich von oben herab an. Auf den Ellenbogen gestützt, liegt sie lächelnd dicht neben mir. Wie lange liegt sie schon so da und beobachtet meinen Schlaf? Sie hat wohl noch den Anstand besessen, meine Orientierungsphase abzuwarten, muss sich aber schon eine ganze Weile über mich gebeugt haben und mich beim Aufwachen beobachtet haben.
„Na, Süße!" flüstert sie leise, als wollte sie mich doch lieber nicht ganz aufwecken.
„Hattest Du einen angenehmen Traum? Sah jedenfalls so aus. Etwas in deinen Mundwinkeln zuckt so zufrieden, als sei Dir soeben etwas Nettes widerfahren...! "
Eine Antwort scheint sie gar nicht zu erwarten. Mit den Fin- gern ihrer linken Hand bedeckt sie meine Lippen, als wollte sie verhindern, dass ich überhaupt irgendetwas sage in diesem Moment. Marlas Blick ruht auf meinen nur schwach geöffneten Augen. Die Finger ihrer rechten Hand finden ungefragt und unwidersprochen den Weg hinab, dorthin, wo es noch immer

glüht. Dorthin, wo es schlimm ist. Dorthin, wo die Gefühle eigentlich kaum zu beschreiben sind. Ihr Blick lässt meine Augen nicht los, während mein Körper sich selbständig macht und sich ihrer vorandrängenden Hand öffnet.

„Schau mich an", höre ich sie nur noch flüstern und lasse mich erneut von ihr wegtragen in eine längst verloren geglaubte Welt der Körperlichkeit. Und wieder schlagen die Funken durch mein scharlachrotes Schlafzimmer, dessen Vorhänge zum Glück zugezogen sind an diesem Sonntagmorgen.

Zurück bleibt die süße Erfahrung der Lust. Aber eben auch die bittere Erfahrung des persönlichen Dilemmas. *Amour impossible*. Viel zu leicht zu berühren, zu verführen. Oder war es nur das Pulverfass, das da gerade in die Luft gesprengt wurde. Irritationen und Blessuren. Die befreiende Erfahrung der Lust wird überlagert von der Frage nach Verantwortung. Wie soll es denn weitergehen? Das schlimmste ist, dass es vielleicht keine Liebe gibt. Nur Lust und Körper, nur Zutraulichkeiten, Freundschaften vielleicht. Abhängigkeiten vielleicht. Und Lust... Meine Gefühle drehen über. Wie ein Pulverfass, das versehentlich in die Luft gesprengt wurde. Aber Gefühle der Lust in einem Hochdruckkessel sind nicht Gefühle der Liebe. Wenn ich die Augen schließe und mein Tun von außen betrachte, sehe in mir einen unverbesserlichen Egoisten, der die andere benutzt für sich selbst. Die Gefühle der Anderen aber völlig außer Betracht lässt, deren Empfindungen ich zwar zur Kenntnis nehme, aber denen ich weiter keine Bedeutung beimesse. Und während ich einfach nur genieße und nehme, vergesse ich alles um mich herum. So hätte es eine einmalige Erfahrung bleiben müssen. Womit dieser Egoismus zu erklären ist? Vielleicht mit Einsamkeit. Aber Einsamkeit rechtfertigt nicht Verantwortungslosigkeit.

Am späten Nachmittag erst klettern wir an diesem Sonntag aus meinem Bett. Fragende Blicke im Bad, die sich zufällig treffen. Scheue Blicke, die nicht wissen, was sie zu bedeuten haben. Um nicht von all dem sprechen zu müssen, was die letzten Stunden wieder und wieder mit uns geschehen ist, frage ich so beiläufig wie irgend möglich „Hast Du Hunger? Wir könnten, wenn Du magst, bei dem kleinen Italiener unten an der Ecke eine Kleinigkeit essen." –

„Klingt verlockend. Könnte auch eine größere Kleinigkeit sein. Ich habe Hunger wie ein Wolf", antwortet Marla ebenso beiläufig wie möglich.

Als hätten wir beide Angst vor dem, was sich soeben in meinem scharlachroten Schlafzimmer abgespielt hat. Ich meide ihren Blick, sie meidet jede Berührung, als hätte sie Angst vor neuen Explosionen oder aber vor Zurückweisungen, nun, da die Luft aus dem Kessel ist. Behutsam schlendern wir nebeneinander nach unten, drehen uns auf der Straße sorgfältig um, gerade so, als ob wir mögliche Verfolger abschütteln müssten. Was für ein Unsinn. Aber es fühlt sich an diesem späten Sonntagnachmittag so an, als müssten wir uns vor Blicken schützen. Als wären wir ertappte Sünder, die noch viel mehr Angst voreinander als vor der strafenden Missbilligung der Anderen haben. Ich weiche ihren Blicken aus, als schämte ich mich für das, was war. Durch dieses gegenseitige Ausweichen und Umschauen baut sich eine so unerträgliche Spannung auf, die Marla mit einem Male, zwischen Salatblatt und Pizza, durchbricht. Ich hätte wohl noch Stunden so weiter trödeln können.

- „Hör endlich auf, so schuldbewusst aus der Wäsche zu gucken. Das ist ja nicht auszuhalten. Du musst Dich doch nicht für Deine Orgasmen entschuldigen!", platzt es in Zimmerlautstärke aus ihr heraus.

Für mein Empfinden entschieden zu laut, jedenfalls in Anbetracht dieses nicht unheiklen Themas. Zögerlich blicke ich mich nach allen Seiten um. Ich will nur sicher sein, dass nicht gleich das ganze Restaurant an unserem Tisch sitzt und mit uns über meine Orgasmen diskutieren möchte.

„Pssss...", zische ich schnalzend zu ihr hinüber.

„Hast ja Recht. Da gibt es nichts zu entschuldigen. Wenn ich so dackelhaft aussehe im Moment, dann liegt das an der Konfusion, die dies alles ausgelöst hat. Die Du ausgelöst hast."

Ich trinke schnell einen Schluck aus meinem Wasserglas, um gedanklich erst einmal Luft zu holen. Marla hat inzwischen ihre Bestecke beiseite gelegt, als erwarte sie das Wort zum Sonntag.

- „Es ist nur so... hm... so unwirklich, verstehst Du? Eben noch *so*, mitten im lustvollen Scharlachrot der Vorhänge und nun sitzen wir hier wieder, als ob nichts gewesen wäre. Und es ist ja auch nichts gewesen, oder? Da kann man schon mal gucken wie ein Dackel, findest Du nicht?"

Marla scheint im Augenblick gar nichts zu finden. Jedenfalls sagt sie nichts, sondern blickt mich nur intensiv an, als suchte sie etwas. Schweigend. Unschlüssig. Sie schweigt lange, während ihre Pizza wohl endgültig abkühlt. Dieses demonstrative Schweigen kann ich im Moment nun so gar nicht gebrauchen.

„Tut mir leid", unterbreche ich Marlas beharrliches Schweigen, „wenn ich irgendwas gesagt habe, was Dich verletzt, aber, ach, ich weiß auch nicht."

„Es ist nicht das, was Du sagst, was mich möglicherweise verletzt, sondern eher das, was Du *nicht* sagst. Du sagst eben *nichts*. Nichts zu morgen. Nichts zu einem möglichen Morgen. Haben wir ein Morgen?"

„Wie soll ich das wissen?", antworte ich ihr und weiß eigentlich deutlich, dass wir kein Morgen haben. Marla weiß es auch. Aber sie schweigt sich auf ihrem italienischen Stuhl vor ihrer italienischen Gemüse-Pizza aus.

Es ist gerade erst kurz vor sieben Uhr an diesem Montagmorgen. Marla ist gerade aus der Wohnungstür geschlichen. Lächelnd. Unten höre ich die Haustür ins Schloss fallen. Mit diesem sanften, schnappenden „klack". Nach einer Weile kennt man in diesem Haus jedes auch noch so banale Geräusch. Sie ist unten auf der Straße und geht wahrscheinlich gerade zielstrebig zu ihrem Wagen. Mit drei großen Schritten bin ich am Fenster und sehe sie in ihren Wagen einsteigen. Die Frau hat intuitive Talente. Sie steigt wieder aus, als spürte sie, dass ich noch einmal ans Fenster gesprungen bin, und lächelt mir einen recht langen Augenblick die drei Stockwerke hoch in die müden Montagsaugen. Einfach so. Nur noch einmal anlächeln. Nur noch einmal zurückblicken. Dann steigt sie wieder ein, dreht den Zündschlüssel um. Trotz geschlossener Fenster schallt aus ihrem Wagen laute Musik die drei Stockwerke hoch in meine Ohren. Alicia Keyes, glaube ich zu erkennen. Schöne Musik. Dann fährt sie los. Ich weiß nicht, ob wir uns wieder sehen werden. Ich weiß es nicht. Marla weiß es auch nicht. Wir haben nicht wirklich darüber gesprochen.

„Und als sie dann schließlich diese Affäre beendete, war es für die andere schon kein Spiel mehr...",

formuliere ich gedankenverloren, als sie da in ihren Wagen steigt und wegfährt. Warum ich ständig in Roman-Passagen denke und alles um mich herum danach durchdekliniere, wie es in einem Buch zu beschreiben wäre, denke ich versunken, während Marlas Wagen am Ende der Straße nach rechts abbiegt. Ohne zu blinken. Ich weiß es nicht. Nach Gründen zu suchen, hat sowieso keinen Sinn. Aber es ist möglicherweise entlastender, in Fiktion zu denken und zu fühlen als in realer Wahrnehmung. Man kann dann so wunderbar leicht vor seinen eigenen Gefühlen davonlaufen.

Fast scheint es, als wollte ich dieses Abenteuer beenden, sobald die Neugier gestillt ist, sobald klar ist, dass die Schritte auch Konsequenzen haben. Und so treibt diese Affäre mit Marla, meiner ganz und gar nicht mehr nur „virtuellen", sondern äußerst lebendigen Geliebten, die abscheulichsten Verhaltensweisen in mir an die Oberfläche. Egoismus, Leichtfertigkeit und Selbstsucht. Wie blind und bodenlos ich mein eigenes Leben suche und dabei andere am Wegesrand zurücklasse. Auch René. Ich werde René morgen von diesem Treffen mit Marla erzählen. Werde ihm von dem scharlachroten Schlafzimmer erzählen, von dem anfänglichen Zögern, der Unsicherheit der Begegnung, der langen durchquatschten Nacht. Ich werde ihm von Marlas Kuss erzählen, von der Explosion und den Untiefen, die sie in mir geweckt hat. Er wird es möglicherweise nicht verstehen, aber er muss es wissen. Ich muss wissen, was er darüber denkt. Weil er mich kennt. Und weil ich im Moment außerstande bin, klar über die Dinge zu denken.

5.

August

... einsturzgefährdete Kartenhäuser

Ich habe Marla nach unserem ersten turbulenten Rendezvous noch einige Male getroffen, ohne René davon erzählt zu haben. Zunächst. Absurde Heimlichkeiten. Wenn wir uns bei mir getroffen haben, sind wir durch die Stadt, durch den Park, durch die Museen geschlichen und es hat die Vorsichtsmaßregel gegolten, dass sie mich in der Öffentlichkeit nicht berühren darf. Meine Welt. Haben wir uns bei ihr getroffen, dann stets mit der gleichen beschämenden Verhaltenmaßregel, dass ich sie nicht berühren darf in der Öffentlichkeit. Ihre Welt. So jämmerlich beschämend können konspirative Treffen sein. Also habe ich René von meinen Treffen mit Marla erzählt, ihm die ganze unverstellte Wahrheit dargeboten.

„Vielleicht gehört es zu Dir, diese Sehnsucht nach Frauen. Ich muss das wohl akzeptieren, wenn ich Dich nicht verlieren will."
Renés Einsicht in das Unabänderliche hat mich schon ein wenig erschreckt. Ich habe wohl mehr Gegenwehr, mehr Widerstand vermutet, wo nun Kompromisslinien und Einsicht liegen. Er nimmt mein außereheliches Treiben so hin, weil er sich in einer Wiese außer Konkurrenz sieht.
„Deine Frauengeschichten haben doch auch mit uns nichts zu tun. Das weißt Du doch auch. Also mach' das. Tobe Du Dich da aus. Das geht vorüber, glaube ich. Wenn Du durch bist mit Deinen Frauengeschichten, dann ist es mit uns auch einfacher."
Frauengeschichten!? Wie despektierlich er das ausspricht, als hätte ich ein Drogenproblem oder so etwas. *Frauengeschichten*! Und doch, René, die *Frauengeschichten* haben sehr wohl etwas mit uns zu tun. Weil sie einen Teil in mir ansprechen, den ich dann mit Dir nicht mehr so leben kann. Wenn ich ihn mit einer Frau betrüge, hat es demnach für ihn nichts Bedrohliches? Er nimmt die ganze Angelegenheit nicht ernst. Es ist für ihn eine

kindische Spielerei, ein unaufgeräumtes Minenfeld der unbe-
friedigten Wünsche.

Wir verhandeln darüber wie über einen Koffer voller Geld im
Schließfach am Kölner Hauptbahnhof. ‚Du holst den Koffer
und ich bekomme meinen Anteil der Beute, das Risiko tragen
wir gemeinsam'. Oder so ähnlich. *Frauengeschichten!?* Mich
empört diese Ignoranz, aber ich willige in den Deal mit dem
Geldkoffer ein. Was bleibt mir auch übrig. Was bleibt ihm auch
übrig. Wir wollen beide einen Teil der Beute. Ich den meinen.
Er den seinen. Ich will die gerade erst wieder zum Leben er-
weckte Leidenschaft nicht wieder verschütten wie eine Leiche
im Kiesbett des Baggersees. Ich will aber auch René nicht verlieren. Und René? Er will mich nicht ziehen lassen und aufgeben, kann aber ein Ultimatum nicht riskieren bei der unkalkulierbaren Triebfeder, die sich ihm da entgegen schwingt. Bei
einem kecken „sie oder ich" riskierte er ein schlankes „dann
eben sie". Das weiß er. Also treffen wir eine Abmachung. Wir
verhandeln also über den Koffer im Schließfach des Kölner
Hauptbahnhofes. René akzeptiert die Affäre mit Marla, von
der nur zu genau weiß, dass sie austauschbar ist, dass es andere sein können, dass immer wieder Marlas über meinen Weg
laufen können. Der Deal: Ich muss ihn nicht belügen, nichts
verheimlichen. Ich kann ihm davon erzählen, wenn ich sie
treffe. Ich lade sie zu mir nach Hause ein, wenn er nicht da ist
und er verspricht, nicht unangemeldet aufzutauchen. Ich sage
ihm im Gegenzug Transparenz zu, verschweige nichts, biete
ihm Einblicke in mein Tun - in Grenzen natürlich – und ver-
spreche ihm, so weit dies geht, stets einen kühlen Kopf zu bewahren und das Schwergewicht in unserer Ehe zu belassen. Das
ist der Deal. So nüchtern verhandelt wie über einen Geldkoffer in
einem Schließfach am Kölner Hauptbahnhof. Von dem jeder
seinen Teil der Beute beansprucht. Ist das ein Deal oder zwinge
ich ihm einfach nur meine Bedingungen auf?

„Ein ganzes Wochenende?", ruft René erstaunt und hörbar
entsetzt in den Telefonhörer hinein, als spreche er mit einer
Schwerhörigen.

„Findest Du nicht, dass *das* nun wirklich etwas zu weit geht? Allmählich überspannst Du den Bogen, merkst Du das gar nicht?"

„Schrei doch nicht so, ich bin nicht schwerhörig, außerdem sehe ich wirklich nicht, wo Dein Problem ist. Du bist doch sowieso Samstag nicht da. Was spricht also dagegen, dass ich mit Marla übers Wochenende in diese Hütte fahre?"

Natürlich weiß ich genau, was dagegen spricht. Sehr viel sogar. Alles genau genommen. Natürlich hat René Recht, ein gemeinsam mit Marla verbrachtes und durchliebtes Wochenende ist definitiv der überspannte Bogen. Natürlich hat er Recht. Und das macht es ja so schlimm. Was habe ich anderes erwartet? Dass er in Freudenrufe verfällt und uns ein paar vergnügliche Tage in unserem lauschigen Berghüttchen wünscht? Sicherlich nicht.

„Das geht zu weit, das geht einfach zu weit. Hast Du Dir mal überlegt, wie ich mich dabei fühle?"

Sein Schimpfen klingt allmählich milder und geht in ein leises beinahe resignatives Murmeln über. Natürlich habe ich mich das gefragt. Das macht es ja noch schlimmer. Ich weiß, wie demütigend es für ihn sein muss und bin dennoch wild entschlossen, dieses Wochenende mit Marla zu verbringen.

„Es ist so verdammt ungerecht, mit diesen Frauengeschichten", sagt René karg, als wir am Abend unten beim Italiener sitzen und darüber zu sprechen versuchen.

„Ich habe da nicht die leiseste Chance, es gibt hier keinen Gegner, gegen den ich antreten könnte, das ist einfach nicht fair."

Ich wäre am liebsten noch auf der Stelle über den Tisch gekrochen und hätte ihn umarmt. Natürlich hat er keine Chance gegen eine Frau. Das ist doch auch etwas vollständig anderes. Wenn die Nähe zu René auch nur ansatzweise vergleichbar wäre mit der Nähe und Intimität zu einer Frau, müsste ich es ja nicht tun. Wenn ich bei ihm das gleiche erfahren könnte wie bei einer Frau, dann wären meine Sprünge ins Abseits ja überflüssig. Dann könnte ich ebenso gut bei René bleiben. Wenn ich dort alles hätte, was es für mich geben muss. Das ist es ja gerade. Ach, René, denke ich, wie soll ich Dir das erklären? Dich nicht zu verletzen, hieße für mich, die Füße still zu halten und diese Seite in mir wieder unterzupflügen. Das kann ich aber nicht mehr. Dazu bin ich schon zu weit.

„Es tut mir so leid, René, auch wenn Du mir das jetzt nicht glaubst, ich kann aber nicht anders."

Ich muss mich zur Seite drehen, damit er meine Tränen nicht sieht. Alles, aber nur das nicht. Ich will hier heute Abend nicht das Weichei geben. Er ist immer so umsorgend und liebevoll, wenn er Kummer in mir sieht. Und genau das soll heute nicht sein, nicht bei dieser Sorte Gespräch. Er soll mich verstehen und akzeptieren, aber nicht der Tränen wegen. Also greife ich zu meinem albernen Linsentrick, der normalerweise immer gut funktioniert, und täusche eine schief liegende Kontaktlinse vor. René nimmt meine Hand und blickt mir tief in meine vergeblich zur Seite gedrehten Augen. Er kennt mich eben zu genau, als dass er sich von so jämmerlichen Kontaktlinsen austricksen ließe. Ach René, ich könnte Dich umarmen. Ich lasse das aber.

„Es ist wie eine auf mich zubrausende Welle, René, der ich mich stellen muss, damit sie mir nicht die Beine weg schlägt. Wenn ich jetzt Dir zuliebe nicht in diese Hütte fahre, dann werde ich immer das Gefühl haben, einen Fehler gemacht zu haben, das wird möglicherweise immer zwischen uns stehen. Ich muss dieses Sehnen jetzt und heute leben, um zu wissen, welcher Weg der richtige ist. Das ist aus Deiner Sicht haarsträubend schwachsinnig, ich weiß. Weil Du dieses Gefühl nicht kennst. Ich beneide Dich dafür. Für Dich ist das alles so einfach. Du liebst eine Frau, weil es eben vollkommen normal ist für Dich, eine Frau zu lieben. Du weißt, wie das geht, Du hast ein Oben und ein Unten, allenfalls mal ein bisschen links und rechts. Aber Dein Weg ist so herrlich klar. Weißt Du eigentlich, wie sich das anfühlt, nicht zu wissen, wohin man gehört?"

Ich frage René dies mit so stockfinsterer Miene und so klarem Ernst, wie er ihn wohl nicht erwartet hat. Er blickt mich so erstaunt an, dass ich es in ihm arbeiten höre. Sein Gesichtsausdruck verrät mir, dass er bisher nur das Leichtfertige, Bodenlose in meinem Handeln gesehen hat. Er hat wohl meine Zerrissenheit nicht gesehen.

„Nein", sagt René mit dem gleichen Ernst. „Das weiß ich natürlich nicht. Ich habe nur Angst, dass Deine Suche Dich von mir weg führt. Was, wenn Du Dich verliebst in diese Frau oder in irgendeine andere Frau? Was dann?"

Ein schlimm trauriger Blick. –

„Ich weiß es nicht. Wirklich nicht."

Ich zögere einen Moment weiterzusprechen, so weit wollte ich gar nicht gehen in diesem Gespräch. Es hört sich ja beinahe alles schon so endgültig an. Ich gehe doch gerade erst einige zögerliche Schritte der anderen Welt entgegen. Mehr doch noch nicht.

„Ich kann doch aber nicht nur deswegen jetzt bei Dir bleiben, weil ich Dich nicht verletzten möchte. Das kann doch keine Basis sein. Der einzige Grund, bei Dir zu bleiben, sollte doch sein, dass ich Dich liebe, nicht mehr, nicht weniger. Und nicht, weil ich gerade keine Chance gesehen habe, meine andere Seite auszuleben. Das kannst Du doch nicht wollen."

Ich sollte besser nicht weiterreden, denke ich mit mehligem Gefühl im Bauch, als ich Renés gelähmten Gesichtsausdruck sehe. Als wollte er die Frage der Fragen stellen, die er aus Sorge um eine Antwort, die er nicht hören will, lieber schnell verschluckt. Und während ich so dasitze und in seinem Blick zu lesen versuche, denke ich, wie viele Ehen werden wohl nur aus diesem Grunde fortbestehen. Wie viele Frauen bleiben aus eben diesem Grunde bei ihren Männern. Weil sie nicht den Weg hinaus wagen, und sei es auch nur, um einmal über den Tellerrand zu blinzeln. Um einmal diesem Sehnen nachzugeben. Man kann doch nicht aus Mitleid einen falschen Weg gehen? Aus Mitleid oder aus Angst vor dem Ungewissen. Aus Beharrlichkeit, aus Gewohnheit. Aus Angst.

„Das ist kein Deal, meine Teure, sondern Beschiss mit Ansage", wirft mir die „Aussichtslose" ungeschminkt um die Ohren, als ich ihr von der Abmachung zwischen René und mir berichte. Sie hat immer eine so erbarmungslose und schonungslose Direktheit in ihrer Betrachtung der Gegebenheiten. Fast hat es den Anschein, als wollte sie sich auf Renés Seite schlagen. Es riecht mir nach Verrat. Sie kritisiert mein Tun?!

„Nach Lage der Dinge, meine Liebe, hat der arme René gar keine andere Wahl, als diesen Beschiss mit Ansage hinzunehmen, den Du ihm da auf einem silbernen Tablett servierst. Und den Revolver hast Du gleich mit dazu gelegt. Er hat sicherlich auch die Wahl, sich zu erschießen. Oder aber zu akzeptieren, dass Du flott in der Gegend herumvögelst, um es einmal ganz deutlich auszudrücken. Was um alles in der Welt ist in Dich gefahren? Wach mal wieder auf. Und überlege Dir, was Du eigentlich willst. Du kannst nicht alles haben. Entscheide Dich mal. Aber Eure hübsche kleine Abmachung, und dabei bleibe ich, ob Dir das nun gefällt oder nicht, ist kein Deal, sondern Beschiss mit Ansage."

Das war das härteste Wort zum Sonntag, das ich je bekommen habe. Zwar weiß ich - irgendwo zwischen Verstand und Gefühl-, dass sie Recht hat. Aber es ändert im Augenblick gar nichts. Ich kann nicht anders. Ich sehe derzeit keinen anderen Weg. Und überhaupt, was heißt das schon, „Beschiss mit Ansage"? Fühlt man sich wie ein moralisch fragwürdiges Subjekt. Darüber können nur solche Menschen wohlfeil richten, deren Wege immer hübsch geradeaus verlaufen. Deren Füße immer brav auf dem vorgezeichneten Weg bleiben, weil es für sie eben gar keine Notwendigkeit zum Ausbruch gibt, gar kein Drängen nach dem Abseits gibt. Wenn man eben nichts Abseitiges fühlt, wenn man eben dieses zerstörerische Sehnen nicht in sich trägt, dann lässt sich wohlfeil richten. Nein, es ist kein „Beschiss mit Ansage". Es ist der verabredete und folgerichtige Ehebruch – was für ein erdschweres Wort aus einer anderen Welt -, verzweifelt begangen aus dem Gefühl des allmählichen Erstickens heraus. Aus dem Gefühl des langsamen, quälenden Erstickens. Was nützte René eine erstickte Frau, die an ihren Sehnsüchten emotional zum Krüppel geschrumpft ist? Und ist da nicht die „Ansage", das vorherige Ankündigen des folgenden Ehebruchs, eher ein Ausweis von Vertrauen zu René? Freundschaft vielleicht. Mag sein sogar Liebe. Gewiss auch das.

Den letztlich getroffenen Deal, auch wenn es nur „Beschiss mit Ansage" ist, wie meine „Aussichtslose" sagt, haben wir lange und tränenreich umkämpft. Tagelange und nächtelange Debatten, in denen René meine verzweifelten Tränen so warm und liebevoll aufgefangen hat. Schlimme Szenen der Verletzung und der grotesken Vorwürfe. Scheußliches Ringen mit meinen

Sehnsüchten, die ich nicht seinetwegen ausknipsen kann wie eine Stehlampe. „Ich kann einfach nicht anders". Irgendwann klingt es nur noch erschöpft. Nach langen Tagen wüster Szenen nimmt René mich einfach nur noch in den Arm und sagt „Ich weiß es doch. Wir finden einen Weg." Und es ist klar, dass es längst nicht mehr nur um Marla geht. Und dass wir eben nicht so einfach einen Weg finden werden. Da zieht bereits ein Unwetter auf am Horizont.

Als ich mit meiner kleinen abgewetzten Ledertasche zur Wohnungstür schleiche, als könnten leise Tritte über den Flur die Dramatik aus der Situation nehmen, blickt René mir so herzzerreißend hinterher. Es hätte nicht viel gefehlt und ich hätte die Tasche in die Ecke geschleudert, hätte Marla kurz und knapp Lebewohl gesagt und wäre schniefend bei René geblieben. Aber ich fahre. Mit bleiernem Mut. Es gibt schlimme Szenen vor meiner Abreise. Tränenreich liege ich in Renés Armen, verzweifelt versuchte er, mich davon abzuhalten.
„Ich kann nicht anders. Versteh mich doch".
Natürlich versteht er nicht. Wie sollte er auch. Ich verstehe es ja selbst kaum. Ich fahre mit schalem Gefühl. Aber ich trage an diesem Wochenende schwere Bilder von Renés Enttäuschung bei meiner Abfahrt und Bilder meiner eigenen Angst mit mir herum.

Als ich vor der Hütte ankomme und meinen Wagen wie ein Bankräuber irgendwo hinter den dichten Bäumen versteckt parke – kein Mensch weiß, warum -, lächelt Marla mir aufmunternd zu.
„Kopf nicht hängen lassen. Die Dramaturgie gibst *Du* vor. Es ist *Dein* Leben, *Dein* Takt. Du triffst nur die Entscheidungen, die Du treffen willst. Wir befinden uns schließlich nicht auf der Titanic." Marlas bildhafte Sprache hat immer etwas Tröstendes.
Marla hat alles bis ins Detail arrangiert. Sie überlässt nichts, aber auch gar nichts dem Zufall. Unser Wochenende in der kleinen Berghütte im Harz, nennen wir es nun „Beschiss mit Ansage" oder nicht, folgt also ihrem Drehbuch. Und ich bin nur zu gerne bereit, mich diesem Arrangement zu unterwer-

fen, ihrer Regie zu folgen. Die langen Kämpfe mit René und mit mir selbst und mit meiner eigenen Courage haben mir in der Vorbereitung auf dieses Wochenende jegliche Energie entzogen, dass ich mich wie eine vollständig entladene Batterie nur noch platt fallen lasse. Marla sieht das und entfaltet ihr volles Talent.

Die kleine Hütte ist ganz bezaubernd. Gemütliche Holzmöbel, frische, farbenfrohe Vorhänge, eine kleine Terrasse hinter dem Haus mit einem hübschen Blick in den Wald. Im Untergeschoss nur eine kleine Essecke mit Küchenzeile, zum Hof hin eine kleine Sitzgruppe. Die verwinkelte kleine Treppe führt hinauf in das Obergeschoss, das aus nur einem Zimmer besteht. In der Mitte ein hübsches Holzbett mit hohen Bettpfosten. Sehr stilvoll, denke ich. Das Beste aber ist der scharlachrote Baldachin. Wie hat sie nun das wieder hingekriegt? Normalerweise haben Betten in Harzer Holzhütten keine scharlachroten Baldachine! Marla! Denke ich. Sie hat aber noch einen ganzen Strauß wunderbarer Überraschungen parat. Eine ganze Komposition von Details, innerhalb derer der scharlachrote Baldachin nur ein Mosaikstein ist. Ein hübsches Mosaiksteinchen.

„Nun lassen Sie es mal gut sein, das geht schon irgendwie!"
Trällert Marla dem Vermieter der Hütte freundlich nickend, aber deutlich in der Botschaft zu. „Monsieur Gisbert", wie sie ihn höflich, aber nicht ohne jeden zarten Spott nennt. Der arme Kerl trägt schlichtweg den wohlklingenden deutschen Vornamen Gisbert und hat sich ihr wohl auf so sonderbare Weise vorgestellt, dass sie nun beide bei dieser französischen Anrede bleiben. Es scheint ihm jedoch irgendwie zu gefallen, Spott hin oder her. Monsieur Gisbert ist ein hochgewachsener, beinahe schlaksiger Mann irgendwo zwischen dreißig und vierzig Jahren. Seine schlurfige, eher nachlässige Art sich zu kleiden, lässt ihn allerdings ziemlich altertümlich wirken. Und dann dieser Vorname, den man den Kindern im Harz allenfalls im späten 19. Jahrhundert gegeben hat. Er wirkt auf seine sympathisch altertümliche Art wie ein Museumsstück, als könnte man ihm die landestypische Tracht des ausgehenden 19. Jahrhunderts überstreifen und ihn im Theater die Rolle des alten Bergmannes spielen lassen.

Monsieur Gisbert lebt und wurstelt in seinem kleinen Anwesen alleine herum, weil „hier oben", wie er Marla bereits bei ihrer Ankunft langatmig erzählt hat, „keine Frau mit ihm leben wollte". Monsieur Gisbert gehört zu diesen redseligen Menschen, die einem innerhalb nur weniger Augenblicke ungefragt ihre ganze Lebensgeschichte detailgetreu entblättern, ohne, dass man eigentlich darum gebeten hätte. Und so furchtbar aufregend ist das Leben des Monsieur Gisbert wahrlich nicht. Abgesehen vielleicht davon, dass er ungemein belesen ist. Seine einsamen Abende im Harz verbringt er gemeinsam mit seinem ebenso schlaksigen Hund lesend vor seinem Kamin. Erstaunlicherweise liest er bevorzugt die französischen Klassiker, sogar im Original. Auch der Harz spuckt also gebildete Menschen hervor, wenn sie auch noch so schrotig wirken. Jedenfalls hatte Marla bei ihrer Ankunft sofort einen Anknüpfungspunkt, die französische Literatur, in der sie ebenso zuhause ist wie Monsieur Gisbert. Der wäre wahrscheinlich nicht unglücklich gewesen, wenn ich gar nicht mehr dort aufgetaucht wäre und er sich das ganze Wochenende mit Marla über Flaubert hätte austauschen können. „Monsieur Gisbert" – wie Marla ihn romanhaft nennt. Wahrscheinlich hat er diese Anrede als Kompliment aufgefasst. Vielleicht hat Marla es auch so gemeint. Sie hat diese charmante Art, Anerkennendes und Wohlmeinendes in so freundlichen Humor zu kleiden, dass man erst auf zweiten Blick zum Kern dessen vordringt, was sie meint. Und sie mag gebildete Menschen, erst recht, wenn sie ein Faible für französische Literatur haben.

Marla beschreibt Menschen immer so, als wären sie Romanfiguren. Ihre Beschreibungen von Charakteren sind wahrhaft literarische Skizzen. Wenn sie Menschen beschreibt, entblättert sich vor dem Auge des Zuhörers beinahe ein ganzes Psychogramm. Vielleicht liegt diese sympathische Art des Blickes auf andere Menschen daran, dass sie Menschen mag.

Der romanhafte Monsieur Gisbert turnt nun also in seinen ordentlich zurecht gezupften blau-grauen Socken auf dem Baldachin-Bett in Scharlachrot herum und versucht verzweifelt, die Glühbirne auszuwechseln. Er stellt sich dabei so offenkundig dämlich an, dass sich mir der Eindruck aufdrängt, er nutze die hausmeisterliche Tätigkeit, um herauszufinden, welches ungewöhnliche Paar sich hier bei ihm zu Gast befindet. Schräg blinzelt Monsieur Gisbert lächelnd von einer zu anderen. Als hoffe er, auf diese Weise hinter unser finsteres Geheimnis zu kommen, von dem er überzeugt ist, dass es existiert. Mit der Neugier einer Mrs. Marple nimmt er die Witterung auf, als vermute er hinter unserem konspirativen Rencontre in seiner Hütte ein Verbrechen, ein Treffen von Terroristen oder zumindest irgendetwas Aufregendes mit Agenten. An seinen Augen kann man lesen, wie er mit kriminalistischem Instinkt alle Möglichkeiten durchdekliniert. Ich fürchte, wir müssen ihn enttäuschen mit unserer banalen kleinen Affäre. Obwohl unsere banale, kleine Affäre für Monsieur Gisbert unter Umständen das Aufregendste ist, was sich hier oben in seiner kleinen Harzhütte je abgespielt hat.

Vergnügt sitze ich in dem Rattan-Schaukelstuhl und beobachte den auf dem Bett umherkraxelnden Monsieur Gisbert und seine ungeschickten Versuche, eine neue Glühbirne in die Fassung zu drehen. Marla hingegen wird mittlerweile erkennbar ungeduldig bei der ganzen ungelenken Hampelei in grau-blauen Socken.

„Danke, Monsieur Gisbert, wir werden das Licht ohnedies nicht benötigen", sagt sie schließlich mit einem hörbar anzüglichen Unterton.

„Ich denke doch, ich weiß, was ich zu tun habe unter diesem Baldachin. Da finde ich mich sehr gut im Dunkeln zurecht. Lassen sie es gut sein."

Ich weiß nicht, ob Monsieur Gisbert mein höhlentiefes Lächeln aus dem Schaukelstuhl heraus gesehen hat oder ob er Marlas Anzüglichkeit überhaupt verstanden hat, aber er klettert vom Bett, schlüpft wieder in seine ausgelatschten Schuhe und geht zur Treppe.

„Ja, natürlich. Sch... ähm, sch... schönen Tag noch", sagt er schließlich nickend und lässt die Tür so auffallend leise ins Schloss fallen, als fürchte er, mit einem lauteren Geräusch schlafende Hunde zu wecken.

Es hat Marla sichtlich Freude bereitet, den armen Monsieur Gisbert aus der Fassung zu bringen. Und Monsieur Gisbert –

der wird wohl noch eine ganze Weile über die mysteriösen Geschehnisse in seiner Hütte grübeln.

Marlas Repertoire hält noch so manche Überraschung an diesem Wochenende bereit. Eine Komposition aus sinnlichen Details und Genüssen. Sogar die Musik ist auf die Farben und Gerüche abgestimmt. Unter dem scharlachroten Baldachin entfährt mir in der Nacht ein schlimm lang gestrecktes Seufzen.

„Was, bitte, war denn das eben?", flüstere ich erschöpft.

„Das war nur die Zugabe. Nichts sonst", antwortet sie knapp und bedeckt mein Gesicht mit Küssen. In der Hütte von Monsieur Gisbert unter dem scharlachroten Baldachin.

Unser Ausflug in die Hütte im Harz ist wie die mit Spannung erwartete Reise in eine unwirkliche Welt. In eine Welt, von der wir beide wissen, dass sie für uns nicht existiert. Dass wir hier oben im Harz bereits am Ende unserer Reise angelangt sind. Dass es nach der Hütte im Harz keine weiteren Hütten für uns geben wird. Keine Hütten mehr, keine Ausflüge mehr. Und dennoch, oder gerade deshalb, genießen wir diese Reise ins Nirgendwo in so vollen Zügen. Wir nehmen einander auf wie Durstende, fallen übereinander her wie hungrige Wölfe. Von Anfang an wussten wir beide, dass dieser Ausflug nicht mehr als ein Spiel sein kann. So sind die bunten Abenteuer in unserer Harzhütte nicht etwas der Beginn einer Reise, sondern bereits der bewusst gesetzte Schlusspunkt einer kurzen Ballonfahrt ins zeit- und raumlose Nirgendwo. Dort, wo man kompromisslos und frei experimentieren kann. Ohne Schuldgefühle und Verantwortung. Ein kleines Märchen eben.

Von Marla kommt nach einigen Wochen nur der kurze Satz „Wenn dies Deine Vorstellung von Leben ist, so will ich das nicht länger..." Sachlich. Auf sonderbare Weise kehren wir auf den anfänglichen Level des vertrauten Gesprächs zurück, so als ob nie etwas anderes gewesen wäre. Als ob es diese Küsse, die die Luft zum Brennen brachten, nie gegeben hätte. Wie Tante Käthe und Onkel Rudolf. Als sie dann in ihren Wagen steigt, dreht sie sich nur noch einmal zu mir um und lächelt – wie zum Abschied. Es ist der Abschied.

❧ ❧ ❧

Nach der Ballonfahrt ins zeitlose Harzer Niemandsland scheint
für eine kleine Weile meine überschaubare Welt wieder geordnet. Nur eine kleine Weile, denn schneller als erwartet schleicht
sich nach nur wenigen Wochen die Einsamkeit zurück. Eisig.
Ich erlebe diese Einsamkeit so provozierend, trage sie so demonstrativ zur Schau, dass René es hätte erkennen müssen. Ich
provoziere ihn mit grausamer Kälte und Distanz. Als wollte ich
ihn damit zu einem Schritt zwingen, zu einer Entscheidung, die
uns beide dann aus diesem Dilemma herauslöst. Es wird sich
nie auch nur irgendetwas bewegen, wenn ich nicht irgendwann den blinden Schrei wage. Vermutlich werden wir noch in
hundert Jahren nebeneinander hertraben, wortlos, regungslos,
vertraut im Banalen und kalt im Inneren. Wir werden vermutlich friedlich und teilnahmslos unsere Zeit miteinander vertrö-
deln, wenn ich nicht in diesem Sommer zumindest eine erste
Entscheidung treffe. Meine provokative Entscheidung, für
zwei Wochen allein ans Meer zu fahren, nimmt René mit dem
mir so verhassten Gleichmut zur Kenntnis, wie alle Dinge, die
mein Innenleben betreffen.
Es ist eben derselbe lähmende Gleichmut, mit dem er vor ein-
gen Tagen zur Kenntnis genommen hat, dass ich das Abenteuer mit Marla beendet habe. Nicht eben die Reaktion, die ich mir
gewünscht hätte. Keine Erleichterung, die man erwartet hätte
von einem Ehemann, der mitgeteilt bekommt, dass seine Frau
die Affäre mit einer anderen Frau beendet. Nein, keine Signale
der Erleichterung, keine Signale der aufkeimenden Hoffnung.
Nur Gleichmut. Träger, leiernder Gleichmut. Ein lähmender
Gleichmut, der mich allmählich erstickt. Der mir die brennen-
de Kehle zuschnürt, der mich an einer eisernen Kette hinab-
zieht. Ein quälender, siechender Gleichmut. Dabei hat René
gerade begonnen, es als notwendiges Übel zu akzeptieren.
„Wenn Du meinst, dass Dich diese Frauengeschichten weiter-
bringen und dass es uns auf lange Sicht wieder zueinander
bringt, dann bitte, dann tobe Dich aus mit diesen Frauen. Ich
verstehe es zwar nicht. Aber tu, was Du meinst, tun zu müssen. Nur überspann den Bogen nicht."

Ist das wirklich Gleichmut? Und ich denke, eigentlich habe ich den Bogen bereits tatsächlich überspannt. Tragisch überspannt. Habe mich bereits zu weit treiben lassen.

René hat gerade erst begonnen zu akzeptieren, dass es in meinem Leben wohl unrettbar diese eine Seite gibt, da eröffne ich ihm das Ende der Affäre mit Marla. Aber er scheint zu ahnen, dass dies nur die Ruhe vor dem aufkeimenden Sturm ist. Dass dies keine generelle Richtungsentscheidung ist, sondern nur eine Zwischenetappe, für ihn ein Etappensieg. Denn mit der Affäre sind die stete Faszination und die bleibende Schwäche für Frauen aufgekeimt. Gerade hat er begonnen zu akzeptieren, dass ich immer auf dem Sprung sein werde hinüber in diese andere Welt.

Ich treffe also die Entscheidung, alleine ans Meer zu fahren, um mir mal ein bisschen frischen Wind um die Ohren pfeifen zu lassen. Ganz glasklar steht meine Entscheidung vor mir, alleine nach Korfu zu fliegen. Nur mal so. Endlich einmal so. Endlich einmal etwas, dass ich einfach nur so mache. Ohne Absprachen. Ohne Kompromisse. Ohne Fragen. Eben einfach nur mal so. Und warum nun diese Urlaubsankündigung? Hatte ich etwa gehofft, er würde mich davon abhalten, um wieder einmal die bittere Entscheidung von mir zu nehmen? Denn eigentlich bin ich mir darüber im Klaren, dass dies der Stein sein könnte, der alles ins Wanken und zum Einsturz bringen wird. Wie der Einsturz eines schrägen Kartenhauses. Irrlichter in einem einsturzgefährdeten Kartenhaus.

❧ ❧ ❧

Flucht nach Korfu. Reflexionen auf der sonnigen Insel. Die Fremdheit der Umgebung und die Entfremdung von meiner bisherigen Welt. Auf dieser fremden Insel gehe ich dann schließlich den entscheidenden Schritt zu weit - aber immerhin reißt mich dieser Schritt aus dieser erbarmungslosen Lethargie. Meine irrlichternde Verzweiflung und das richtungslose Getriebensein führen mich einer grotesken Freiheit entgegen. Die

Freiheit, zu experimentieren, zu erfahren, Entscheidungen zu treffen. Die Freiheit, zu suchen und irgendetwas zu finden. Ich sitze stundenlang am Meer und lese Camus. *Der erste Mensch. Der Mensch in der Revolte.* Da sitze ich nun. Wohltuende Empfindsamkeit. Am Ufer sitzend lese ich, denke hübsche Dinge, kritzele irgendwelche Aufzeichnungen auf Schnipsel und Zettel, lese wieder, träume am Strand liegend herum und beobachte die Menschen. Beobachte lachende Frauen und deren geschmeidige Körper. Wie schwer es doch ist, deren Aufmerksamkeit zu gewinnen. Ein Kinderspiel hingegen, einen Mann zu verführen. Aber wie grässlich schwer, wie unmöglich, eine Frau auch nur anzuflirten. Vielleicht liegt es daran, dass sie manchmal einfach zu schön sind? Und während ich eben genau dies empfinde, versuche ich in einem Anfall von Selbstbetrug, mir die am Meer entlang flanierenden Männer schön zu reden und zu schreiben. Weil es eben einfacher ist. Einfach und endlich teilhaben an der Leichtigkeit der Welt. Nicht länger abseits stehen. Man kann sich manches schönreden und schönschreiben, aber Leidenschaft lässt sich nun einmal nicht herbeireden. An manchem Abend sitze ich stundenlang nur so da... Schade, dass man Einsamkeit nicht teilen kann.

Korfu, 10. August.

Die Anreise bereits mit einem Gefühl wiedergewonnener Freiheit, mit einer rauschhaften Neugier und Erwartung. Worauf auch immer. Der Flug war schaurig, ein Wunder, dass ich noch am Leben bin. Die Landung erschütternd schwankend. Man sollte wieder zu den herkömmlichen Fortbewegungsmitteln zurückkommen, die eher dem menschlichen Zeit- und Raumempfinden entsprechen. Geschwindigkeiten, Höhen und Distanzen, für die der menschliche Körper nicht geschaffen ist. Meiner jedenfalls nicht. Man sollte wieder im authentischen Raster reisen, den Raum, die Landschaft während der Reise beobachten können, deren allmähliche Veränderung miterleben wie im Postkutschenzeitalter. Aus dem Fenster schauen und erleben, wie die Wiesen grüner, die Häuser kleiner, die Kühe gescheckter oder die Dörfer engstirniger werden. Oder wie in der Eisenbahn die Welt an sich vorüberhuschen sehen. Oder wie auf einer Fahrradtour. Zu erleben, wie sich langsam die Landschaft verändert, die Ortschaften einander nicht mehr ähneln, die Menschen anders an einem vorüberziehen. Beobachten, wie es während der Reise, in der Bewegung allmählich Abend wird. In den Morgen hineinreisen und die Veränderung des Lichts in der Reisebewegung entdecken. Das wäre artgerechtes Reisen, nicht dieses Über-die-Welt-meere-Fliegen in für das menschliche Auge nicht fassbaren Raum- und Zeitverhältnissen. „Entdeckung der Langsamkeit" - Aber das ist natürlich Blödsinn.

Ich bin jedenfalls froh, wieder heil gelandet zu sein. Eine furchterregende Hitze schlägt mir wie ein Feuerkegel entgegen, als ich aus dem Flugzeug steige und die Augen vor der gleißenden Sonne zum Schutz bedecke. Unwirkliche Welt, der Flughafen. Wäre ich über Land und zu See hierher gereist, wäre das nicht passiert. Ich hätte die unterschiedlichsten, wüstesten Landschaften betrachten können, mich allmählich auf die sengende Hitze vorbereiten können. Wäre allerdings auch geschlagene zwei Wochen unterwegs. Trotzdem, ich bleibe dabei, das langsame Reisen entspricht einfach dem menschlichen Zeitgefühl.

Das lächelnde Paar neben mir im Flugzeug verbreitet eine Aura angenehmer Laune, lachend, liebkosend. Bei der Ankunft in Magdalini sind sie wieder dabei, immer noch lächelnd. Wie machen die das?

Korfu, 11. August.

Magdalini im Licht, das Bad im Pool, der Strand. Kampf mit Wehmut, mit Einsamkeit.

Mittags begrüßt mich Nicole Koch, die Repräsentantin des Reiseveranstalters. So gehört das wohl bei solchen Pauschalarrangements, die ich, nebenbei bemerkt, eigentlich verabscheue. Der Reisende ist seiner Verantwortung für sich und für die Reise enthoben, er kann sich bequem, aber unmündig zurücklehnen. Das Land dann ohne Gefahren erkunden wie in einem Bilderbuch, völlig unrealistisch und die pure touristische Fiktion, Illusion. Denn so ist das Land eben nicht! Ein Hohn für die Einheimischen und deren bittere Lebensrealität, was wir hier tun. So viel Zynismus schon am ersten Urlaubstag. Ich glaube, ich packe besser meine Sachen und reise ab. Nicole Koch aber versteht es, mir die eben nicht wirklich existierenden Vorzüge eines solchen Pauschalarrangements näher zu bringen.

Nicole Koch. Was für ein Wesen! Zu blond, zu daherschreitend, halbe Korfiotin, jedweden Protest mauliger Touristen ignorierend, sehr schön und souverän in ihrem viel zu biederen Dress. Also atme ich tief durch, schaue mich um und plane eben doch meine eigene Reise, so wie ich es möchte und genieße ihr höfliches, aber bestimmtes Kopfschütteln. Als wollte sie sagen „Querulantin, wirst schon sehen, was Du davon hast." Dennoch ist sie mir behilflich. Nicole Koch schachert bei dem ortsansässigen Kleinkriminellen Costas einen hinnehmbaren Preis für einen kleinen Wagen für mich heraus. Ohne sie hätte ich bei Costas, der nur unschwer erkennen konnte, dass ich kein Wort griechisch verstehe, mindestens das Dreifache bezahlt. Abends höre ich, dass Costas eben doch und zwar sehr gut englisch spricht, der Gauner. Aber es ist sein Land und sein Leben, das er da mit Hilfe der hereinwabernden Touristen bestreiten muss. Morgen werde ich mir also mit Hilfe seines klapprigen alten Fiats seine Insel anschauen.

Korfu, 12. August.

Mit Costas Fiat durchstreife ich den Nordteil der noch unbekannten Insel. Mittags lande ich in Sidari. Klippenrausch und Wasserrausch. Kilometerlang erstreckt sich der perlenhafte Sandstrand nach Osten. Steile Sandsteinklippen im Nordwesten und die schönste Klippenformation, an der man Stunden nur so übers Meer schauen mag - Kap Drastis. Schwimme versonnen durch kleine Felsenöffnungen hindurch wie durch Tore, wie durch Kanäle. Unwirklich. Am Strand stören eigentlich nur die Briten, die wie Ameisen wimmelnd durch den Sand pflügen und sich ihr blässlich-angelsächsisches Fell verbrennen. Scheinbar wollen die das so.

Die zauberhafte Welt der Bergdörfer am Nachmittag. Das Dorf Karoussades und sein friedlich schlafender Wirt im Kafenion, als ginge ihn das bunte Treiben einige Kilometer weiter unten an der Küste nichts an. Seine Welt hier oben und die künstliche Welt der am Strand verbrennenden Ameisen aus England. Mit verschränkten Armen, die von der Sonne auffällig dunkel gebräunt sind, sitzt er schlafend auf seinem schäbigen Klappstuhl, den Kopf entspannt gegen die Hauswand gelehnt mit einer beneidenswert friedlichen Gelassenheit. Er wacht nicht einmal auf, als ich an seinem Klappstuhl vorbeischlendere und ein selbstverständliches „jássas" in seine Richtung murmele. An dieses Bild, an die Gelassenheit des alten Mannes muss ich noch den ganzen Tag denken. Der Ort scheint kaum Einwohner zu haben. Oder aber sie genießen die Ruhe des Nachmittags in ihren kühlen Häusern. Ich wandere durch den Ort und treffe jedenfalls kaum einen Menschen. Die Weintrauben, die Farben, das verlassene Kloster oben am Hang. Ich sollte hier bleiben und nur die Ruhe spüren, die hier wie Tau in der Luft hängt und alles einlullt. Ich fahre weiter die Küstenstraße entlang, die mich der lärmenden Welt näher bringt. Der Ort Roda erinnert mich an das lärmende Travemünde in der Hochsaison. Der Strand allerdings ist zugegeben ein Traum in weiß. In Kassiopi ist der kleine beschauliche Hafen so sanft, dass ich erneut überlege, hier zu bleiben und die weiche abendliche Stimmung noch ein wenig zu genießen.

Den nächsten ekstatischen Augenblick erlebe ich auf der Rückfahrt an der Küste von Agios Stefanos – der Blick nach Albanien hinüber. Zögerliche Blicke die Klippen hinab; sanft und wild zugleich liegt die Landschaft nur so da, als gäbe es die staunenden Menschen nicht. Einige Kilometer weiter dann lese ich die beiden trampenden Italiener auf, die bis zur Tankstelle im nächsten Ort mitfahren. Eine sehr freundliche, ermutigende Lächelei. Tut man so was, ich meine als Frau, spät abends bei Dunkelheit in einem fremden Land zwei fremde junge Männer aufzulesen? Diese Insel scheint mich schon so eingelullt zu haben, dass ich alle Vorsicht fahren lasse. Es waren zwei nette Jungs. Mehr nicht. Ich will mir diese Unvoreingenommenheit bewahren. In der Nacht schraube ich den Fiat die Serpentinen hoch zurück nach Magdalini. Ein Wagnis war diese Tour, aber lachend komme ich am Hotel an, streife an dem wunderbar duftenden Oleanderbusch am Eingang vorbei und denke „Was für ein Tag!"

Korfu, 13. August.

In süßlich sengender Hitze wandere ich heute Mittag den Berg hinauf nach Afionas. Am Ortsausgang von Agios Georgios am westlichen Ende der Bucht führt ein schmaler staubiger Weg den Berg hinauf, der mich schon seit meiner Ankunft hier gereizt hat. Kein Mensch sonst hat wahrscheinlich Notiz genommen von diesem beschwerlichen Weg, keiner sonst hat sich wahrscheinlich gefragt, wohin diese Schotterpiste wohl führt. Es ist die Neugier und diese bemerkenswerte Lust auf Wagnis, die mich bei sengender Mittagshitze recht mühelos diesen Hang hinauf treibt. Was für eine hübsche Allegorie – „fremde Wege zu gehen", „auf beschwerlichen Pfaden zu kraxeln". Nach zwei Stunden steilem, aber wunderschönem Aufstieg staune ich ermattet über die Aussicht in der kleinen schäbigen Taverne mit dem für ein so staubiges Dreckloch recht erhabenen Namen „Panorama-Restaurant".

Wahrscheinlich ist sie kaum 18 Jahre alt, aber ihr Gesichtsausdruck wirkt so abgeklärt, und dennoch so sehnsüchtig. Die junge Frau, die oben in der Taverne auf mich zukommt und sich neben mich an das klapprige, waghalsige Geländer aus morschem Zedernholz stellt, als sähe sie zum ersten Mal seit langen Monaten wieder einmal einen Menschen, scheint den wunderbaren Ausblick von hier oben über das Meer genauso zu genießen. Sie wendet sich meinem staunenden Gesicht zu, ein unmerklicher Augenaufschlag, berührt für einen winzigen Moment meine auf dem Geländer abgestützte Hand: „It's always the same, you know", sagt sie mit diesem für ihr Alter unerhört abgeklärten Blick, als hätte sie die ganze Welt bereits durchquert und als könnte sie nun, am Ende ihrer Tage wieder hier angelangt, nichts mehr erschüttern.
"You look down here and there's nothing in the world, nothing in your mind but this deep mysterious desire. You are longing for something you've never felt before. But you don't know

what it is. A Moment where you can die or sleep peacefully. What-ever. Do you know what I mean?" –

„Yes, I guess I do", will ich gerade nahtlos lügen, lasse es aber. Nein, ich weiß nicht, was sie meint. Jedenfalls nicht genau. Sie spricht mit diesem für Korfioten so typischen, charmanten Akzent, dass ich auf der Stelle für sie eingenommen bin. Über ihre Worte bin ich für einen Augenblick so verblüfft, dass ich noch gar nicht weiter reagieren kann. Wer ist sie? Warum sagt sie so was? Ich nicke nur stumm und wir stehen noch eine kleine Weile nebeneinander und schauen über das Meer. Ich wundere mich schon gar nicht mehr über dieses Gefühl der Nähe, das ich in ihrer Gegenwart empfinde.

Sie hat hübsche Beine, denke ich, als ich meinen Blick vom Meer löse und beschließe, ihr nun doch endlich zu antworten. Sie steht fest auf dem linken Bein, den rechten Fuß auf die untere Strebe des wackeligen Geländers gestützt, so dass sich ein hingebungsvoll hübscher Oberschenkelmuskel abzeichnet. Eine Muskulatur, die vermuten lässt, dass sie wohl regelmäßig diesen steilen Anstieg macht. Ich finde wohlgeformte muskulöse Körper bei Frauen schlichtweg schön. Als sie mir freundlich den Weg hinab zum Meer beschreibt, nach dem ich sie schließlich frage, bin ich mir ganz sicher, in ihren dunklen Augen mehr noch als nur Melancholie zu sehen. Was macht sie hier oben in dieser gottverlassenen, staubigen Einsiedelei? In dieser dürren Bergwelt am Meer, die sie ja so hingebungsvoll zu lieben scheint? Ich mache mich auf den Weg hinab zur Nachbarbucht und sehe, als ich mich noch einmal nach ihr umdrehe, wie sie mir gedankenverloren und, ich meine fast, traurig hinterher blickt.

Es ist ein besonders schöner Weg, den sie mir beschrieben hat. Lächelnder Abstieg durch die Olivenhaine, waghalsig und schliddernd; schweißtreibend geht es zwischendurch kurze Teilstücke wieder steil bergan. Bemerkenswerte Gerüche. Blicke dann immer wieder über das türkise Meer: Der Weg führt hinab Richtung Arillas, einem kleinen Ort in der Nachbarbucht. Die drei jungen Spanier, die ich unterwegs überhole, begleiten mich an den Strand, den man nur beschwerlich mit einer Kletterpartie erreicht. Wir reichen uns die Hände und finden in dieser Bucht das Paradies. Den langen Nachmittag liege ich, mit den Beinen im Wasser plätschernd, auf meinem von der Sonne viel zu heißen Stein und lasse den Rest des Tages an mir vorbeiziehen. Das ist Muße!

Ich merke es erst spät. Aber hinter dem schroffen Felsvorsprung hätte selbst ein Raubtier sie nicht entdeckt. Wahrscheinlich sitzt sie schon den ganzen Tag hier unten. Wahrscheinlich ist sie genau wie ich alleine diesen staubigen Weg hier heruntergewandert. Hübsch sieht sie aus, wie sie so mit dem nach hinten gebundenen blonden Haar, das Kinn auf die angewinkelten Knie gestützt, auf ihrem viel zu kleinen Handtuch dasitzt und mich beobachtet, derweil ich mich vollständig unbeobachtet wähne. Hier in der gottverlassenen, einsamen Bucht. Ein Schreck durchfährt mich, als ich mir plötzlich darüber klar werde, dass diese Einsame dahinten hinter ihrem Felsvorsprung mich möglicherweise die ganze Zeit schon beobachtet hat. Meinen Stein beobachtet hat. Mich beobachtet hat, wie ich allmählich den Sonnenstrahlen auf meinem Körper nachgegeben habe. Wie ich mich im gleichmäßigen Rhythmus der weichen Wellen, die über meinen Stein schwappten, meiner eigenen Lust ergeben habe. Als ich mir erschreckt darüber klar werde, kann ich auch nur noch ertappt und entwaffnet zu ihr hinüber lächeln. Sie hat mich dabei beobachtet. Das ist ja was...

Korfu, 14. August.

Entdecke auf meinem morgendlichen Spaziergang vom Hotel in den Ort immer neue geheimnisvolle Ecken. Die morgendliche Luft. Die Mädchen im Supermarkt. Imaginationen früh morgens am Meer. Eine Erregtheit, die für diese Tageszeit zumindest ungewöhnlich ist.

Am Strand von Agios Georgios den Tag über zu faulenzen, zu lesen, zu beobachten – phantastische Freiheit. Die lachenden Ballspieler deuten mein beharrliches Beobachten als unmissverständliches Interesse und legen sich gefährlich ins Zeug. Sie können ja nicht wissen, dass sie lediglich Modelliermasse in meinen die Welt ertastenden Händen sind, dass sie nur Komparsen in meinen tolldreisten Geschichten sind, die ich am helllichten Tage mit Wonne vor mich hin komponiere. Sie können ja nicht wissen, dass ich gerade in einem Zug in die entgegengesetzte Richtung sitze. Und sie halten mein Beobachten für die Aufforderung zum Tanz! Wie erschreckend einfach das Flirten mit Männern ist. Da sind alle Fragen bereits gestellt, da ist die Gangart bereits gewählt. Da entscheidet einzig ein Blick. Wie schrecklich simpel das Leben sein kann, wenn man nur bereit ist, sich darauf einzulassen. Wie leicht das Leben sein kann, wenn man nur bereit ist, sich darauf einzulassen. Wenn man imstande ist, so leicht zu leben. Der eine von ihnen jedenfalls ist recht hübsch. Er hält sich im Gegensatz zu seinen wie bunte Pfaue umherspringenden Begleiter eher im Hintergrund, auf eine sympathische Weise sehr unaufdringlich. Sein nicht uncharmantes Lächeln verrät seine Siegesgewissheit...

Am Nachmittag – und dies wird zur geschätzten Gewohnheit – Eis und Cappuccino im Katooni-Saloon. Dort genieße ich das allmählich milder werdende Licht, den etwas kühleren Wind des späten Nachmittags. Am Abend in der Strand-Bar strahlt Mikis mich mit perfektem Englisch an. Sein Freund Spiros verlegt sich aufs Flirten, lädt mich erneut zum Wein ein und bemüht sich vergeblich um meine Gunst. Und Mikis lacht. Worüber lacht er eigentlich?

Korfu, 15. August.

Kerkira. Korfu-Stadt. Die Stadt ist ein kleines Juwel. Venezianisch, florentinisch, römisch. Tappe strahlenförmig, aufgeregt (!) durch die schmalen Gassen. Weide mich an Blicken. Errege mich an Anblicken. Es wird Zeit, dass ich aus der Sonne komme, sonst nimmt mein Aufenthalt hier auf der Insel noch eine schlimme Wendung. Mittelalterliches, Pompöses, Königliches. Dann die hübsche Mäuseinsel, von dort eine plätschernde Schiffstour an der Küste der Stadt entlang. Ein wunderschöner Tag. Das Achillion gibt mir den ekstatischen Rest. Ein Leben wie in Bildern.

Auf der Fahrt weiter in den Süden bekommt die Insel jedoch einen kärglicheren Anstrich. Am Abend lese ich auf dem Rückweg wie selbstverständlich eine Tramperin auf. Eine fröhliche, junge Griechin in offizieller Kluft einer Reiseleiterin, *die mich für eine Einheimische hält (Touristen nehmen keine Anhalter mit, sagt sie!) und mir süß in die Augen lächelt. Mit wie vielen Menschen man in Kontakt kommt, wenn man alleine reist! Ich sollte dies zur Gewohnheit werden lassen, denke ich am Ende dieses erlebnisreichen Tages, der mich erneut kreuz und quer über die Insel geführt hat.*

Korfu, 16. August.

Am Strand von Agios Georgios, nachdem das Licht milder wurde am Abend. Ein Dahintreiben, ein Wegfließen in Bildern und sonnengetränkten Imaginationen. Eine Lust an Bildern, die mal gelebte Vergangenheit, mal gelebte Imagination sind. Empfindungen werden dabei wie Rohmasse modelliert, in flutenden Imaginationen zu Leben erweckt. Empfinde dabei eine Lust. Da können Wünsche wahr werden, ganz erstaunliche Dinge, von denen ich nicht einmal wusste, dass ich sie gesucht habe. Diese Stimmung am Meer, in der Sonne, in den Farben dieser Insel inspiriert und weckt so unterschiedliche Empfindungen. Ich ließ heute die schäumenden Wogen des Meeres ganz nahe rollen, im erfrischend kühlen Wind.

Habe Boris Vian gelesen, „L'écume des jours"- Der Schaum dieser Tage. Vian beschreibt Freude und Trauer im Wechsel und lässt die Frage unbeantwortet, warum wir nur so schwer den Tod akzeptieren können. Warum wir immer den Verlust so schmerzhaft erfahren. Und warum Gefühle der Trauer immer auch etwas Tröstendes in sich bergen.

Auch ich kann diese Tage in unmittelbarer Reihenfolge Tränen der Freude und solche der Traurigkeit aufsteigen fühlen. Ängste. Gefühle des Verlusts. Und immer wieder auch der direkte Widerpart – das Tröstende, das Lustvolle. Wie jede Euphorie immer auch seinen Gegenpart – die Traurigkeit hervorbringt. Die Traurigkeit, die am Ende nur Angst vor Verlust ist. Sich über Verlust und Endlichkeit im Klaren zu sein, kann nun aber zweierlei bedeuten. Das, was man hat, nicht aus den Händen zu geben aus Angst davor, es irgendwann verlieren zu müssen. Auch dann, wenn nicht präzise klar ist, dass es das Richtige ist. Menschen festzuhalten aus Angst vor Verlust, auch, wenn sie möglicherweise nicht die sind, mit denen wir leben wollen. Aber wir halten sie fest und lassen sie nicht gehen. Wir gehen selbst nicht. Davor steht nur schwarz und steinern die Angst vor dem Verlust der Menschen, die uns etwas bedeuten. Die Angst, eines Tages aufzuwachen und allein vor der Welt zu stehen! Die andere Schlussfolgerung aber kann sein, gerade deshalb, gerade wegen der Einsicht in die Unabänderlichkeit des ohnehin nahenden Verlustes, sein Leben nicht kauernd und abwartend dahinzubringen. Eben nicht an Menschen und Dingen festzuhalten, sondern das leichte Leben zu suchen. Nicht Menschen an sich zu binden, die es verdient hätten, aufrichtig und leidenschaftlich geliebt zu werden, die vielleicht mit anderen Menschen glücklicher sein könnten. Sein Leben nicht zu vergeuden mit einem recht behaglichen Gefühl, dass es so doch ganz in Ordnung ist. Nein, dies darf dann eben nicht mehr ausreichen. Wenn der Verlust, der Tod, die Endlichkeit so unabänderlich am Ende unseres Blickfeldes stehen, dann muss der Anspruch an das Glück viel höher sein.

Bedeutet das für mich, dass ich bei René bleibe aus Angst davor, ihn zu verlieren? Oder aber gehe ich jetzt, weil wir eines Tages ohnehin getrennt werden? Weil am Ende jeder mit sich und seinem dahinsiechenden Körper allein sein wird? Weil wir am Ende, wenn alles vorüber ist, alleine in den Tod gehen?

„Das Leben ist wie nur zwei Tage, es lohnt nicht, es damit zuzubringen, dass man kriecht." Wie wahr wird dann plötzlich dieser simple Satz. Sich der Endlichkeit bewusst zu sein, kann also zweierlei bedeuten. Verantwortungsvoll (oder aus Angst vor Verlust?) zu nahen Menschen zu stehen, bei ihnen zu bleiben, ihnen aber damit auch die Chance auf das große GLÜCK zu nehmen. Oder aber authentisch seinen Weg zu gehen, nötigenfalls über Scherben. Aber eben zu gehen. Wenn auch über Scherben. Welcher Weg der richtige ist, sagt uns niemand. Warum aber birgt das bittere Gefühl des Verlustes immer auch etwas Tröstendes? Mag sein, weil es uns zeigt, dass wir geliebt haben. Immerhin haben wir geliebt.

Korfu, 17. August.

Was für ein Sonntag. Wie nur kann man die Lässigkeit, der ich mich hingebe, dieses fortdauernd Grinsende, dieses unablässige Nichtstun, dieses intensive Sich-Berauschen hinnehmen, ohne sich dafür zu entschuldigen? Sinne im Taumel. Das machen wohl die Farben. Das macht wohl die Sonne. Ich suche eigentlich gar nichts, finde aber so viel. Nur im einsamen Erleben, in Ermangelung von Gesellschaft lernt man sich kennen. Lernt erstaunliche Dinge über sich selbst.

Recht bald bereits nach meiner Ankunft hier ist der Kampf gegen das Gefühl von Einsamkeit verblasst. Einsamkeit ist nicht Sehnsucht nach Gesellschaft. Als könnte man auf der Straße einen Menschen ansprechen und ihm sagen: „Ich bin so einsam!" Und er nähme einen mit zu sich nach Hause und stellte einen seiner Familie vor und man wäre nicht mehr einsam. Nein, so ist es eben nicht. Einsamkeit ist nicht Sehnsucht nach Gesellschaft. Einsamkeit ist Sehnsucht nach Gleichen, nach Verstehen, nicht einfach nach Gesellschaft.

„Was willst Du eigentlich?" – „Noch einmal 40 Minuten mit Dir. Das Zusammensein mit Dir fängt an, mir wehzutun." Dialoge zwischen Vivian und Cay. „Normalerweise habe ich vormittags um elf nicht solche Gefühle, wenn ich sie überhaupt jemals hatte." – „Wo hast Du DAS gelernt?". Dialoge zwischen Vivian und Cay aus „Desert Hearts". Warum mir immer und immer wieder solche Filmsequenzen im Hirn herumspuken, ist doch nur allzu deutlich.

Nachmittags, als das Licht milder wird, nehme ich einen Drink in der Noa-Noa Bar mit diesem beruhigend weiten Blick über das Meer.

Korfu, 18. August.

Um zehn am Morgen fährt das kleine Boot nach Paleokastritsa. Auch dieser Tag lässt mich so wunderbar aufatmen. Eine Wonne, vom Meer aus die Küste zu sehen, das türkise Meer, in dem sich die weißen Felsen spiegeln. Wir legen in einer Bucht an, die nur vom Meer aus zu erreichen ist. In paradise again. Ich kann diese flirrenden Farben noch gar nicht fassen.

Eine unwirkliche, traumhafte Kulisse für meine gedankliche und emotionale Unordnung. Das Meer ist so weich wie Öl auf der Haut. Das Schwimmen ist einfach wunderbar.
Fisch müsste man sein!
Das Wasser wie Öl so weich, türkis strahlend, weiß der Sand und weiß der Felsstein im Meer. Mittags bereitet uns der Fischer ein Barbecue, aber er versteht einfach nicht, warum niemand sein gegrilltes Hühnchen essen mag. Der Wein, das Boot, die Sonne, ich liebe diese Bucht. Faulenzend. Dösend. Und sehr angenehm die hübsche Österreicherin mit Sohn Jannik und ihrem Ehemann. Sie passt so hübsch hinein in diese Bucht. So blond, so gepflegt, Sommersprossen und so lachende Augen. Am Abend liegt das Boot mit Motorschaden in der Brandung. Was macht das schon? Wir gehen schwimmen im türkisen Meer, als sei nichts geschehen. Ein rauschhafter Tag.

Korfu, 19. August.

Mikis nimmt mich heute – wie alle Tage – mit seinem Motorrad mit zum Strand hinunter. Sein hübsches Lächeln – wie alle Tage – ist heute anders. Sein Körper, an den ich mich während der luftigen Fahrt klammere, als gehörte dies so, fühlt sich heute anders an. Sein sonniger Geruch – wie alle Tage – schmeckt heute anders, besonders. Etwas verwirrt mich heute an Mikis. Sein schalkhafter Blick, sein kurzes Kopfnicken, mit dem er mich – wie alle Tage – auffordert, hinten auf seinem Bike Platz zu nehmen, sieht heute für mich anders aus. Er setzt mich am Strand ab, umarmt mich kurz, ohne von seinem Motorrad abzusteigen, winkt mir noch fröhlich mit der linken Hand zu, während er bereits wieder durchstartet und lässt mich eine Weile verdutzt hinter ihm herstaunen. Was war denn das? Warum fühlt sich Mikis heute so anders an? „Come to the club tonight, okay?" Ja. Ich werde heute Nacht zu der kleinen Strandbar, zu ihrem "Club", wie die Einheimischen die hübsche, kleine Spelunke liebevoll nennen, gehen, dort Mikis und seine Freunde treffen und sehen, was passiert. Mikis fühlt sich so anders an heute. Der Oleanderbaum vor meiner Terrasse, die Palmen vor dem Hotel wirken schon beinahe vertraut, als ich am Abend zurückkehre. Alles fügt sich heute so sanft und weich in die Landschaft. Auch die Menschen. Auch Mikis mit seinem Motorrad, auch sein Freund, der lebendige, quirlige Spiros, auch der hübsche, stets lächelnde Fevos, auch die hübsche Soria aus dem Supermarkt und all die anderen. Auch die abgearbeiteten Bauern, deren Haut von der gnadenlosen Sonne fast gegerbt erscheint. Gestern früh johlten die freundlichen Bauern mir zu, als ich links des Hotels den kleinen Schotterweg in die staubigen Hänge joggte. Die staubigen Bäuerinnen blickten nur verständnislos, als wollten sie nicht einsehen, dass man seine Kraft mit so sinnlosem Umhergelaufe vergeudet. „Joggen", was für ein Luxus der modernen, reichen Welt. Als sollte ich, wenn ich offenkundig zu viel Kraft hätte, ihnen lieber auf den Feldern bei der Arbeit helfen. Und sie haben ja Recht.

Korfu, 20. August.

Fevos. Vielleicht war es sein jungenhaftes, hübsches Lächeln oder seine einfach sympathische Art, auf die Menschen zuzugehen. Vielleicht war es auch die Art, wie er sich zu der Musik bewegte. Vielleicht sein angenehmer Geruch. Ich weiß es nicht. Ich habe ihn lange beobachtet gestern. Irgendwann fasste ich gestern Nacht den Entschluss, seinem unaufdringlichen Werben nachzugeben. Ihn mit zu mir zu nehmen. Fevos in meinem Hotelzimmer. Fevos unter meiner Decke. Der auf so reizende Weise schüchterne Fevos schenkt mir sein Begehren und wir haben sommerlichen Sex bei offener Terrassentür. Die zerwühlten Laken kühlen die erhitzten Körper auch nicht mehr. Gelegentlich zieht ein kühler, eher milder Luftzug vom Meer herüber. Dann strecken wir uns der Luft entgegen, um uns ein wenig abzukühlen. Wir trinken den restlichen Wein auf der Terrasse, weil es dort kühler ist. Aber auch dort kehrt die Hitze zurück. Stehend! An der offenen Terrassentür! Zu laut wahrscheinlich. Als gäbe er mit seinem warmen Körper meiner Spannung freien Lauf.
Ich wollte es, ich wollte in der Nacht eben genau das. Wollte ihn. So, wie es war. Wollte die Freiheit haben, es zu wollen oder eben nicht. Wollte die Freiheit haben, es zu tun oder es eben nicht zu tun. Aber es sollte allein meine Entscheidung,

meine Freiheit sein. Wollte Körperlichkeit genießen, Lust emp-
finden, wollte einfach nur... Und heute, danach, frage ich mich,
habe ich Fevos ausgesucht, weil es schließlich unmöglich gewe-
sen wäre, die hübsche Kellnerin aus der Strandbar mit zu mir
zu nehmen und sie bei offener Terrassentür und zirpenden
Grillen zu verführen? Weil deren grimmige Brüder mich ver-
mutlich anschließend erschossen hätten? Vermutlich. Ich hatte
also Sex mit Fevos, weil ich es so wollte. Weil ich die Erregung
der letzten Tage in der Sonne nicht mehr ausgehalten habe.
Weil ich teilhaben wollte an dem einfachen Leben, in dem auf
Lust eben Befriedigung folgt, so schrecklich simpel ist das.
„Your skin is so tender, so soft, you are so cute, so breath-taking.
You crazy thing." Seine Worte sind wohltuend. Er ist so jung.
Kaum älter als Anfang zwanzig. Erwachsen genug, um zu
wissen, worauf er sich da einlässt...

Korfu, 22. August

„Don't say, you are leaving tomorrow!?", sagt die hübsche
Verkäuferin meines kleinen Lieblingssupermarktes oben am
Hang, als ich mich von ihr verabschiede heute. Agios Georgios
ist eben ein so kleines Kaff, dass hier jeder jeden kennt. Die
letzten Tage waren turbulent, die Nächte mit Fevos schlaflos.
Und heute? Heute werde ich mich auch von ihm noch verab-
schieden. Aber bei all dem ist in mir in den letzten Tagen eine
Entschlusskraft herangewachsen, die ich erst noch sortieren
muss... Wohin nun mit der wiedergewonnenen Freiheit, die ich
hier erlebt habe. Der gedanklichen Freiheit, der körperlichen
Freiheit. War an einigen Tagen dem Entschluss so nahe, mein
Begehren nach Frauen auszuleben. War dann wieder auf hal-
bem Wege gestoppt. Dachte dann an manchen Tagen, ich
müsste nur beide Welten verbinden. Verheiratet zu bleiben,
aber die Liebe selbstbestimmt und frei zu leben. Gelegentlich
mit einer Frau... Zögerliche Gedanken. Morgen reise ich ab. In
eben meine andere Welt.

Nach meiner Rückkehr, so denke ich bereits Tage vor dem
Abflug, werde ich also weiter in meiner anerkannten Welt der

107

Wohlanständigkeit verharren, der gesellschaftlichen Gewissheit, der nicht hinterfragten Normen, der formalen Anerkennung. (*„Aus Angst vor dem Neuen verharrte sie im Alten und redete sich selbst ihre Welt zurecht, wie sie zu sein schien."*) Werde weiter Mauern der Wohlanständigkeit errichten und weiter dem Bild entsprechen, das ich selbst und andere von mir haben. Als hätten sie ein Recht auf dieses Bild. Wie brüchig und fade diese errichtete doch Welt ist. Wenn sogar der Gatte mein auf Frauen gerichtetes Begehren akzeptiert, solange es nur ein Begehren am Rande und im Verborgenen bleibt. (!) Solange es nur eine Lust unter anderen bleibt, solange es ein Spiel bleibt, dessen Regie ihm obliegt. Und solange die Mauern der Sicherheit nur stehen bleiben. Auf eine eigentümliche Weise scheint er das bunte Treiben mit Marla, der „virtuellen" Frau, deshalb akzeptiert zu haben. Als wäre diese Sehnsucht nichts als eine experimentelle Spielerei, eine vorübergehende Phase. Trugschluss.

৶ ৶ ৶

Ich steige an diesem wunderschönen Sonntagnachmittag im August aus dem Flugzeug und bin mir erstaunlich sicher, dass heute der Tag ist. Noch während ich mit geschlossenen Augen und Musik in den Ohren die letzten Tage Korfu Revue passieren lasse, wird es immer deutlicher, was nun geschehen wird. Heute ist eben genau der Tag, an dem ich meine Ehe endgültig an die Wand fahren werde. Heute ist eben der Tag. Manchmal sind es die wirklich wichtigen Entscheidungen, die uns ruckartig, aber bedingungslos ins Hirn schießen und kein rechtzeitiges Abbiegen mehr zulassen. Heute ist der Tag. Ein wunderhübscher Sonntagnachmittag, an dem ich René verlassen werde. Ich lächle über diese Entschlusskraft und könnte mich dafür ohrfeigen. Wie leicht mir das Lächeln fällt. Heute steige ich aus dem Flugzeug und bringe das Kartenhaus zum Einsturz.
Aus Erzählungen kenne ich dieses Gefühl, wenn in Ausnahmesituationen noch einmal das ganze Leben an einem vorüber läuft. In Momenten der Gefahr, der existentiellen Angst. Genauso fühlt sich dieser Rückflug an. Ich habe das Gefühl, als säße ich bereits seit Tagen hier auf den Sitz gefesselt und die

Welt und der Ozean flögen an mir vorüber. Als betrachtete ich die fremde Welt von außen, als rauschte mein bisheriges Leben an meinen verblüfften Augen entlang. Das ist wohl wieder so ein tückischer Mechanismus der menschlichen Evolution, der es uns erlaubt, mit großer Distanz auf unser Tun zu schauen, um es besser beurteilen zu können. Sich selbst und sein Tun von außen zu betrachten. Aus der eigenen Mitte heraus sieht nämlich alles so richtig aus, da fühlen sich die Dinge allzu häufig so gewohnt an, dass man den Lauf der Dinge für unabänderlich hält. Ich liebe diesen Mechanismus des „Über Sich Hinweg Schauens". Nur zu gerne mache ich mich in Alltagssituationen zum bloßen Zaungast und beobachte die Dinge wie ein Chirurg, wie ein Analytiker. Menschen und Charaktere werden dann meist so klar. Man muss sich dann auch nicht mehr über Dummheiten ärgern, weil man in der Pose des Betrachters viel mehr verstehen kann. Man kann sogar ärgerliche Menschen wieder gern haben, weil sie eben nach so klaren Mustern handeln. Selbst das Leben der anderen läuft wie ein Film vor meinen Augen ab.

Mit dieser Distanz des Zaungastes sitze ich nun hier im Flugzeug und höre den Entschluss zur Trennung in mir aufkeimen und wachsen. Und je länger der Flug dauert, desto lauter pocht in mir der Entschluss. Als bündele der lange Flug und die Position des Zaungastes noch einmal alles Gewesene. Als füge sich das Erlebte der letzten beiden Wochen Korfu in die turbulenten Wochen davor. Als verbinde sich alles Jetzige mit Sehnsüchten und Wünschen der lange zurückliegenden Jahre. Vielleicht ist es gerade die distanzierte Position des Zaungastes, die es mir ermöglicht, einem Entschluss beim Wachsen zuzuschauen. Zu beobachten, wie sich ein Gedanke förmlich entwickelt. Zu hören, wie der Entschluss immer deutlichere Formen annimmt. Gefühle des Schlussstrichs reifen da heran. Immer deutlicher und nicht mehr zu überhören. Als hätte die Zeit auf Korfu wie ein Katalysator, wie eine Gefühls-Waschmaschine im Schleudergang die Dinge in Wallung gebracht. Wie ein Stein, der alles ins Rollen bringt.

In meinen Gedanken hier oben in der Luft verschwimmen in atemberaubender Dynamik die unterschiedlichen Ebenen der letzten Zeit. Da steht zunächst das Bild von Marla, die ich noch vor meiner Abreise nach Korfu eher unsanft ausgebremst habe. Sie wollte viel weiter, als ich zu dem Zeitpunkt zu gehen bereit war. Also ging sie und ich ließ sie gehen. Und mittlerweile wird mir auch klar, dass es höchst unterschiedliche Ebenen der Leidenschaft gibt. Die Leidenschaft, die wir beide füreinander empfanden, war eine physische. Es war keine Herzensangelegenheit. Wir mögen einander, sind gerne zusammen, haben etwas füreinander übrig, zweifellos, aber es ist eben kein emotionaler Tiefgang.

„Du darfst die Gefühlsebene nicht unterschätzen. Du machst immer den Fehler, Gefühle zu versachlichen. Gefühle sind aber höchst unsachlich. Das Wesen der Gefühle ist aber gerade die Irrationalität, meine Liebe, unterschätze das nicht." Meine „Aussichtslose" hat sicher recht damit. Wieder einmal hat sie Recht. Sie bringt die Dinge immer so schrecklich sachlich auf den Punkt. Aber wohin führt es denn, wenn ich die Gefühlsebene anders betrachtete? Änderte sich irgendetwas? Ich hätte dann folgerichtig diese Affäre gar nicht erst eingehen dürfen, weil Gefühle ein unkalkulierbares Risiko darstellen. Dann müsste ich die Füße stillhalten. Und natürlich sehe ich die Dinge sachlicher, wenn ich keine Herzschmerzen empfinde. Was ich mit Marla empfand, war höchst speziell in eben dieser speziellen Lebenslage, war physische Leidenschaft. Meine „Aussichtslose", die mehr und mehr zu einer Art allgemeinen Lebensberatungsinstanz mutiert, vertritt nun die These, dass es Erotik nur in Verbindung mit Gefühl gibt. Mag sein, dann aber ein sehr viel allgemeineres Gefühl, ein Gefühl für den jeweils anderen Menschen, ja. Aber Kein Gefühl der Liebe! Das hieße nämlich, dass ich nur mit einem Menschen schlafen kann, den ich liebe. Oh je. Dann hätten die Menschen bald kaum noch Sex, glaube ich.
Ich bin mittlerweile überzeugt, dass es unterschiedliche Ebenen der Leidenschaft gibt. Die rein physische Art, aber eben mit einem grundsätzlich positiven Gefühl für den anderen, vielleicht so etwas, wie „den anderen gern haben". Dann ist

auch Erotik und Leidenschaft möglich. Die zweite Form der Leidenschaft ist die wohl erhabenste, denn sie ist eingebettet in das Gefühl der Liebe füreinander. Wenn Erotik und Liebe aufeinander treffen, dann fließen Milch und Honig, dann ist Glück zum Greifen nahe wie reife Kirschen am Baum. (Wobei auch hier der Moment unmittelbar vor dem Pflücken der schönste ist.) Und natürlich gibt es auch noch die dritte Form der Leidenschaft, die ganz ohne Erotik, ohne Körperlichkeit auskommt. Die rein intellektuelle, geistige Form der Leidenschaft für etwas, für jemanden. Das ist eine Zwischenstufe von Freundschaft und Leidenschaft vielleicht.

Und wie viel Erotik verträgt eine Freundschaft? Wenn man diese unterschiedlichen Ebenen der Leidenschaft für gegeben hält? Schwer zu sagen. Ich meine fast, annähernd keine. Erotik könnte Freundschaft zerstören. Weil aus Erotik Ansprüche erwachsen. Ansprüche aneinander, die über das Maß der Freundschaft hinausgehen. Und dennoch muss es möglich sein, dass in einer Freundschaft, und da wäre ja das wichtige Gefühl füreinander da, auch einmal erotische Phasen Einzug halten. Ohne, dass gleich das ganze Leben umsortiert wird. Aber Erotik gebiert Eifersucht und Anspruchsdenken. Gefährliche Weggefährten.

Das sind die Bilder, die mir hier im Flugzeug durch das Hirn jagen. Die unsanft ausgebremste Marla und der Versuch meiner „Aussichtslosen", mir dafür die moralische Hundemarke abzunehmen. Daneben Bilder der letzten Tage. So viele Eindrücke von Korfu, so heftige Empfindungen der Freiheit. Und natürlich auch Fevos, von dem ich mich auch eher unsanft, nein, vielmehr sachlich verabschiedet habe wie von einem Probanden, der mir für ein Experiment freundlich zur Seite stand. Nein, das ist nicht zynisch, denke ich, das ist nur sachlich.

Für einen kurzen Moment muss ich darüber lächeln, wenn ich daran denke, was meine „Aussichtslose" zu diesem landschaftlich reizvollen Nebenweg sagen wird. Sie wird es verurteilen, denke ich, oder sie wird es meiner kompletten Wirrnis zuschreiben und mich emotional für unzurechnungsfähig halten. Sie wird es nicht verstehen, die Brave, in ihrer heilen geradeaus verlaufenden Welt, in der es kein links und kein rechts gibt, sondern immer nur ein geradeaus. Ein bisschen wie in Pleasant Ville. Der unbesorgten, heilen und stets glücklichen US-amerikanischen Stadt, in der alles farblos-grau und leidenschaftslos ist, weil die Menschen gar nicht wissen, dass es Farben gibt! Aber sie leben so sorglos glücklich, friedlich und freundlich, weil alles so ist, wie es ist. Und weil alles so sicher ist. Bis zu dem Augenblick, an dem draußen im schwarz-weißen Bilderbuch-Garten, der sorgfältig schwarz-weiß eingezäunt ist, der Baum lichterloh in roten Flammen steht, weil die sonst so korrekte Mutter von Mary-Sue oben in der Badewanne onaniert und fortan ein Leben in Farbe lebt. Zum Entsetzen ihrer Umwelt, denen das stete Schwarz-weiß Sicherheit war. Pleasant Ville. Ein genialer Film.

So viele umherschwirrende, durcheinander flirrende Gedanken während des Fluges. Marla und das Ende einer kurzen Affäre, Empfindungen auf Korfu, Fevos und der Abschied, Fragen der Leidenschaft und der Verantwortung, die blinde Schwärmerei für meine Holunderblüten-Hannah, der Spiegel, den mir meine „Aussichtslose" vorhält, René und meine Freundschaft zu ihm trotz der Brüchigkeit unserer Ehe. Gefühle des Abschieds von einer mir beinahe schon fremd gewordenen Welt.

„Darf ich Ihnen noch etwas zu Trinken bringen?", trällert eine unaufdringliche, weiche Stimme mitten in meine gerade umgestürzten Lebenspläne. Wie banal manchmal Situationen des Alltags sein können. Ich bin gerade im Begriff, kurzerhand meinen Mann zu verlassen, und diese charmante Person bietet mir ein Kaltgetränk an. Wenn ich nicht an ihren matten Augen gesehen hätte, dass die brave Stewardess nur ihren wahrscheinlich nervigen Job macht und nicht das geringste Interesse an meinen Umsturzplänen hat, hätte ich sie auffordern mögen, sich zu mir zu setzen und sich meine Geschichte anzuhören. Ich lasse das und bestelle ein Glas irgendwas. Weil es vollkommen egal ist, was ich trinke in dieser Stimmung.
„Ja, gerne, vielen Dank, geben Sie mir ein *Glas* ... *irgendwas*, bitte", antworte ich ihr stattdessen.

Ich bekomme also mein *Glas irgendwas* und erinnere mich an die letzten Nächte in meinem Hotelzimmer. An den roten Wein, an zerwühlte Betten, an Fevos, an seinen jungenhaften Körper, an sein jugendliches, sonniges Gemüt. Dass er so viel jünger ist als ich, scheint ihn irgendwie verunsichert zu haben. Roten Wein haben wir zusammen getrunken. Viel roten Wein. Warum ich mit ihm geschlafen habe, ist mittlerweile eigentlich unerheblich. Warum tut man so was? Warum geht eine erwachsene Frau mit dem festen Vorsatz auf diesen jungen Mann zu, ihn mit zu sich nach Hause zu nehmen und ihn dort zu verführen. Es ist heute an diesem Sonntagnachmittag wirklich vollkommen egal, warum ich mit Fevos in meinem Hotelzimmer Sex hatte. Und erst recht ist es vollkommen irrelevant, was ich dabei empfunden habe. Viel wichtiger ist heute, an diesem Sonntagnachmittag, dass Fevos nur der Auftakt war zu meinem Entschluss, mein Kartenhaus zum Einsturz zu bringen. Nicht etwa, weil er mir besonders viel bedeutete, nicht etwa, weil die Nächte mit Fevos irgendetwas bedeuteten.
Eigentlich war es nur Sex. Der gleiche Mechanismus ohne nennenswerten Zauber. Eben Sex mit einem Mann. Nicht mehr und nicht weniger. Wie ich ihn kenne, wie ich ihn immer als „zweckgebunden" empfunden habe. Sex mit einem Mann erfüllt eben einen Zweck. Er kann befriedigend sein, er kann schlecht sein, er kann furchtbar sein, er kann ganz nett sein, er kann belanglos sein, er kann als bloßer körperlicher Mechanismus eine kurzfristige körperliche Befriedigung herbeiführen. Aber Sex mit einem Mann kann, und vielleicht ist es das, was mir in diesen Nächten in meinem Hotelzimmer so bitter klar wurde, niemals wirkliche Leidenschaft wecken, kann niemals wüst und wild sein, niemals kann ich hemmungslos begehren und mich leidenschaftlich fallen lassen. Niemals Begehren zeigen, niemals bis zum Äußersten gehen. Ja, vielleicht ist es das, denke ich mit einem Male. Bis zum Äußersten gehen zu können in der Liebe. Oder zumindest bis kurz davor. An Grenzen gehen zu können. Sich hingeben zu können. Sich am Rande des Abgrunds bewegen zu können.
Ich starre in mein *Glas irgendwas* und erinnere mich an seine enttäuschten Augen, als ich ihm zu erklären versuche, dass er nun bitte gehen müsse. Der arme Kerl kann ja nicht wissen,

113

dass es nicht eigentlich darum geht, mit ihm zu schlafen, sondern nur darum, die Freiheit zu haben, es zu tun oder eben
nicht zu tun.

Wenn Männer so etwas mit Frauen tun, schimpft man sie vor-
eilig Chauvinisten. Vielleicht ist es an der Zeit, auch auf diesem
Gebiet endlich einmal die tradierten Rollenbilder zu überden-
ken. Ich tat eben genau das (und ich tat es, weil ich es wollte
und weil es mir gefiel), was man an Männern kritisiert. Was
aber ist so falsch daran, wenn ich als Frau beschließe, einen
Mann mit in mein Bett zu nehmen und ihn anschließend kurzerhand wieder fort zu schicken? Solange er doch auch im
Vollbesitz seiner geistigen Kräfte dies freiwillig tut? Solange er
eben auch seinen Anteil Vergnügen daran hat? Was also ist so
verkehrt daran? Es spielt eben keine Rolle, ob eine Frau dies
mit einem Mann tut oder umgekehrt, oder eine Frau mit einer
Frau oder ein Mann mit einem Mann. Täglich geschieht es,
hundertfach, in allen Varianten. Also verabschiede ich mich
von dem letzten bisschen schalen Nachgeschmack, der mir,
zugegeben, noch ein wenig in die empfundene Leichtigkeit
grätscht und beschließe, es ist in Ordnung so. So oder so.

Die Stewardess stakst mit ihren high-heels an meinem Sitz
vorüber, lächelt gequält und reißt mich für einen Augenblick
aus meinen Gedanken. Warum tut sie sich das an, mit *diesen*
Schuhen durch das Flugzeug zu tippeln. Warum machen Frau-
en solche sinnlosen Dinge?
„Und?", fragt sie schelmisch, indem sie sich mit einem kunst-
vollen Hüftdreher zu mir umdreht, *„noch einen Schluck irgendwas für die Dame?"*
Nach solcher Schlagfertigkeit sieht dieses etwas gestresste, aber
perfekt geschminkte Wesen gar nicht aus. Ihr Lächeln ist mir
allerdings eine Spur zu professionell, zu angelernt. Ohne ihr zu
antworten, schaue ich sie statt dessen diesen einen, entscheidenden Moment zu lange an, der uns zeigt, dass wir Interesse
aneinander haben. Und denke, vielleicht sieht sie ohne diese
gequetschte Uniform, ohne Lippenstift und high-heels, wenn
sie sich abends über ihr Sofa lümmelt, sogar ganz niedlich aus.

Manche Frauen wirken ohne Maskerade sinnlicher. Sie bewegt sich, sie lächelt, sie spricht, wie man es von ihr erwartet. Ich antworte immer noch nicht. Sie lächelt weiter. Es bereitet mir Vergnügen, warum auch immer, dieses gestylte Wesen mit ihrem trainierten Lächeln ein wenig zappeln zu lassen. Wie lange kann sie wohl professionell lächeln und auf eine Antwort warten? Reizvolles Spiel, von dem ich gar nicht wusste, dass man mit Frauen so was spielen kann. Ts, ts. Zappeln lassen. Quälende Sekunden gar nichts. Blicken. Warten. Zappeln lassen. Aber sie ist durch und durch Profi. Keine Miene der Unruhe, kein nervöses Nachfragen. Irgendwie süß. Sie beherrscht ihre Maskerade. Wie man das Spiel der Geschlechter linienartig definiert. Frauen bewegen sich anmutig und weiblich, auch wenn die Füße schmerzen in 10.000 Meter Höhe und mindestens acht Zentimeter Absatz. Frauen sind stets reizvoll, nie reizbar. Sie bedienen Klischees. Sie sind, wie man es von Frauen erwartet. Und während ich sie so zappeln lasse, merke ich, dass es genau das ist, was mich lange gefangen hielt. Wie man es von mir erwartet hat. Plötzlich hätte ich große Lust, hinter die Fassade dieser einsamen Stewardess zu klettern, ihre Maskerade wegzuzerren. Mit ungewohnter Direktheit entlasse ich sie aus meinen Fängen, aus meinem Spiel und antworte ihr.
„Entspannen Sie sich, schöne Frau, ich hatte nur gerade Vergnügen daran, Sie ein wenig zu lange anzulächeln. Entschuldigen Sie meine Direktheit. Aber Ihre Frage – nun - die war auch nicht ohne. Also, ja, ich nehme noch einen ‚Schluck irgendwas', was auch immer."
Als hätte ich mit dieser Direktheit irgendetwas in ihrem Inneren ins Rollen gebracht, entspannen sich tatsächlich ihre Gesichtszüge und zum Vorschein kommt ein warmes, authentisches und farbenfrohes Minenspiel. Sie reicht mir mein bestelltes *Glas irgendwas* und berührt mit ihrer rechten Hand für Bruchteile einer Sekunde meine verblüffte Schulter.
„Touché", sagt sie ganz leise dabei zu mir.
Man sollte Frauen, auch wenn sie aussehen wie trainierte Barbiepuppen, nicht unterschätzen.

Ich werde also gleich aus dem Flugzeug steigen und mein Leben ändern. Meine Entschlossenheit weicht nicht. Sie weicht nicht einmal, als in mir der Gedanke an den Schmerz aufkommt, den ich René damit zufüge. Sie weicht nicht einmal bei dem Gedanken, dass ich ihn damit wohl für immer verlieren werde. Nicht einmal, als ich mir vor Augen führe, mit wie viel Anfeindungen ich fortan werde leben müssen.

Sie weicht nicht einmal, als sich wieder und wieder die Bilder dieser feixenden Männer vor meine Augen schieben. Bilder dieser hämisch gaffenden und verächtlich grienenden Männer, die sich auf unsere Kosten belustigten und so unflätiges Zeugs uns hinterher raunten, als ich mit Marla an einem dieser Abende umschlungen an einer Häuserwand lehnte. Beleidigungen der übelsten Sorte. Ein Vokabular, das man sonst nur in den schlechtesten Porno-Blättchen findet. Was man sich als Frau alles an den Kopf werfen lassen muss, wenn man sich erfrecht, nicht den Erwartungen der Männer zu entsprechen. Wenn man sich als Frau erdreistet, für die Liebe Männer nicht länger zu benötigen. Sich ihnen entwindet und ihnen nicht länger zur Verfügung steht, und wenn auch nur in der bloßen Möglichkeit. In der abstrakten Möglichkeit. Denn beileibe keiner dieser schäbigen Feixlinge hätte auch nur im Entferntesten in mein Beuteraster gepasst, selbst wenn ich bis ins Mark heterosexuell wäre. Sie mögen eben keine Lesben. Sie lieben es, wenn zwei Frauen sich miteinander vergnügen, sie lieben die Vorstellung zweier sich liebender Frauen, solange es nicht ihre eigenen sind, die ihnen daraufhin den Laufpass geben! Aber sie hassen lesbische Frauen, die in der Liebe den Männern entsagen. Es kränkt ihre männliche Eitelkeit und ihre Allmachtsphantasien. Anders kann ich mir diese Abfälligkeit und diesen schäbigen Hass nicht erklären. Höhnend.

Sie lachten über uns an diesem kühlen Abend. Wir lehnten, zugegeben reichlich unvorsichtig, im Halbdunkel an der Häuserwand in dieser hübschen kleinen Gasse hinter der Kirche. Ein verschwiegenes lauschiges Plätzchen für wilde Küsse und zittrige Hände, die zwischen all dem Stoff nach nackter Haut suchten. Es war ziemlich heiß an diesem kühlen Abend. Zugegeben unvorsichtig. Natürlich hätten wir uns in meiner Wohnung viel hemmungsloser diesen Dingen hingeben können.

116

Aber wir taten es eben hier an dieser kühlen Häuserwand. Und es war furchtbar aufregend, wir waren in eben *diesem* Augenblick schlichtweg erregt wie die Raubkatzen. Und es gibt nun mal Küsse, die müssen geküsst werden, wenn die Wogen am höchsten schlagen. Aber wie soll man *das* diesen feixenden Spöttern erklären, die sich höhnend über uns hermachten und tatsächlich glaubten, sie könnten irgendwie mitspielen. Nicht ungefährlich, wie mir im Nachhinein erst klar wurde. In dem Moment war ich nur wütend. Wütend darüber, dass diese Kreaturen unsere Erregung zerstörten, dass sie unsere Zärtlichkeit, die wir endlich in der konkreten Begegnung austobten, vernichteten. Aber hätte ich ihnen das alles auch noch erläutern sollen?

„Also, meine Herren, wenn ich Ihnen das einmal erläutern dürfte, wir hatten einige Zeit virtuellen Sex, nur so mit Worten und süßen Andeutungen, wenn sie verstehen, was ich meine. Sicherlich. Wir trieben es verbal wie die Kesselflicker, und nun, meine Herren, wenn sie uns bitte entschuldigen wollen, wir wären nun gerne zweisam, um unsere Leidenschaft aneinander zu stillen."

Das hätte ich sagen können, wenn ich lebensmüde genug gewesen wäre. Ich war es nicht und reagierte vernünftig genug, kniff den Schwanz ein, zog Marla mit der rechten Hand schnell fort und lief mit ihr eilig, aber erhobenen Hauptes davon. Nur weg. Weg von diesen Beleidigungen, weg von diesen unflätigen Angeboten. „Selbst Schuld" könnte man sagen, was knutscht ihr auch in der Öffentlichkeit herum? Die Antwort ist so simpel wie sie dämlich ist. Ein knutschendes heterosexuelles Paar hätte ein wohlmeinendes „Weiter so" oder „Muss Liebe schön sein" oder etwas ähnlich Stumpfsinniges zu hören bekommen. Wir aber lebten in diesen Augenblicken gefährlich. Der Hohn. Die Aggression. Der Spott. Ich weiß nicht, was schlimmer ist. Mit Aggression, auch wenn sie gefährlich ist in dem Moment, kann ich besser umgehen. Schlimmer ist es, milde belächelt zu werden. Mitleidig blicken die Spötter. Was aber ist so komisch an Homosexualität? Was ist das Absurde an Homosexualität? Menschen lachen über Schwule und Lesben, erheben sich über sie. Menschen plaudern belangloses, dummes Zeug und scherzen über Schwule. Sie machen sich lustig über „die Anderen", deren Auftreten, deren Leben, deren Äußerlichkeit. Aber was eigentlich ist das Clowneske, was das Komische am Lesbischsein?

Und während ich an diesem Sonntag nun in diesem Flugzeug mit flirtenden Stewardessen sitze und meinen Entschluss wie eine Trophäe vor mir her trage, höre ich, als wollte mich jemand an diesem Entschluss hindern, wieder und wieder die lachenden Menschen. Wie sie sich erheben und feixen, johlen. Die Stimmen werden lauter, die Scherze flacher, dümmer. Das Niveau der Worte entgleitet, verflacht, wird unerträglich beleidigend. In ihrer Belustigung treffen sich ihre simplen Gemüter. In ihrer Verächtlichmachung finden sie einander in ihrer ganzen Stumpfheit. Sie lachen über Schwule und Lesben, als wäre es ihr Verdienst, eben nicht *so pervers* zu sein. Als wäre es ihr Verdienst, zu den *Normalen* zu gehören. Wie sie spotten! Wie sie sich erheben aus ihrer eigenen Mittelmäßigkeit! Aus ihrer Langeweile. Aus ihrer banalen Mittelmäßigkeit. Aber was ist nun das Belustigende an Lesben? Was ist das Feixende am Schwulsein? Was löst dieses Grienen aus, auf das sich alle nur zu schnell verständigen? Übrigens auch die ach so toleranten und liberalen Schwätzer. Wie man im Zoo einen tollpatschigen Bären oder einen eitlen Pfau belächelt. Nein, es ist mehr noch. Denn jedes belächelte Tier im Zoo genießt die grundsätzliche Akzeptanz einer Kreatur. Der belächelte Schwule wird nicht *wirklich* akzeptiert, die verächtlich angefeixte Lesbe gilt als störend. Aus Hohn und Spott wird allzu schnell ein gefährliches Gebräu aus Feindschaft und Aggression.

Ich denke an diesem Sonntagnachmittag über mein einstürzendes Kartenhaus nach und wie verhext höre ich wieder das schallende, gurrende Lachen der Männer und Frauen an diesem milden Abend, die uns die Zärtlichkeit, die wir empfanden, in den Dreck zerrten, sie damit beschmutzten. (Zu meinem großen Erstaunen sind es auch Frauen, die uns feindselig gegenüber stehen. Weibliche Solidarität ist eben auch nur ein Wort, eine bloße Hülse.) Als wäre diese Leidenschaft etwas Niederes, dessen man sich schämen muss. Mit der man sich verkriechen muss. Wieder und wieder höre ich dieses spottende Feixen. Ein in der Gruppe der Spötter vereinnahmendes Understatement. Der Lesbe, dem Schwulen gebührt allenfalls Mitleid. Als wollten sie sagen *„Wir schlagen sie ja nicht tot. Aber provozieren sollen sie uns auch nicht."* Wie oft hört man diese unausgesprochenen Worte zwischen den Zeilen, in ihren verächtlichen Blicken...

Ich wusste gar nicht, wie reichhaltig und schäbig das Repertoire an Begriffen für weibliche Körperteile in der deutschen Sprache ist. Worte, die auszusprechen mir bis dahin unmöglich waren, mussten wir uns anhören, obwohl wir im Begriff waren zu verschwinden. Warum ließen sie uns nicht einfach gehen? Wie eine Genugtuung derer, die nachtreten, wenn der Ladendieb längst gefasst ist, wetteifern sie um Beleidigungen. An dem Abend dachte ich, wenn ich jemals ein Buch darüber schreiben sollte, werde ich diese Beschimpfungen nicht zu Papier bringen können. Es würde sich auf der Stelle in Fetzen auflösen. Vielleicht gehört dies auch zu dem dicken Fell, das man sich anlegen muss, wenn man beschließt, sich gegen die herrschende Normalität zu stellen.

Bei all diesen beleidigenden „Nennungen", die die Herren da unerbittlich abspulten, als ginge es um einen Wettbewerb, erinnerte ich mich für einen Augenblick an meine schöne Holunderblüten-Hannah. Es war doch wohl nicht das, was sie damals meinte, als sie sagte, auch schöne Frauen müssten nicht auf Derbheit verzichten, auch schöne Frauen könnten dirty-talk im Sex genießen? Nein, unmöglich. Hannah musste etwas anderes gemeint haben. *Dies* war nun wirklich unterste Kajüte. Vielleicht meinte Hannah eine andere Ebene von dirty-talk. Dirty-talk in der wüsten Leidenschaft, im Affekt zweier Menschen, die einander begehren und dann *solche* Spiele spielen. Ich hätte Hannah fragen sollen, wie sie das meinte. Nein, unmöglich, sie das zu fragen.

Ich trinke gedankenverloren einen Schluck aus meinem *Glas irgendwas*, das meine Lieblings-Stewardess mir mittlerweile ungefragt nachschenkt, und habe ruckartig, als ich sie so dicht neben mir spüre, diesen verwegenen Gedanken. Ja, vielleicht ist es gerade *das*. Vielleicht macht gerade *das* den Unterschied aus. Von Männern empfinde ich solche Phrasen als verbale Grausamkeiten, empfinde Ekel bei dem Gedanken daran, dass sie sich an mir mit diesen „Spielen", die man in der Liebe spielen kann, ihre Gier stillen.

Anders, vollständig anders klingen diese Dinge, wenn Hannah mir leise und aufregend erzählt, welche Spiele man spielen kann in der Liebe. Welche süßen, sündigen Dinge und Worte auch Frauen sich in aller Derbheit und Direktheit in die Ohren flüstern können. Wie erregend im Sex auch dirty-talk sein kann, wenn man dieses Spiel zu spielen weiß. Sie hat es nicht so ausdrücklich gesagt, aber ich bin mir mittlerweile sicher, dass sie es nur auf Frauen bezog. Diese unerhört aufregenden Andeutungen über das Spiel mit der Unterwerfung, das Spiel von Macht und Ohnmacht. Von süßer Erniedrigung und Strafe. Die Erregung, die es kostet, sich leidenschaftlich wüste Dinge zu sagen, Worte zu finden, die man im alltäglichen Umgang niemals benutzte. Wenn Hannah davon sprach, sprach sie über Sex zwischen Frauen, da bin ich mir sicher. Vielleicht will ich mir da auch nur so sicher sein, weil es so hübsch passt in mein gedankliches Konstrukt. Wie auch immer. Wenn sie es doch auch anders meinte, so weiß ich nun immerhin, inmitten meines Umsturzplanes in diesem Flugzeug, dass genau *dies* den Unterschied ausmacht: Was ich von Männern unerträglich finde, kann ich bei Frauen lustvoll genießen. Die gleichen Worte, die mich beim Sex mit Männern abstoßen, klingen von Frauen zärtlich und aufregend. *Dies* ist der Unterschied.

Nun sitze ich hier und plane meinen Umsturz und jage von einem Gedanken zum nächsten. Nun wieder Hannah. Unaufhörliche Hannah. Schwirrt bei all dem auch in meinem Kopf herum. Unaufhörliche Hannah. Aber Hannah ist fort und ich muss hier mal eben mein Leben ordnen.

Wie lange doch so ein Flug dauern kann, wenn man gerade im Begriff ist, einen Menschen zu verlassen und sein Leben neu zu sortieren! Die Zeit scheint stillzustehen, damit ich genügend Raum habe, über alles nachzudenken, bevor ich gleich aussteige und in eine andere Welt einsteige. Ich habe die letzten Tage damit hingebracht, über mein ganzes Leben nachzudenken.

Jahre flogen an mir vorüber in nur zwei Wochen. Dinge geschahen, weil ich es so wollte. Ich habe mir Fevos ausgewählt, weil ich es so wollte. Ich habe einige Tage damit zugebracht, eben diesen einen zu suchen. Nicht irgendeinen, dieser sollte es sein. Er ist erwachsen genug, zu wissen, was er tut. Er ist erwachsen genug, zu verstehen, dass es nur ein kurzer Sturm ist, der da über ihn hereinbricht. Keine Liebe, kein Leben. Nur eine kurze stürmische Tändelei. Er hat ein hübsches Lächeln, ein jungenhaftes Lächeln. Er ist groß, schlank, braungebrannt, sehr jung. Genau genommen weiß ich nicht einmal, wie alt er wirklich ist. Vielleicht Anfang zwanzig, vielleicht jünger, vielleicht älter. Es spielt aber auch keine Rolle. Ehebruch mit Ansage. Gezielt, geplant, ausgesucht, vollzogen. Es sollte so sein. Und nicht nur, weil es unmöglich war, auf dieser Insel eine Frau mit nach Hause zu nehmen. Also keine blinde Verzweiflung. Es sollte sein. Es war ein Schritt, der mich aus meiner Lethargie riss. Und er riss mich heftig.

Von all dem konnte Fevos nichts wissen. Wenn er mich so liebevoll anstrahlte und mir jugendlich unbeholfen sein ganzes Begehren zu Füßen warf, dessen er fähig war, empfand ich auf einmal so viel Wärme und Sympathie für ihn, dass ich ihm nur zu gerne erzählt hätte, was mich wirklich umtreibt. Er hätte solche wirren Geständnisse wohl kaum verstanden. Ich ließ es also. Er hatte die Funktion, eben da zu sein, mich für einige Tage spüren zu lassen, wie es ist, mit einem Mann zusammen zu sein, der eben nicht Freund, nicht Zuhause, nicht Vertrauter ist, wie René es nun einmal ist. Fevos, der mich spüren ließ, wie es ist, von einem fremden Mann begehrt und gewollt zu sein. Fevos, der mich spüren ließ, wie angenehm, aber unspektakulär sich eben dies anfühlt.

Die Entscheidung wuchs also in diesen Tagen Korfu. Alles Bisherige spielte mit hinein. Die Nächte mit Fevos, die mir zeigten, dass mit jedem anderen Mann die Liebe für mich nun einmal so ist, wie sie ist, nämlich zweckdienlich, aber bedeutungslos, nett, aber leidenschaftslos. Die langen Briefe mit Marla, der zunächst virtuellen, dann höchst lebendigen Geliebten, die sich eines Tages in meinem Bett wieder fand und mir zeigte, wie bodenlos tief ich mich fallen lassen kann. Hannah und ihre flüchtigen, aber explosiven Andeutungen. Hannah und ihre distanzierte, aber herzzerreißende Art. Hannah und ihre verführerischen, minutenlangen Blicke, in denen sie kein Wort sprach und mich allmählich gar kochte. Hannah und die Art, wie sie ihr T-Shirt auszog und mich damit still und heimlich tötete. Mich in ihren Bann zog und seitdem nicht wieder entließ. Meine schöne, verheiratete „Aussichtslose" und ihre hemmungslose Heiterkeit, mit der sie mich abtropfen lässt, mir aber beständig den Spiegel vorhält.

Eben alles Bisherige spielte mit in meine Entscheidung hinein, auch Lisa, meine „Einzige". Wie wir kurz vor dem Abitur meinten, durchbrennen zu müssen, um unsere Liebe nicht von Ignoranten und geistlosen Zombies zerstören zu lassen. Wo hätten wir denn hinbrennen wollen? Süß. Wie wir damals nächtelang auf meinem Bett lagen und uns gegenseitig Gedichte von Arthur Rimbaud vorlasen, den alle außer uns für einen syphilitischen Spinner hielten. Wie wir Doris Lessing und ihre apokalyptischen Visionen weitersponnen und uns für *irgendwie durchgeknallt* hielten. Waren wir auch.
Ich habe Lisas Wärme so genossen. Ich habe Lisa so vermisst. Ich habe mich nach ihr verzehrt, als sie weg war. Als sie für mich unerreichbar war. Schleichend und unmerklich entschwand Lisa mir, glitt mir förmlich aus den Händen. War eines Tages weg. Abwesend. Für mich unerreichbar. Wir hielten uns für unverwundbar, unsere Liebe für etwas Besonderes. Das war sie auch. *Erinnerst Du Dich noch, Lisa, an das alte Fabrikgelände, auf dem wir uns heimlich trafen? Erinnerst Du Dich noch an die wilden Rosen, die dort unbemerkt wuchsen und nur für uns blühten?* Da saßen wir, aneinandergelehnt, versunken, verliebt. Und lasen uns die absonderlichsten Gedichte und Bücher vor. Weltvergessen. Alles dies kommt mir heute wieder in Erinnerung.

> *„Aneinandergelehnt*
> *mit schwerem Gang*
> *gehen weltvergessen*

ein Gelächter den Männern, ein Ärgernis ihren Frauen, gesell-
schaftlich unerwünscht
Wagnis ohnegleichen
Meist scheitert es – hörte ich –
Aber über Nacht wuchsen Lilien auf dem angrenzenden Fab-
rikhof – weißt Du? –
Ausgesetzt tödlichen Gefahren
Ruß- und Rauchstößen
Fressenden Säuren, ihre Atemluft: Kohlenoxyde
Ihr Mut: zäh und zart!"

Wie lange so ein Flug dauern kann! Ich krame in meinen Erin-
nerungen die schönsten Dinge wieder hervor, die ich all die
Jahre zugeschüttet hatte. Arthur Rimbaud und sein *„Dormeur
Du val"*.
«C'est un trou de verdure où chante une rivière
Accrochant follement aux herbes des haillons…»
Vielleicht war Rimbaud ja auch tatsächlich ein syphilitischer
Spinner, aber seine krummen Texte gefielen uns nun einmal.
Ich schrieb meiner „Einzigen" eigene, wahrscheinlich grauen-
voll staksige Gedichte; spielte ihr unfertig, aber im vollen Be-
wusstsein, etwas Außerordentliches zu tun, eigene kleine Lie-
der auf dem Klavier.

„Wo hast Du so viel Schönheit hergenommen?
Weil Du so strahlst, erblasst es rings um Dich umher.
Weil Du der Himmel bist, gibt's dort keinen mehr!
Wo hast Du so viel Schönheit hergenommen?"

Aber eines Tages war sie fort. Für mich fort. Schlimme Tage.
Schlimme Briefe, die sie nicht erreichten.
*„Ich zittere vor Sehnsucht und breche auseinander. Mein Kopf löst
sich auf in einer alles umspülenden Tränenflut. Ersticke in der Trennung. Komm zurück. Alles riecht nach Dir. Alles schmeckt nach Dir.
In allen Menschen suche ich uns. Komm zurück. Bilder verwirren
mich. Bilder von diesen wundervollen Augenblicklichkeiten von Leben und Leidenschaft des vergangenen Jahres, unseres Jahres. Komm
zurück. In Tautropfen möchte ich an diesen Bildern hinunterfließen,*

alles ungeschehen machen und wäre mit Dir gemeinsam bei Dir und in uns. Komm zurück!"
Briefe, die sie nie erreicht haben, selbst wenn sie sie gelesen hat. Schon erstaunlich, wie erfolgreich ich diese ungestümen Empfindungen von damals weggeschoben habe. Und jetzt, in diesen Tagen auf der fremden Insel, in denen ich mein Leben sortiere, stolpern mir immer wieder und wieder eben diese Bilder, diese Empfindungen über den Weg. Erinnerungen an das frühe Pathos der ersten Liebe. An Lyrik. An Worte. An den frühen Zauber. An Bücher. An Musik. An Liebe. Aber auch an die faden Anfeindungen, denen wir uns damals bereits ausgesetzt sahen. Und in die Bilder dieser frühen Jahre mischt sich nun das lästige Höhnen und Spotten der Frauen und Männer, die uns beschimpften, als wir küssend die Häuserwand hinter der Kirche zum Einsturz brachten.

All dieser Anfeindungen von außen bin ich mir also sehr bewusst und entscheide mich an diesem Sonntagnachmittag im August, den Weg dennoch zu gehen. Es zumindest zu versuchen. Überhaupt erst einmal herauszufinden, ob ich mit Frauen leben will. Kreuz und quer laufen meine Gedanken an diesem Sonntag in wahrscheinlich 10.000 Metern Höhe durch mein ohnehin recht zerfurchtes Hirn. Gerade noch ertränke ich den Gedanken an Fevos, den ich offenbar sehr gekränkt habe. Aber bitte, auch er hatte in dieser Begegnung sein Vergnügen, also bitte kein schlechtes Gewissen, was ihn betrifft. Wir hatten Sex. Mehr nicht. Ich habe ihm nicht die Ehe versprochen. Und wieder lenkt mich diese high-heel-Stewardess ab, in deren anderes Leben ich zu gerne heimliche Blicke geworfen hätte wie in ein verschlossenes Fotoalbum. Wie ist sie, wenn sie alle Professionalität am Flughafengelände hinter sich wirft und mich dann noch einmal anlächelt? Ich werde also aus dem Flugzeug steigen, erhobenen Hauptes, und werde ungebremst meine Ehe an die Wand fahren.

◈ ◈ ◈

Mit der gleichen Sachlichkeit und Nüchternheit, mit der er achselzuckend meine Abreise nach Korfu hingenommen hat, nimmt René nun nach meiner Rückkehr den Ehebruch zur Kenntnis, den ich auf der Insel konsequent und verzweifelt begangen habe. Will er mich mit seinem Gleichmut strafen, als rührte ihn dies alles nicht? Als wäre es vollkommen normal, dass die Ehefrau den Ehemann des Sommers fröhlich lächelnd betrügt und mit ihm darüber spricht wie über ein gutes Essen, einen guten Film. Als könnte man sich darüber austauschen. Als wollte er sagen *„Und, Schatz, wie war er denn so?"* Da läuft die Provokation ins Leere, da löst sich die Sensation in Nichts auf. Als müsste ich ihm da schon mit stärkeren Geschossen kommen. Gut, denke ich beinahe enttäuscht (warum eigentlich enttäuscht? Weil ich doch noch so sehr an ihm hänge!), das kannst Du haben. Denn der Ehebruch, dieser ja in der Tat recht beiläufige Akt, war ja erst der Vorspann. Die eigentliche Katastrophe zieht bereits unmerklich herauf.

Das kann doch unmöglich alles sein, was René dazu zu sagen hat. Nur dieser kurze lapidare Satz? Nichts mehr? Nichts sonst? Auf schlimme Szenen und ohrenbetäubende Debatten, auf lange Nächte quälender Verletzungen, auf alles Mögliche war ich gefasst. Doch dann kommt nichts weiter als dieser eine karge Satz, den René mir mit einem festen Hieb in die Magengegend sticht.
„Du musst akzeptieren, dass es Leute gibt, die mit all dem nichts zu tun haben wollen, die mit *solchen* Menschen nichts zu tun haben wollen, die sich eben lieber mit Normalen umgeben."
Mehr nicht. Knapp, beißend, gestochen scharf und verletzend. Ich schlucke seinen verbalen Peitschenhieb hastig herunter, als könnte ich das Gesagte damit unausgesprochen machen. Knirschend brennt seine Stichwunde im Bauch, aber ich gestehe ihm in diesem Moment das Recht zu, mich zu verletzen. Ich habe René die gleichen Wunden zugefügt, also kann ich nichts mehr von ihm erwarten an Fairness. Soll er doch, denke ich erhobenen Hauptes, aber sinke zugleich tief hinab ins Nirgendwo zwischen Verlust, Verletzung und Angst vor dem, was kommt.

125

Nach langen Stunden Solitär am Klavier finde ich den Moment, auf den ich innerlich gewartet habe. Mein stundenlanges Verstecken am Klavier hat ihn bereits vorgewarnt. Solche langen Phasen Zweisamkeit mit den Tasten sind immer schon Vorboten von Stürmen und Unwettern gewesen. Das weiß René nur zu genau. Ich klappe nach den letzten dahingeworfenen Tönen den Deckel zu und blicke zu ihm hoch. Ich spüre, wenn sich jemand im Türrahmen hinter mir postiert hat, um zu lauschen. Ich spüre körperliche Anwesenheit, ohne zu sehen oder zu hören. Also drehe ich mich zu ihm um und er blickt mir gefasst in die Augen, als erwarte er die Nachricht über eine Naturkatastrophe. Irgendwo ist es das auch. Eine Naturkatastrophe, die da über uns hereinbricht.

Er weiß es, denke ich. Natürlich weiß er es. Aber er sagt nichts. Warum sollte er auch.

„René", sage ich ganz leise, als hätte ich so noch die letzte Chance eines Rückzuges. Ich spreche so langsam und lang gestreckt, als bestünde sein Name aus einem einzigen Windhauch. „René...eeeeehhhh". Nichts. Immer noch nichts.

„Ich muss mit Dir reden."

Schieße ich schnell hinterher, als rette mich die Geschwindigkeit vor Verfolgung. Schnell raus damit und Rückzug.

Jetzt hat er verstanden, ohne dass ich ein einziges weiteres Wort auch nur gedacht hätte. Seine aufrechte Körperhaltung verliert an Form, sein großer, stattlicher Körper rutscht innerhalb von Sekunden im Türrahmen wie Pudding in sich zusammen. Als hätte jemand die Luft aus ihm gelassen. Das eigentlich sonnengebräunte Gesicht verliert innerhalb von fünf Worten jegliche Farbschattierung, seine sonst so hellen, blauen Augen blicken grau und stumpf durch mich hindurch. Wäre der Türrahmen nicht, an den er seinen haltlosen Körper lehnen kann, würde er wohl vollends in sich zusammensinken. Der Erdboden tut sich auf und verschlingt René mit Haut und Haar. Er ist weg. Von ihm bleibt lediglich sein erdschwertrauriger Blick.

Er weiß es, denke ich mit schwerem Gefühl. Er weiß es und irgendetwas schnürt mir die Kehle zu.

Ich wusste, dass es schlimm wird, aber ich wusste nicht, dass es so schlimm wird. Ich kenne Trennungs-Szenen bislang nur aus dem Film. Und da sieht alles so leicht aus, zumindest für diejenigen, die gehen. Sie sprechen es aus, murmeln irgendetwas vermeintlich Tröstendes, drehen sich um und starten vergnügt, allenfalls noch ein wenig wehmütig, in ein aufregendes, neues Leben. Soweit jedenfalls der Film. Die Realität, meine Realität, nun aber hat mit dieser Seifenoper absolut gar nichts zu tun. Weder finde ich den Mut, es offen auszusprechen, noch halte ich Tröstendes parat, und am aller wenigsten empfinde ich Vergnügtheit bei dem Gedanken an ein neues, anderes Leben. Eher Unbehagen. Eher Angst.

René bemüht sich mit einem quälenden Blick um aufrechte Körperhaltung und nimmt mir den Wind, den ich überhaupt nicht hatte, aus den Segeln. Das ist sein Stolz. Er ist nicht der Erduldende, er ist der Handelnde. Dafür könnte ich ihn umarmen.

„Du willst Dich von mir trennen!"

Sagt er tonlos und blass. Ohne jede Regung der Stimme, ohne jede Anspannung. Stolz. Knapp. Bindungslos. Ohne Kommentar. Genauso gut hätte er sagen können „Du willst morgen lieber nicht nach Hamburg fahren?" So karg. So tonlos.

„Ja, René. Wir werden uns trennen."

Sein Blick verrät mir, dass er keine, nicht einmal die kleinste, weitere Erklärung hören will. Eine Handbewegung wischt mir jedes weitere Wort, das er für unnötig zu halten scheint, aus den Gedanken. Nichts weiter. Ohne ein Wort dreht René sich um und geht den Flur entlang Richtung Tür. Im Hinausgehen wirft er mir nur noch einmal diesen kargen Satz um die Ohren.

„Du musst akzeptieren, dass es Leute gibt, die mit all dem nichts zu tun haben wollen, die mit solchen Menschen nichts zu tun haben wollen, die sich eben lieber mit Normalen umgeben."

René. Wie soll ich Dir all dies erklären. Ich vermisse Dich schon heute.

Er ist längst gegangen, aber ich murmele ihm noch eine Weile die Erklärungen hinterher, die er ja doch nicht hören wollte. Aber es geht eben nicht. Es geht eben nicht so weiter. An meinen Magenwänden nagt wieder diese beißende Übelkeit. Mir ist übel vor Angst, gerade mein Leben in Trümmer gelegt zu haben. Trennungen sind schlimm, so liest man allenthalben. Aber niemand hat mir gesagt, wie schlimm sie wirklich sind. Niemand hat mich gewarnt. Hätte das etwas geändert an meinem Entschluss? Zumindest wäre ich vorbereitet gewesen auf dieses bittere Gefühl des Verlusts. Trennungen sind schlimm. René ist fort.

II. Teil

6.

Oktober

Wenn ich in ihren Armen zu Butter zerfließe...

Valerie. Val. Plötzlich ist sie da. Wie aus dem Nichts. Nur schemenhaft nehme ich zunächst Notiz von ihr, weil ich mit meinen strapazierten Gedanken weit genug weg bin, um ihre Blicke überhaupt zu bemerken. Gedanklich liege ich immer noch irgendwo zwischen den bedrohlichen Unsummen, die der Umzug in meine Wohnung nach der Trennung von René verschlingt, und den gerade erst abklingenden Brandreden in meinem familiären Umfeld. Das übliche Gemisch aus *„Das wirst Du vielleicht einmal bereuen"* und *„Hast Du Dir das auch gut überlegt"* und der Klassiker an Reaktionen in allen Familien *„Hoffentlich wird man Dir keine Steine in den Weg legen"*.
René ist fort. Und ich stehe seit einigen Wochen vor den kleinen Puzzle-Teilen meines Lebens, die ich nun wagemutig wieder zusammensetzen muss. Ich weiß noch gar nicht genau wie. Aber ich stehe staunend vor mir selbst und diesen kleinen Mosaiksteinen meines Lebens. René ist fort. Ich hätte ihn nur zu gerne gefragt, wie ich dieses Puzzle nun zusammensetzen soll. Als Freund hätte ich ihn gefragt und hätte dabei schon wieder den Fehler gemacht, ihn als bloßen Freund zu sehen. Aber René ist fort. Und ich verbringe die letzten Wochen damit, meine Puzzleteile zu sortieren, mein Leben zu sortieren. Die kleinen Katastrophen des Alltags, der Umzug, die Reaktion meiner Mitmenschen auf meinen Entschluss, die fragenden Gesichter, die blassblauen Mienen der Bestürzten, die irritierten Blicke derer, die nicht glauben wollen, was sie sehen. Die nicht glauben wollen, dass ich einen Mann verlasse, um fortan möglicherweise mit Frauen zu leben. Was für ein Wahnsinn. Manchmal wache ich morgens auf und frage mich, ob ich die letzten Monate wirklich erlebt habe oder ob alles nur ein schemenhafter Traum war.

„Ressourcenverschleuderung". Was für ein Wort! Was für ein gequältes Nichtwort. Bei diesem technischen Unwort denkt man zunächst an Abfallbewirtschaftung, an verantwortungslosen Umgang der Menschen mit nicht nachwachsenden Rohstoffen oder an Energieverschwendung. Weit gefehlt. Die lieben Kollegen, die in den letzten Wochen auffällig häufig diesen Terminus bemühen, bezeichnen allen Ernstes und mit der nötigen Portion Verachtung die lesbische Liebe als „Ressourcenverschleuderung". Die Frau als Ressource! Als Ressource des Mannes, die, wenn sie dem Mann nicht mehr verfügbar ist, als „verschleuderter Rohstoff" gilt. Das ist ja grauenvoll. Aber diese verbalen Späßchen fliegen mir im beruflichen Umfeld um die Ohren, seit sich über den Flurfunk, der schnellsten und effektivsten Form der Nachrichtenübermittlung in Behörden, herumgesprochen hat, welche absonderliche Wendung mein Leben genommen hat.

Und in eben dieser Phase der gedanklichen Unordnung grüble ich an diesem Nachmittag so vor mich hin. Die Gedanken irgendwo zwischen Unbehagen und Neugier, zwischen Angst und Tatendrang, zwischen Aufbruch und Enttäuschung. Ein eher desolates, indifferentes Bild des Jammers muss ich wohl abgeben, wie ich so zerknirscht dasitze und paralysiert in meinen Milchkaffee starre. Und dabei nehme ich Vals muntere Blicke nur schemenhaft wahr wie undeutliche Rufe aus einer fernen Welt. Als meinten ihre Blicke nicht mich. Denn ich bin ja eigentlich gar nicht da.

Val. Valerie. Was für ein bezaubernder Name. Val sitzt mir schräg gegenüber an dem kleinen Fenstertisch, der, solange ich das Café Nebulös kenne, eigentlich immer besetzt ist. Der hübsche Blick quer über den Platz entlang der sorgsam restaurierten Altstadtfassaden macht diesen Fenstertisch zu dem begehrtesten des ganzen Cafés. Ich habe diesen Platz erst ein einziges Mal ergattern können, als ich vor einigen Wochen bereits am Vormittag hierher geschlichen kam, um mich vor mir selbst, meiner herabstürzenden Wohnung und meiner einstürzenden Welt in Sicherheit zu bringen. Als mir die Decke auf den Kopf fiel. Als mir die vertrauten Dinge meiner Umgebung mit einem

130

Male bedrohlich erschienen. Da schlich ich mich morgens um zehn Uhr aus der Wohnung und landete, ohne lange über ein Wohin nachdenken zu müssen, im Café Nebulös an eben diesem lauschigen Fenstertisch, an dem jetzt Val ihren Tee und ihre Zeit zu genießen scheint.

Sie blickt auf so selbstverständliche Weise zu mir herüber. Fast vertraut. Kein Wunder eigentlich. Wahrscheinlich sitzen wir schon seit Stunden so einander gegenüber, ohne, dass ich von ihr Notiz genommen habe. Ich weiß es nicht mehr. Ich vergesse, wenn ich so in Gedanken abtauche, häufig die Zeit und die reale mich umgebende Welt. Ich muss ein Bild des Jammers abgegeben haben. Vals Blick hat beinahe etwas Mitleidiges.

Nach einer ganzen Weile, die ich mich so in mein gedankliches Wirrwarr verstrickt habe und wohl schlicht durch Val hindurchgeblickt habe, entdecke ich ihre Augen bewusst. Entdecke ihren Blick. Entdecke diese Frau am Fenstertisch, die gelegentlich zu mir herüber lächelt und meine Abwesenheit irgendwie amüsant zu finden scheint. Meine Lebensgeister und meine Aufmerksamkeit kehren allmählich zurück ins Café Nebulös. Während ich mich ins Jetzt und Hier zurück beame, sortiert Val ihre auf dem Fenstertisch verstreuten Habseligkeiten, quetscht eine Unzahl von Büchern und Zettelchen in ihre viel zu kleine Ledertasche und steht auf.

Es ist wie ein böser Zauber, der sich gleichsam als roter Faden durch mein schläfriges Leben zieht. Ich hänge gedankenverloren und grüblerisch in der Ecke, während vor meinen matten Augen das pralle Leben vorüberzieht, an mir entlang gleitet, zum Greifen nahe, aber im entscheidenden Moment für mich zu schnell. Oder ich schlicht zu langsam. Heute also bin ich wieder einmal zu langsam. Ehe ich bemerke, dass eine schöne Frau mich anlächelt, während ich mich gramgebeugt in meiner Phantasiewelt versenke, ist es auch bereits zu spät, um irgendwie zu reagieren. Zu spät. Wieder einmal zu spät für mich.

Ich wache aus meinen wirren Gedanken auf und die lächelnde Val steht auf und geht. Es ist zum Schreien. Das Leben steht auf und zieht lächelnd an mir vorüber. Verflixte Grüblerei. Verflixtes Wachkoma. Vals quietsch-rosafarbenes T-Shirt sticht mir nadeltief in die matten Augen. Als wollte die grelle Farbe mir hohnlächelnd entgegenschmettern, wie bunt und schrill das Leben sein kann, wenn man es nicht in grüblerischer Abwartehaltung vertrödelt.

Was für ein T-Shirt! Sehr süß liegt es eng an ihrem Körper, der funkelnde Gürtel hält die blassblaue Jeans lässig an ihrem schlanken Leib zusammen. Rosa und blau. Das Quietsch-Rosa verschwindet in einer kurzen Armbewegung unter einem schimmernden Lindgrün ihrer Jacke. Val, was für Farben! Aber Val steht auf und geht. Farbenfroh schimmert diese Frau in den Lichtstrahlen, die durch das Fenster ins Café Nebulös hineinfunkeln. Farbenfrohe Val.

„Wenn Du wieder aufwachst, melde Dich doch einmal. Ich wüsste zu gern, in welchen Sphären Du Dich bewegst hast. Val." –

Auf dem kleinen Zettel, den Val mir im Vorübergehen lächelnd auf den Tisch gelegt hat, steht neben diesen beiden Sätzen nur noch eine Telefonnummer und eine e-Mail Adresse. Valerie.Sennheim@web.de. Valerie. Wohlklingender Name. Val dreht sich am Treppenabsatz noch einmal zu mir um, bevor sie mit beinahe federndem Schritt scheinbar eilig die Treppenstufen hinunter springt. Draußen sehe ich sie nur noch eilig davon huschen, ihre Ledertasche mit der Unzahl von Büchern hängt schwer an ihrer lind-grünen Jacke. Sie ist hübsch. Wie sie so federnd die Treppe hinunterfegt und im Straßengewirr verschwindet.

„Wenn Du wieder aufwachst...", lese ich wieder und wieder, als hätte mir jemand einen Eimer kaltes Wasser über die Stirn gegossen. „Wenn Du wieder aufwachst...". So sehe ich also aus, wenn ich gedankenverloren irgendwo herumsitze. So ein Bild gebe ich meinen Mitmenschen also ab. Als schliefe ich. Als verschliefe ich mein Leben. Ja, ich sollte endlich aufwachen. Komm zurück, Val, setzt Dich zu mir und ich erzähle Dir von meinen Sphären, wenn sie Dich interessieren. Wieder und wieder lese ich Vals Zettel. Darum hat sie so gelächelt. Weil sie beobachtet hat, dass ich mit offenen Augen geschlafen habe. Dass ich vollständig abwesend in irgendwelchen Welten umherstrich. Val hat wohl beobachtet, wie ich gedankenverloren durch sie hindurch geblickt habe. Ich werde, wenn ich „aufgewacht" bin, Val anrufen oder ihr eine Mail schreiben, beschließe ich mutig, ohne die geringste Vorstellung davon zu haben, was ich ihr sagen soll. Von meinen Sphären. „Wenn Du wieder aufwachst", wiederhole ich und starre auf Vals Zettel. Sie hat Humor, denke ich. Jemanden zu beobachten, der nicht wirklich da ist und höflich zu warten, bis er wieder aufwacht. Das hat Stil. Und während ich so darüber nachdenke, bin ich wegen dieser kleinen Geste sofort für sie eingenommen. Ich werde sie anrufen, denke ich mit erneutem Anflug von Wagemutigkeit.

Sorgfältig verstaue ich Vals kleine Geste in meiner Jackentasche, trinke widerwillig meinen mittlerweile labberig kalten Tee aus und mache mich auf den Weg nach Hause. In mein neues zu Hause. In meine neue kleine Welt, in der die ungeordneten Puzzleteile meines Lebens wohl immer noch verstreut herumliegen. Natürlich liegen sie immer noch genau so ungeordnet herum, wie ich sie verlassen habe. Was habe ich denn erwartet? Dass ein Trupp sorgender Heinzelmännchen in der Zwischenzeit mein Leben sortiert hat, während ich im Café Nebulös von Val beobachtet wurde?
Zunächst muss ich einen kritischen Blick auf mein geplündertes Konto werfen. Ich muss zum hundertsten Mal versuchen, René zu erreichen, um mit ihm die Modalitäten der Wohnungsauflösung zu besprechen. Die Ansammlung langjähriger zweisamer Habseligkeiten zu entzweien, ist mit allerhand Schmerzen und Wehmut verbunden. René will das nicht. Ich will das auch nicht. Aber wir können die alte Wohnung ja nicht einfach in die Luft sprengen und so tun, als ginge uns das alles nichts an. René will nicht mehr mit mir sprechen. Will gar nichts klären. Nichts von Wohnungsauflösung hören, nichts von Scheidung, nichts von Versorgungsausgleich, nichts von Gütertrennung.
Eine Trennung ist eben nicht nur eine Trennung. Man geht eben nicht einfach eines schönen Tages auseinander und lässt die Dinge hinter sich. Nein, so einfach ist es eben nicht. Eine Trennung ist ein schmerzhafter, beißender Schlussstrich, der sich uns in die Magengrube brennt, als hätte jemand mit der Panzerfaust auf uns geschossen. Die Vertrautheit wird sehen-

den Auges auf dem Scheiterhaufen der Beziehung verbrannt, als handelte es sich um eine Hinrichtung. Es ist eine Hinrichtung. Die Beziehung wird unter das Fallbeil gelegt. Die Zweisamkeit wird in mörderischer Geste vom Korpus der vergangenen Jahre getrennt. Enthauptet. Überall liegt Blut, überall sterben zuckende Überreste des Vertrauten. Eine Ehe geht entzwei. Eine Freundschaft bricht dabei auseinander. Denn jede Ehe ist auch Freundschaft. Eine Trennung ist eine Hinrichtung. René will mit mir nicht einmal mehr sprechen. Und ich stehe vor den Überresten der hingerichteten Ehe und muss die Dinge sortieren wie einen Verwaltungsakt. Wie kompliziert diese Anträge, diese Formulare der Scheidungsmodalitäten sind. Wie schnell ist eine Ehe geschlossen, aber wie schrecklich kompliziert ist ihre Hinrichtung.

In meiner Wohnung liegt überall noch das Blut dieser Hinrichtung. Ich wate durch die Trümmer des Bombenangriffes, räume wie in Trance verzweifelt die staubigen Trümmer beiseite und spüre diese grauenvolle Leere in mir. Alles um mich herum liegt in Schutt und Asche, ein dumpfes Gefühl des Verlassenseins bemächtigt sich meiner konfusen Seele. Angstvolle Schauer zucken dann unvermittelt durch mich hindurch, wenn mir mit Schrecken klar wird, dass dies keine Naturkatastrophe oder ein kriegerischer Akt ist, sondern dass ich dieses Feuer selbst gelegt habe. Ich habe diesen Brand selbst gelegt, bin für die Scherben ganz allein verantwortlich. René ist fort, unseren Hund hat er mitgenommen, die alte Wohnung muss ich wohl alleine auflösen, mein Konto ist leer, meine neue Wohnung ist mir kalt und fremd, die Kartons riechen nach Hinrichtung. Und die Menschen um mich herum glauben, dass ich den Verstand verloren habe. Manchmal glaube ich es übrigens selbst auch. In solchen Augenblicken erlischt das Gefühl von Aufbruch und Neubeginn wie eine abgebrannte Kerze. Als hätte ein kühler Lufthauch, der durch das geöffnete Fenster hereinkam, das Licht gelöscht und mit ihm die Zuversicht. Die Hoffnung. Den Mut. Schlimme Leere. Die Trennung ist eine Hinrichtung und überall liegt noch das Blut, liegen die zuckenden Reste der geschlachteten, enthaupteten Ehe.

„Hallo Val. Ich wäre dann jetzt allmählich aufgewacht und, wenn Du magst, könnte ich Dir von den Sphären erzählen, in denen ich mich gestern im Café Nebulös herumgetrieben habe."

Mit betonter und gespielter Lässigkeit lasse ich die Worte in den Telefonhörer tropfen wie eine kostbare Flüssigkeit. Als könnte ich damit meine Aufregung verbergen. Ich hatte gar nicht erwartet, Val direkt am Telefon zu haben. Eigentlich hatte ich gehofft, mit ihrer mail-box zu plaudern. Das macht solche Situationen immer einfacher. Man kann dann so herrlich lässig tun, ohne die direkte Konfrontation befürchten zu müssen. Eigentlich war mein Sprüchlein also für ihre mail-box gedacht. Für einen kurzen Moment zögere ich und überlege, schnell wieder unerkannt aufzulegen, als sie sich meldet.

„Sennheim", höre ich sie mit diesem wunderbaren Anheben der Stimme bei der letzten Silbe. Man hört dieses Fragezeichen hinter der letzten Silbe.

„Hallo?"

Was für eine Stimme! Das Telefon ist doch die aufregendste Erfindung der Menschheit. Es ist diese Spannung, die sich zwischen Gehör und Hirn wie warmer Pudding ausbreitet. Wir hören eine Stimme und schlagartig bereitet unser Hirn uns dazu die vortrefflichsten Bilder. Wunderhübsche Imaginationen. Musik. Stimme ist Musik. Noch ein Nachfragen kann ich mir nicht leisten, ohne mich lächerlich zu machen, also antworte ich schnell und sage betont lässig mein Sprüchlein auf.

„So", sagt Val nach einer kurzen künstlerischen Pause, in der sie wohl überlegt hat, welcher Spinner das wohl nun wieder ist.

„Aufgewacht...". Wieder ein zaghaftes Zögern.

„Ja", höre ich mich zackig, beinahe innerlich die Hacken zusammenschlagend antworten. Mit einem knappen, geschlossenen „a".

„So, so. Du bist also wieder im Jetzt und Hier angelangt", sagt Val und unüberhörbar flackert ihr unterdrücktes Lachen durch das Telefon. Sehr süß, denke ich, ihre kleinen Untertöne.

„Ich habe Dich lange beobachten können gestern." Setzt sie in einem beinahe vertrauten Plauderton fort, als hätte sie auf meinen Anruf bereits gewartet. „Wo immer Du warst, es sah sehr weit weg aus. Ich hätte Dich gerne angesprochen. Aber das erschien mir angesichts Deiner tiefen Gedankenversunkenheit irgendwie grob unhöflich."

Eine aufmerksame Frau. Das hat Stil, denke ich und antworte nur knapp „wie respektvoll."

„Aber gerne doch", spielt sie den Ball scherzend zurück. „Wenn Du also noch eine Weile in der Gegenwart verweilen möchtest, so könnten wir doch irgendwo ungezwungen zusammen etwas trinken und Du erzählst mir, wenn Du magst, wohin Du gestern so tief abgetaucht warst. Was hältst Du davon?"

„Ausgezeichnet", antworte ich schnell, als befürchte ich, sie könnte ein Zögern als Ablehnung verstehen. „Sagen wir morgen Nachmittag, gegen fünf im Nebulös?"

Perfekt. Passt. Ich gehe dann bis morgen auch nicht mehr ans Telefon, damit Du nicht mehr absagen kannst. Keine Chance also. Freue mich auf morgen." Val. Was für eine Art, zu telefonieren!

Tage können schrecklich lang sein, wenn man aufregende Dinge vorhat. Die Stunden im Büro hängen schwer wie nasse Bettlaken an der Wäscheleine hinab. Lange, ungeduldige Bürostunden. Sinnlos hin und her gewälzte Akten, vollkommen überflüssige Telefonate, die heute an meinem Ohr vorüberhuschen wie fremde Wesen. Die Kollegen wie Aliens aus einer anderen Welt. Wie nutzlos ich heute die Stunden hinbringe. Ich treffe heute Abend Val. Was soll ich da noch in meinem Büro? Die Garderobenfrage, die normalerweise die Aufregung eines Rendezvous umschattet, beantwortet mein dienstliches grau in grau ganz von allein. Das macht es einfacher, denke ich. Das spart Zeit und Nerven.

Ich sitze mit noch nicht ganz abgelegter Dienstmiene am Tisch im Nebulös und blättere sinnlos in der Getränkekarte, die ich eigentlich bereits auswendig kenne. Unschlüssig fächere ich die Karte hin und her, als könnte dies die Aufregung verscheuchen, als Val plötzlich strahlend vor mir steht.

„Ist Dir zu warm oder verscheuchst Du Fliegen mit Deinem schmucklosen Fächer?", fragt Val keck und gibt mir zur Begrüßung artig und mit ausgesuchter Höflichkeit die Hand. Für einen Augenblick ganz geblendet von solcher Akkuratesse, stehe ich kurz auf und begrüße sie aufrecht, als befürchte ich, sie könnte ein Sitzen bleiben zu lässig finden. Sie sieht irgendwie anders aus heute. Sehr hübsch. Das nussbraune Haar ist irgendwie verwegener frisiert. Die Kleidung nicht mehr so bunt, insgesamt gediegener, irgendwie offizieller, eleganter. Val zieht ihre Hand nach der Begrüßung viel zu langsam zurück. Viel zu langsam für einfach nur eine Begrüßung. Viel zu langsam für mich. Zu langsam auch für sie. Es ist bereits mehr als das zu langsame Zurückziehen einer hübschen Hand, denke ich überrascht. Sie setzt sich lächelnd mir gegenüber. Mein Blick hängt noch eine Weile auf ihren hübschen, geradlinigen Händen. Blickfänge sind ihre großen silbernen Ringe an den Mittelfingern. Eigenwillig. Elegant. Val bestellt uns, ohne dass sie auch nur ansatzweise gefragt hätte, zwei Cappuccino und benimmt sich auf so erstaunliche Weise selbstverständlich, als säßen wir hier jeden Dienstagnachmittag zusammen.

Val. Ich weiß nicht, wie lange wir so da sitzen und plaudern. Es mögen Stunden sein. Es können Tage sein. Ein Schlagabtausch der besonderen Art. Ein aufregendes Treffen. Als Val nach langen Stunden ihren Blazer auszieht und ihre Ärmel etwas zurückkrempelt, während sie mir die Geschichte von ihrem letzten Umzug weitererzählt, sehe ich nur noch ihre bequem gekreuzten Unterarme und die gestikulierenden, silberberingten Hände. Ich kann unmöglich meine Hand ausstrecken und sie berühren, wenn ich es auch noch so sehr möchte in diesem Augenblick. Was, zum Teufel, ist hier los? Sie würde aufstehen und mir empört Lebewohl zuschmettern, wenn ich es täte. Oder sie würde wortlos gehen und mich für leicht überspannt halten. Ich kann sie nicht einfach berühren. Das macht man nicht. Man quält sich stattdessen still und leise mit seinen Sehnsüchten. Oder man genießt still und leise seine Sehnsüchte. Irgendwo zwischen Qual und Genuss liegt also an diesem Abend mein Gemüt, als Val sich plaudernd die Ärmel hochkrempelt und nicht die geringste Ahnung von meinen kühnen Sehnsüchten hat.

Spät, sehr spät verlassen wir scherzend das Café Nebulös und ich begleite Val zu ihrem Wagen, den sie zwei Seitenstraßen weiter abgestellt hat.

„Komm mit, ich fahr Dich dann zu Deinem Wagen", schlägt sie vor und merkt wahrscheinlich gar nicht, dass es weder Weg- noch Zeitersparnis ist. Denn mein Wagen parkt in der entgegengesetzten Richtung. Ich steige ein und an meinem Wagen wieder aus. Zwei Menschen machen komische Umwege. Um noch einige Minuten länger miteinander zu vertändeln oder aus Verlegenheit? Wer weiß. Schon nächste Woche werden wir uns wieder sehen.

„Ich weiß nicht, wovon ich mich betrunkener fühle, vom Gin Tonic oder von Deinen blauen Augen. Nicht eben sehr originell. Aber furchtbar Ernst gemeint. Bis bald. Val."

Auf ihre sms an diesem Abend kann ich vor lauter Verlegenheit gar nicht reagieren.

Val lebt mit einer Frau zusammen, mit der sie eben nicht wirklich zusammenlebt. In getrennten Wohnungen. Eine Beziehung, die mir fremd erscheint, die auf Distanz und Eigenständigkeit baut. Wahrscheinlich aber hat Val Recht und diese Form der Beziehung ist die einzig richtige. Der Anderen die Freiräume zu geben, die sie braucht und dennoch zweisam sein. Vielleicht ist das ein vernünftiger Weg der Zweisamkeit. Eigenständigkeit statt leiernder Symbiose. Individualität statt Verschmelzen in einem allumfassenden Zweisambrei. Aber Val scheint etwas zu vermissen in dieser sehr weitgesteckten Form der Zweisamkeit. Was auch immer.

Als wir uns am Abend unseres zweiten Treffens in die Augen schauen und sie mir keck über den Tisch hinwegflüstert „Verlass Dich drauf, ich fahr hier heute Abend nicht weg, ohne Dich geküsst zu haben", sieht sie meinen verwunderten Blick, der eben genau diese Frage beinhaltet.

„Wir sind doch erwachsen genug, um zu wissen, dass jeder so seine eigenen Gründe hat, das eine zu tun oder das andere zu lassen."

Wie Recht sie hat. Als wir das Restaurant verlassen und den schummerigen Treppenaufgang zur Straße hoch schleichen, dreht sie sich zu mir um und lächelt mich von der Stufe darüber fordernd an. Das fahle Licht der funzeligen Straßenlaterne schimmert nur schwach in diesen kleinen Treppenaufgang. Wir stehen im Halbdunkel des Kellergewölbes, erwartungsvoll zögernd, als warteten wir auf etwas Langersehntes wie die Kinder vor dem Weihnachtsbaum. Ich weiß nicht, ob es Minuten oder Stunden sind, die so zwischen dieser ungeheuren Spannung verstreichen.

Vals bodenloser Kuss schmeckt nach Verheißung, nach Trost und Untergang. Vals Kuss schmeckt nach Heimat, nach Sicherheit. Am Ende eines langen Weges angekommen zu sein. Ihre Umarmung löst Ketten und sprengt die Unordnung der vergangenen Wochen in die Luft. Vals Kuss brennt auf meinen Lippen, dass ich mir die Kleider vom Leib hätte reißen mögen vor aufflackernder Hitze. Der Kuss gibt nur im ersten winzigen Augenblick den Anschein der Zurückhaltung. Kaum dass unsere Lippen vollends zueinander finden, schlägt ungefragt der Boden unter uns weg und die Münder öffnen sich verwegen. Keine keusche Zurückhaltung mehr, kein vornehmes Heranpirschen. Leidenschaft im Treppenaufgang. In Sekundenschnelle dreht der Wind und schlägt uns Flammen ins Gesicht. Ich kann mir diese physischen Mechanismen nicht erklären. Menschen finden einander und verbrennen aneinander oder sie verbrennen eben nicht. Wäre es eine beliebige andere Frau gewesen, wehte wohl nicht einmal ein laues Lüftchen. Aber hier. Zwischen Val und mir fliegen die Funken. Was ist das für eine chemische Reaktion? Wie im Reagenzglas reiben chemische Substanzen aneinander und es flammt Leidenschaft. Wahrscheinlich verteilt eine geheime, verborgene Kraft der Natur bei der Entstehung der Menschen einen Schlüssel an potentiellen Reaktionsmustern. Person A könnte mit Person Z explodieren, nicht aber mit Person Y. Person B reagiert mit Person A, nicht aber mit Person X. Chemische Verbindungen, die solche Leidenschaft verursachen, die bereits festgelegt zu sein scheint von Anfang an. Wie ein Schnittmuster.

In Vals Blick sehe ich eine ungeheure Verwunderung über diesen Kuss in dem Augenblick, als unsere Lippen sich voneinander lösen müssen, weil die Restauranttür aufschlägt und uns Stimmengewirr entgegen raunt. Ein abruptes Ende eines Unwetters, das doch nur aus einem Kuss bestand. Ich glaube in Vals Blick mehr als nur Überraschung zu lesen. Es ist mehr als nur Verwunderung über diese kurze Explosion. Nach diesem Gewitter können wir unmöglich einfach nur auseinander gehen und zur Tagesordnung übergehen. Zaudernd wie Teenager stehen wir auf der Straße vor dem Restaurant.

„Ich bringe Dich noch zu Deinem Wagen", sagt Val mit einem waghalsigen Grinsen und unterbricht damit die wie Tau zwischen uns klebende Verlegenheit. Es sollte eigentlich nur noch eine kurze Verabschiedung sein, aber es wurde ein flutendes Meer aus immer schlimmeren Küssen und Berührungen. Der sanfte Druck ihrer Hände auf meinen Rippen! Nicht mehr. Nicht weiter. Niemals über den point of no return hinaus. Nicht über die Zonen des Berührbaren hinaus. Nur am Rippenbogen, nur am Bauch. Aber von dort zieht ihre Berührung so weltenweite Kreise durch meinen gefluteten Körper hindurch, dass es mehr ist als nur der sanfte Druck ihrer Hände auf meinem Rippenbogen. Die Art, wie Val ihre Hand fest und bestimmt, klar definiert und mit forderndem Druck auf meinen Körper presst, lässt mich erschauern und die Bodenhaftung verlieren. Die Küsse werden ungestümer. Der Druck ihrer Hände wird kühner. Wie eine unsichtbar gezogene Grenze verlieren ihre Hände aber nicht den Weg des eben noch Gehbaren. Nur ein kurzer Strich ihres Daumens an meiner Brust entlang. Nicht mehr. Es ist nur die Ahnung dessen, was noch kommen mag, was eines Tages kommen könnte, das uns so aufwühlt. Alles, was an diesem Abend über diesen Kuss hinausgegangen wäre, hätte mich in tausend Stücke gerissen. Val scheint von all dem noch überraschter als ich. Wir trennen uns an diesem Abend. Sie steigt aus meinem Wagen, beugt sich nur noch einmal zu mir hinab und blickt mich so fragend an, als verstünde sie die Welt nicht mehr. Als ich den Motor anlasse und langsam losfahre, habe ich das Gefühl, als wäre ich bei Tempo 120 aus dem fahrenden Zug gesprungen. Val, was war das?

Die Tage nach unserem Unwetter im Auto sind etwas nebelig noch, etwas unwirklich. Was genau geschieht hier eigentlich? Ich hätte noch am nächsten Morgen zu ihr fahren mögen und die Dinge vorantreiben mögen. Aber ich tue eben genau das nicht. Ich genieße lieber noch ein wenig diese definitionslose Ungewissheit, das Wagnis, das darin steckt, nicht zu wissen, was geschehen wird. Was ist eigentlich geschehen? Val und ich haben beide einen wuchtigen Aufschlag gehört. Hat Val das auch gehört, frage ich mich. War es vielleicht nur mein Hirn, neben dem der Meteorit einschlug? Wenn ich aber die Augen schließe, um die ganze Szene im Auto von Anfang bis Ende noch einmal nachzuleben, haftet einzig Vals überraschter Blick in meinem Gemüt. Ihr fragender Blick war mehr als nur Verwunderung darüber, dass wir nach nur zwei flüchtigen Treffen alle Vorsicht und Zurückhaltung fahren ließen. Da war so viel mehr in ihrem Blick. Es war ein so wunderbarer Blick. Ihr Augenaufschlag war Nähe, war Ruhe und Aufregung zugleich.

Von: M
An: Valerie
Betreff: Freitagsphantasien, die ich Dir am Telefon doch nicht erzählen kann...
Meine süße Val. Du musst das verstehen. In dieser „frühen Phase eines Verhältnisses" (haben wir denn ein Verhältnis?) kann ich Dir unmöglich von solchen Dingen reden. Habe Angst, Val, dass alles, was über diesen Kuss hinausgeht, über diese so intensive Berührung im Auto hinausgeht, mich in tausend Stücke reißt. Der Druck Deiner Hände, Val! Aber Du fragst nach Erregung!? (Mit Dir über Erregung zu sprechen!?) Ich konnte Dir unmöglich antworten, kann es nur in dieser Mail versuchen. Das macht es leichter, weil ich Dir dabei nicht in Deine fordernden Augen sehen muss. Weil Du mich dabei nicht so fragend anschauen kannst. Weil ich Deinen sinnlichen Blick auf meinem Körper dabei nicht ertragen könnte, ohne zu verbrennen. Meine Erregung? Du fragst mich nach Erregung? Gestern, süße Val, lag ich nur so da und ließ die letzten Strahlen Oktobersonne auf meinen müden Leib krachen. Das war recht hübsch, das Sonnenbad meine ich.

Dazu muss ich Dir ein kleines, schäbiges Geheimnis verraten, obwohl es sich nicht schickt in dieser Phase unseres Verhältnisses. Die Sonne, musst Du wissen, hat auf mich und meinen sündigen Leib eine fatale Wirkung. Von jeher schon. Ich kann nichts dagegen tun, wirklich. Manchmal ist das ungünstig, wenn Du verstehst, was ich meine. Man kann doch nicht, ich meine, nicht direkt und immer, nur weil gerade die Sonne scheint! Fatal jedenfalls bisweilen. Am ärgsten trifft es mich, wenn ich im Sommer an einem meiner Lieblingsstrände an der Steilküste der Ostsee nur so daliege und ein Sonnenbad nehme, dem rauschenden Wogen des Meeres lausche, Salz und Sonne auf der Haut, diese fiese Helligkeit im Gemüt. Dann stellt sich, ob ich das nun will oder nicht, dieses unabänderliche süßliche Kribbeln ein. Am ärgsten regelmäßig dann, wenn ich bar jeder textilen Last den Wind über mich huschen lasse. Beginnend am Oberkörper, wenn die kühle Luft über ... zischt und unabänderlich weiter nach unten zieht in Richtung..., mich dann dort, wo ..., mit strahlenartigen Stromstößen ..., sinnlich einfach. Verstehst Du, was ich meine? Und erwarte nicht, meine Schöne, dass ich in dieser „frühen Phase unseres Verhältnisses" (haben wir denn ein Verhältnis?) konkreter werde! Auf dem jetzigen Level kann ich nicht anders als mit Auslassungszeichen zu arbeiten. Es wird Dir nicht schwer fallen, den sündigen Rest des Geschreibsels hinzuzufügen. Denke ungestüm an Dich. Sei arglos, nein, nicht mehr ganz so arglos umarmt. M.

Val steht oben am Treppenabsatz vor ihrer Wohnungstür und strahlt eine so entspannte Ruhe aus, als wäre ich schon hundertmal bei ihr zu Besuch gewesen und der heutige Vormittag ein vertrautes Ritual. Wenn man sie da oben so stehen sieht, so lässig an den Türpfosten gelehnt und lächelnd den ganzen Hausflur ausleuchtend, glaubt man kaum, dass es mein erster Besuch in ihrer Wohnung ist. Wie sie so dasteht...

Da ist er wieder, dieser Augenblick, denke ich, an dem das Leben nur für mich eine kleine Weile stehen bleiben sollte. Wie beim Stipp-Stopp-Essen der Kindergeburtstage. Nur für eine kleine Weile sollte die Welt innehalten, sich nicht weiter drehen, gleichsam einen Moment verschwinden wie mit einer

Pause-Taste beim Video-Recorder. Denn ich bräuchte jetzt einen Augenblick ohne diese Welt. Einen Augenblick, der nur für mich existiert, derweil sich das Leben ohne mich aber nicht etwa weiterdreht, sondern ich das Leben von außen betrachten kann. Ich rufe „Stopp" und alle halten inne in eben der Position, in der sie waren. Niemand rührt sich vom Fleck. Ich rufe „Stipp" und alle machen genau da weiter, wo sie aufgehört haben, als wäre nichts geschehen.

Ich rufe also „Stopp", damit Val genau in dieser wunderhübschen Position innehält. Lässig mit einem angewinkelten Bein am Türrahmen lehnend und weltenweit zu mir nieder lächelnd. Die Zeit und die Welt machten dann eben so lange Pause, bis ich so weit bin und wieder „Stipp" rufe. Aber es funktioniert nicht! Da kann ich so lange Stopp oder Stipp rufen wie ich will. Es funktioniert eben einzig in meiner Phantasie. Ich hätte so gerne für einen Moment diese Auszeit in Vals Treppenhaus, um mir über die Dinge klar zu werden. Was geschieht hier? Ich kann

ja schlecht zu Val sagen „Warte bitte einen Augenblick, Val. Rühr Dich nicht vom Fleck, ich muss eine Weile nachdenken über das alles hier". Sie würde mich für bescheuert halten, denke ich.

Ich steuere also die Treppen langsam hoch und versuche mir Stufe für Stufe vor Augen zu führen, was hier geschieht. Vor einiger Zeit noch lag ich zaudernd am wogenden Ionischen Meer und haderte mit meinem Schicksal und der Frage, welcher Weg der meine ist. Vor kurzem noch litt ich heimliche Qualen nur bei dem Gedanken an die Liebe einer Frau. Es ist nicht lange her, da hätte mich mein Sehnen und Schmachten nach einer Frau beinahe um den nebeligen Verstand gebracht. Es ist nicht lange her, dass ich glaubte, etwas ungeheuerlich Unanständiges und Verwerfliches zu tun, als ich mich in Marlas Arme warf. Und heute? Heute schleiche ich festen Schrittes die Stufen zu Vals Wohnung hinauf, als wäre dies eine meiner leichtesten Übungen. Als wäre alles schon so leicht. Als liege die schmerz- und blutverschmierte Trennung von René schon Jahre zurück. Als lebte ich bereits ein vollständig anderes Leben. Aber seit Vals Küssen und Berührungen in meinem Auto ist eben alles anders. Auf eine sonderbare Weise ist heute alles anders.

Von all dem weiß Val ja nichts. Sie sieht nur meine zögerlichen Schritte, die bei jedem Zentimeter Vorwärtsbewegung bleischwere Gedanken wie an Ketten hinter sich her ziehen. Sie beobachtet meine Schritte so genau, als warte sie jeden Moment auf das harte, rasselnde Aufschlagen der Ketten.

„Komm nur hoch, meine Liebe, ich beiße nicht", ermuntert Val lachend meinen zögerlichen Gang, als begreife sie mit einem Male, warum mir die Stufen so unendlich schwer werden.

„Na, jedenfalls nicht, wenn Du es nicht willst..."

Ergänzt sie keck, als wollte sie damit mehr Leichtigkeit in meinen Gang legen. Nein, Val versteht natürlich nicht wirklich, warum ich zögere. Wie sollte sie auch? Sie versteht nur, dass ich Ketten hinter mir her zerre, die laut klirrend auf dem Treppenstein aufschlagen. Aber ich genieße ihr wortloses Verstehen bereits jetzt, in diesem unscheinbaren, bedeutungslosen Treppenhaus. Ich blicke zu ihr hoch, während meine Füße sich klaglos Stufe für Stufe nach oben arbeiten. Es trennen mich keine zehn Stufen mehr von dem, was ich seit langem vermisst habe, aber dennoch ist dieser Weg schwerer als alles Bisherige. Warum eigentlich? Vor mir liegen nur noch neun Stufen, jetzt acht, fast sieben. Hinter mir jedoch liegt ein Meer aus zertrümmerten Treppen der vergangenen Jahre, in denen ich immer irgendwelche Stufen auf- und wieder abgeschritten bin, ohne eigentlich zu wissen, wohin die Treppe mich führt. Oder ob es überhaupt meine Treppe ist. Noch vier Stufen. Noch drei.

„Ist es eine kontemplative Übung in Körperbeherrschung oder spielst Du ‚Wer braucht am längsten für 20 Stufen?' Oder solltest Du gar doch Angst vor meinen Bissen haben?"

Bisse? Bisse von Val?! Ihr leises, fast glucksendes Lachen ist einfach hinreißend. Bisse von Val!? Beim Lachen verwandeln sich Vals funkelnde Augen in kleine, kostbare Smaragde. Wie mögen sich Vals Bisse wohl anfühlen? Wie bodenlos lang die letzten Stufen sein können, wenn ich dabei die Ahnung solcher Bisse mit mir herumtrage! Wie schmecken wohl Vals Bisse? Sind sie noch süßer als ihre Küsse? Beißende Küsse? Vals Smaragdaugen blinzeln nur noch zwei Stufen zu mir herunter. Sehr süß, diese Frau, denke ich und erreiche die letzte Stufe. Nach so langer Zeit die letzte Stufe. Nur noch eine Stufe. Val hüllt mich mit ihrem warmen Blick vollständig ein und fängt meine Gedanken an mögliche Bisse lächelnd auf wie weiche Tautropfen. Als könnte sie eben diese bizarren Gedanken der letzten Stufen in meinen Augen lesen. Val zieht mich zu sich heran und ich spüre nur noch ihre Wärme. Benommen. Glücklich. Verwundert. Warum nur habe ich bei Val das Gefühl, nach Hause gekommen zu sein?

Ich bewege mich in Vals hübscher Dachgeschosswohnung, als gehörte ich da hinein. Warum ist mir ihre Nähe, ihre Umgebung so vertraut? Verblüffte Fragen zwischen den Gesprächsbällen, die wir einander zuwerfen. Val bringt mit unerhörter Eleganz zwei dampfende Becher Kaffee aus der angrenzenden Küche und bleibt mit mildem Lächeln im Türrahmen stehen. Als wollte sie es sich für längere Zeit dort gemütlich machen, legt sie einen Fuß am unteren Treppenabsatz der nach oben führenden Wendeltreppe ab. Die Schulter leicht an die Wand gelehnt, steht sie da wie ein Gemälde. Selbst mit zwei Bechern Kaffee in der Hand strahlt sie eine so ummäntelnde Ruhe aus, dass man sich ihr komplett ergeben möchte. Und genau das ist es, was mir in diesem Augenblick in den Sinn kommt. Sich ihr komplett zu ergeben. Was für ein warmes, sicheres Gefühl mag das sein, sich Val komplett zu ergeben, denke ich, während sie so dasteht und den Kaffee einfach erkalten lässt. Als hätte sie schon vergessen, weshalb sie in die Küche gegangen war.
„Mein Gott, wie süß das ist. ... Du ... wie süß Du bist ... da in meinem Sofa!"
Vals Ton hat mit einem Male so etwas Ernstes, ihr Blick trägt so etwas Schimmerndes. Es ein so unerwartet intimer Moment, der mir da entgegenschlägt. Warum habe ich nur bei Val das unglaubliche Gefühl, nach Hause gekommen zu sein?
Der Tag gleitet wie ein Segelflugzeug an uns vorüber. Die Gespräche mit Val sind lang, sind tief, sind abgründig. Meine zögerlichen Blicke quer durch ihre hübsche Wohnung begleitet sie wortlos. Einzig meinen irritierten Blick, der auf den Fotographien ihrer Freundin wie Spinnenfäden haften bleibt, be-

145

antwortet Val mit einem flüchtigen Kopfschütteln. Ohne ein Wort, ohne auch nur einen einzigen Kommentar.

Es ist wieder einmal nur der winzige Augenblick des Flammenwerfers, der uns in diese prekäre Position katapultiert hat. Mein Gesicht ist so unerhört dicht an ihrem. Bei dem gemeinsamen Blick auf den Buchrücken irgendeines Buches, über das wir gerade sprechen und das Val mit gezieltem Griff aus ihrem Regal schnappt. Fast in einer einzigen fließenden Bewegung steht sie auf, streckt ihren Körper nach oben und zieht, scheinbar ohne zu suchen, das Buch aus dem Regal und gleitet in derselben Bewegung in das terrakottafarbene Sofa zurück. Zu mir zurück. Zu unserem Gespräch zurück.

Der gemeinsame Blick auf das Buch, die Gesichter so dicht aneinander. Die Flammen schlagen auf und ersticken unser Zögern in der gleißenden Wucht des Flammenwerfers. Dann geht alles so schnell. Vals Lippen. Sie liegt über mir. Ihre Beine berühren brennend die meinen. Ihre Hüfte presst sich mit Nachdruck an meine. Es brennt so schlimm. Im Dunkeln. Es brennt aus mir heraus. Brennt Val entgegen. Die Hitze, die aus meinem Körper drängt, müsste sie ersticken. Die Erregung, die sich beständig auflädt! Ihren Körper so dicht auf mir zu spüren, vollständig bekleidet, aber jede Faser ihrer Haut an mir zu spüren. Lediglich ihre Hand, die sich sehr, sehr langsam unter meinem T-Shirt vortastet. Immer mit festem Blick in meine verbrannten Augen. Um jedes Anzeichen von Gegenwehr rechtzeitig lesen zu können, so scheint es fast. Aber es gibt keine Gegenwehr! Nicht die geringste Abwehrhaltung. Ganz im Gegenteil! Vielmehr ist es so, als drängte ich mich ihr immer weiter entgegen. Als öffnete sich alles in mir ihrem forschen Weg. Aber sie ist so sicher in der Bewegung, so vertraut im Weg. Der Druck ihrer Hände so aufpeitschend.

Val spürt mein Drängen und lässt ihre Hand allmählich still auf meinem Rippenbogen liegen. Leicht über mich gebeugt, liegt Val ausgestreckt neben mir auf ihrem terrakottafarbenen Designersofa und flüstert „Du glaubst doch wohl nicht, dass ich meine Hand auch nur einen einzigen Millimeter weiter bewege?!"

146

Keine Vorwärtsbewegung mehr. Nur dieser verstandraubend feste Druck. Als fließe durch diesen Druck ihrer Hand Vals ganze Energie in meinen Körper. Die Erregung sprengt mir das Hirn weg und mit ihm den Verstand.

„Du glaubst doch wohl nicht, dass ich meine Hand auch nur einen einzigen Millimeter weiter bewege?!"

Vals Frage, die mir wie eine Notbremsung im ICE bei voller Fahrt vorkommt, ist mehr als das bloße Haltesignal. In ihrer Stimme schwingt trotz des Nothalts eine so wunderbare Ankündigung mit. Vielleicht ist es gerade diese unausgesprochene Ankündigung. Diese zwischen uns hin und her schwappende Ahnung dessen, was noch kommen mag. Vals Hand verharrt mit festem Druck auf meinem Bauch, ihre Finger tanzen vorsichtig um meinen Bauchnabel herum. Es ist diese unerhörte Spannung, die sich da zwischen uns aufbaut. Ein fieses Drängen der Anderen entgegen.

„Weißt Du, was das schönste in der Erregung ist?"

Val flüstert so leise, dass ich es kaum verstehen kann. Ich lese die Worte fast von ihren Lippen ab.

„Oh,... Ich glaube schon. Ich meine, ich ahne es. Irgendwie. Sag Du es mir."

Mitten in mein zögerliches Gestammel fällt Vals Blick. Ihr Blick trifft mich tiefer als ich erwartet habe.

„Es ist das Warten, das Zögern, das Hinauszögern. Verstehst Du?"

Nein. Ich verstehe gar nichts. Ich bin außer Stande, irgendetwas zu verstehen. Ich ahne nur noch. Ich habe eine ungefähre Vorstellung davon, was Val mit Warten und Herauszögern meint. Eine Ahnung dessen, was noch kommen mag.

„Wer wird sich denn gleich und sofort preisgeben, hmm?", fragt Val mit einem hinreißend schelmischen Unterton, für den ich sie küssen könnte.

- Ich. Val. Ich würde mich gleich und sofort preisgeben, hingeben, wegwerfen, ergeben, öffnen, bloßlegen. Alles. Was auch immer. Ich. Val. Ich würde mich gleich und sofort gehen lassen. Würde noch jetzt und hier mit Dir schlafen. Auf Deinem terrakottafarbenen Designersofa. Oder unter dem Sofa, wenn Du willst. Oder sonst wo. Dich jetzt und hier alles Ungesagte sagen lassen. Dich gleich und sofort nach allem Unerforschten forschen lassen. Was immer Du willst. Denke ich und sage nichts davon. Schweigend blicke ich zu Val und weiß, dass sie Recht hat. Dass das Schönste an der Erregung das Hinauszögern ist. ...

„Du glaubst doch wohl nicht, meine Süße, dass ich jetzt hier weitermache?!" –

Nein, Val, ich glaube es nicht. Aber ich wünsche es mir so sehr.

Val schleppt mich am Nachmittag in eine Ausstellung mit den sonderbarsten Darstellungen skurriler geometrischer Formen. Ich genieße ihre begeisterungsfähige Art und bemühe mich, ihre Faszination für diese schräge Kunst zu begreifen. Aber stattdessen sehe ich wieder und wieder nur das Funkeln in ihren Augen und genieße diese Ahnung. Diese fiese, hellgrelle Ahnung. Eine Ahnung von Zweisamkeit. Eine Ahnung von Übereinstimmung. Eine Ahnung von Augenhöhe. Eine Ahnung von Leidenschaft. Im Museumsshop, durch den wir stundenlang stöbern, streift Val im Vorübergehen kurz meine Hand und ich bleibe zitternd stehen... Val. Was für ein Tag!

Von: M.
An: Valerie
Betreff: Ausgeschlafen?
Val, Dir einen sehr schönen Tag nach diesem sehr außergewöhnlichen Abend. Habe so viel Gedanken
mit mir herumgeschleppt in dieser Nacht. Meine Süße. Meine.

Von: Valerie
An: M.
Betreff: AW: ausgeschlafen?
dir auch einen schönen guten morgen ... Du solltest doch schlafen heute nacht und nicht gedanken mit dir herumschleppen??? vermisse dich... V.

Heute versuche ich mich auf die Aufräumarbeiten zu konzentrieren. Das wüste Chaos in meiner neuen Wohnung nimmt bedrohliche Ausmaße an. Immer noch riechen die Kartons nach Hinrichtung. Immer noch wate ich durch die blutver-

148

schmierten Überreste der hingerichteten Ehe. Immer noch stakse ich wie auf brüchigen Stelzen durch die von mir zum Klump gehauenen Trümmer meiner Ehe. Bei jedem bedeutungslosen Gegenstand, bei jedem blöden Becher, jedem kleinen Kleidungsstück, bei jeder sonst auch noch so belanglosen Buchstütze begegnen mir Bilder der eben hingerichteten Ehe. Weil eben auch noch so belanglose Gegenstände immer ihre ganz eigenen Geschichten haben. Jeder Gegenstand birgt Bilder von Gemeinsamkeit. Ein achtlos in der neuen Küche einsortierter Kaffeebecher erzählt, ob ich das nun will oder nicht, anklagend die Geschichte gemeinsamer Frühstückssonntage. Gemütliche Vormittage, an denen es draußen stürmt und faucht. Wir sitzen mit eben diesen Kaffeebechern gewärmt am Frühstückstisch und erzählen uns die Geschehnisse der letzten Tage. Alltag einer Ehe. Alltag einer Freundschaft. Geborgenheit, die aus einem achtlos in die neue Küche einsortierten Kaffeebecher spricht. Hingerichtete Geborgenheit. Verlorene Vertrautheit. In die Luft gesprengte Sicherheit.

Ich lasse das mit der Kücheneinrichtung besser bleiben, bevor ich sentimental werde und womöglich noch beginne, mit Kaffeebechern zu sprechen. So weit ist es schon mit mir gekommen. Ich lege alles in Trümmer und sitze dann schniefend demoralisiert vor einem Kaffeebecher und frage ihn, was eigentlich geschehen ist. Schluss damit. Wehmut und Sentimentalität sind zwar unvermeidbare Wegbegleiter einer Trennung. Sie helfen aber nicht weiter. Sie klagen nur an. In hässlichen Fratzen klagen mich die Gegenstände an, als wollten sie mich dafür tadeln, dass ich sie aus ihrer vertrauten Umgebung gerissen habe. Ich lasse das mit der Kücheneinrichtung besser.

Der Blick aus meinem neuen Schlafzimmerfenster ist sehr viel erfreulicher. Die Wohnung liegt direkt am Waldrand. Das Schlafzimmer richte ich in dem Raum ein, der zur Straße hinaus liegt und mir diesen allmorgendlichen Blick an den Waldrand ermöglichen soll. Jeden Morgen lindgrüne Buchenblätter im Frühjahr und im Sommer. Schneeverhangene Buchenzweige im Winter. Raschelndes Herbstlaub im morgendlichen Regen. So etwa stelle ich mir meine künftigen Morgenblicke vor. Mit einem wunderschönen Rundbogenfenster. Diese Aussicht besänftigt meine Wehmut und steuert mich in eine ganz hinnehmbare planerische Phase.

Wie ein aufgescheuchtes Huhn tippele ich über den kartonbeladenen Flur, der zwischen den beiden Räumen liegt, und treffe nach einer Weile des Hin- und Hertippelns die Raumaufteilung. Zum Wohnzimmer erkläre ich den zum Garten hinausführenden Raum. Er ist größer, heller und bietet mit der kleinen angrenzenden Terrasse die Illusion eines vollständigen Zuhauses. Was immer das sei. Für eine kleine Weile ist die Wehmut der anklagenden Kaffeebecher verflogen. Lediglich beim Einräumen der Kleiderfetzen, die ich in übel zerknüllter Form aus den Kartons zerre, kommen die Bilder und Geschichten wieder ungefragt zurück. Und zerfurchen erneut meine gerade mühsam aufpolierte Stimmung. Auch Kleider haben Geschichten. Das hell-rote Kleid kommt zerknautscht aus dem Karton wie der Kasper aus der Kiste und beginnt sein klagendes Lied. Bilder des letzten Winters springen ungefragt durch meine Gedanken und erzählen die Geschichte unseres Theaterbesuches. Der Abend mit René war einer der schöneren. Der lange Abendspaziergang anschließend durch die schneebedeckte Stadt hatte etwas Behagliches. Eingehakt, angelehnt, vertraut, leise plaudernd, um die Schneeflocken nicht zu verscheuchen. Schneebilder an Gemeinsamkeit. Ein gemeinsames Leben liegt nun zerknüllt in Umzugskartons. Ich wische diese Bilder schnell aus dem Hirn, hänge das hellrote Kleid in den Schrank, dessen schöne Spiegelfront beim Umzug leider in tausend Stücke zerdepperte, und weiß in diesem Moment nur allzu sicher, dass ich dieses Kleid wahrscheinlich nie wieder tragen werde.

Valerie Sennheim geht mir nicht aus dem Kopf. Ich hänge das hellrote Kleid in den Fundus der vergangenen Jahre und lasse mich von Vals Eindrücken behaglich herauslösen aus meinen Aufräumarbeiten. Sollte ich sie anrufen? Nein. Nein, auf keinen Fall. Was auch sollte ich ihr sagen? Dass sie mir nicht aus dem Kopf geht, seit sie mit ihrem quietschrosafarbenen T-Shirt an meinem Tisch vorbei geschlichen kam? Val geht mir nicht aus dem Kopf.

150

Was genau geschieht hier eigentlich? Gerade erst bin ich mit Anlauf und Getöse in mein neues Leben geschliddert. Gerade erst habe ich die Blessuren der Trennung von René wie klaffende Stichwunden notdürftig zusammengetackert. Gerade erst habe ich die turbulenten letzten Monate – Hannah, Korfu, Marla – mit all den emotionalen Wirrnissen einigermaßen geordnet, da steht nun dieses Gemälde Val vor meiner Tür. Nein, nicht wirklich vor meiner Tür. Sie hält sich so auffallend zurück, was mein Leben und mein Umfeld angeht. Sie steht eher inmitten meiner Gedanken. Wenn ich die Augen schließe, schimmern Vals smaragdene Blicke durch mich hindurch. Valerie Sennheim geht mir nicht mehr aus dem Sinn. Es geht alles so zausend schnell. Plötzlich ist da diese Nähe. Dieses Gefühl, sie noch heute sehen zu müssen. Da weiter zu machen, wo wir aufgehört haben. Das Spiel mit der Langsamkeit weiter zu spielen. Diese fiese Hinauszögerei zu erleben. Im gestreckten Galopp wieder von ihr ausgebremst zu werden. Mich wieder von ihr anzünden, verbrennen und dann abkühlen zu lassen. Ich sollte Val anrufen und sie einfach fragen, was hier eigentlich geschieht und wie, um alles in der Welt, sie sich vorstellt, wie das ganze nun weitergehen soll.

„Val? Ich muss Dich sehen. Möglichst bald."
Ich falle mit dem kompletten Scheunentor ins Haus. Wozu jetzt noch vornehme Zurückhaltung?! Soll Val doch wissen, wie schleudernd meine Ungeduld ist. Den Telefonhörer zu ergreifen, ihre Nummer zu wählen, auf ihre Stimme zu warten, diesen wohlklingenden, fast gesungenen Namen „Sennheim?" am anderen Ende der Leitung zu hören, das alles kostet schon ungeheuer viel Überwindung. Dann den Mut aufzubringen, mit dem kompletten Scheunentor in ihren Hörer zu fallen. „Val? Ich muss Dich sehen. Möglichst bald." Nicht leicht jedenfalls. Mit allen möglichen Reaktionen habe ich gerechnet. Auf fast alle Reaktionen bin ich gefasst. Von einem überraschten *„Hoppla, so schnell geht das nun auch wieder nicht"* über ein ablehnendes *„Nein, die nächsten 14 Tage kann ich gar nicht"* bis zu einem niederschmetternd kühlen *„Lass mal gut sein, ich melde mich bei Gelegenheit"*. Alle möglichen Wendungen, mit denen sie mich hätte abtropfen lassen können. Stattdessen höre ich

Vals sekundenlanges Zögern. Dazwischen nur einen leichten Nebenton, der sich wie ein leises „hhmm" anhört. Dann der Satz, bei dem ich um ein Haar lang hingeschlagen wäre:
– „Ich weiß, meine Süße, ich weiß...", flüstert Val mit unbeschreiblich siegesgewisser Miene.
Siegesgewiss. Ich höre ihr geräuschloses, siegesgewisses Lächeln. Wie? Sie weiß? Val weiß was? Dass ich sie sehen muss? Dass ich unsagbar ungeduldig bin? Dass ich ihre Nähe so sehr vermisse?
„Ja...", wiederholt Val mit nachschwingendem Unterton, als hätte das Ja zwei lang gestreckte Silben. „Du musst mich sehen, ich weiß."
Da ist es wieder. Val. Siegesgewisse. Da ich nun schon mit dem Scheunentor ins Haus gefallen bin, kann ich auch noch nachlegen, denke ich.
„Du bist Dir Deiner Sache wohl sehr sicher, was, Val?"
„Ja, klar", sagt Val leise lachend. Was für ein Lachen!

Diese Verabredung mit Val ist schlimmer als das erste Rendezvous. Ist aufregender als die vorherigen. Ist so nebelverhangen in all den Zwischentönen der vergangenen Tage. Ist so umhüllt von waghalsigen Andeutungen. Ist so getränkt mit Sehnsüchten, die mich wie ein nasser Schwamm hinabziehen in eine tiefe, dunkle und geheimnisvolle Sphäre. Von all dem scheint Val nichts zu sehen. Mir ist jetzt schon ganz schwindelig. Was geschieht hier eigentlich? Hätte ich Val gerne noch gefragt. Aber ich kann sie unmöglich erneut anrufen. Weiß der Himmel, mit welcher Reaktion sie mir diese Frage um die Ohren werfen würde. Nein, kein weiterer Anruf.

Kaum, dass ich den Telefonhörer aufgelegt habe, bin ich mir wieder über mein Tun im Unklaren. Eigentlich hatte ich mir nach der beißenden Trennung von René und all den Kapriolen davor fest vorgenommen, mein Handeln eigenständiger zu steuern. Endlich wieder Herr meiner Sinne zu sein. Mich nicht länger treiben zu lassen. Ich wollte nicht länger schmachtender Zaungast sein, der nur aus der Distanz die Liebenden und deren leichtes Leben neidvoll betrachtet. Ich wollte nicht länger kopflos begehren und mich in Schmachtfetzen zerstückeln.

Mich nicht länger sinnlos ins Aussichtslose verlieben. Weil es doch nur zu klar war. Das Verlieben als Fluchtreaktion. Flucht vor meiner kleinen, schäbigen Realität, zu der ich keinen teilhabenden Zugang hatte. Weil ich stets das Gefühl hatte, am Leben, am leichten Leben keinen Anteil zu haben. Nur immer am Rande zu stehen. Was liegt da näher, als sich fortwährend krachend zu verlieben?! Um einen Weg zu suchen, sich selbst zu finden.

Ich erinnere mich an die zirpende Schmachterei, mit der ich Hannah umgarnte und sie damit vermutlich vertrieben habe. Jedenfalls ist sie nun fort, lebt in Berlin ihr eigenes geheimnisvolles Leben. Selten, sehr selten meldet sie sich mal und erzählt genauso knapp und wortkarg wie es in unseren Begegnungen immer war. Ich habe ihr neulich von meiner Trennung und dem Umzug berichtet. Am Telefon. Wie gerne hätte ich Hannahs Reaktion von Nase zu Nase betrachtet. Aber ich hörte nur ein leises Schlucken am anderen Ende des Telefons. Schade. Wortkarg kommentierte sie meinen Entschluss. Was genau ich aus ihren knappen Worten entnehmen konnte, weiß ich nicht mehr. Es lag irgendwo zwischen Erstaunen und Erleichterung. Zwischen Mitgefühl und Bestätigung dessen, was sie lange schon vermutet zu haben schien.
Jedenfalls murmelte Hannah irgendetwas, das sich anhörte wie „Ich habe es gewusst, dass Du irgendwann einen anderen Weg gehst". Oder so etwas.
Hannah erzählt nie viel von ihrem Leben in Berlin. Sie fragt nur stets danach, was ich so treibe. Genau genommen weiß ich nicht einmal, was sie da eigentlich macht. Sie hat irgendeinen lukrativen Job bei einem Pharmakonzern, irgendetwas mit pharmakologischer Forschung. Was genau, weiß ich gar nicht. Sie erzählt auch nicht viel davon. Wenn ich sie frage, wie sie so lebt, ob ihre Wohnung hübsch ist, ob sie alleine lebt, bekomme ich stets nur sehr karge, beinahe karstige Antworten.
„Ach, weißt Du, die Dinge leben sich so vor sich hin", schmettert Hannah dann meist meine Nachfrage zu Boden. Was immer das heißt, „die Dinge leben sich so vor sich hin". „Vor sich hin leben"? Dinge leben sich vor sich hin? Was lebt sich vor sich hin? Lebt sie, Hannah, dort in Berlin nur so vor sich hin?

Welche Dinge? Hannah bleibt auch auf die Distanz ein beständiges Rätsel für mich. Aber ich mag sie sehr. Auf die Distanz. Immer noch bleibt ein sehr warmes Gefühl für Hannah. Auf die Distanz hat sich lediglich das Schmachtende verloren. Lebt sie glücklich? Mit irgendjemandem? Mit einem Mann vielleicht, den sie endlich gefunden hat, weil sie ja doch nie wirklich „Glück mit Männern" hatte, wie sie immer gesagt hat? Oder lebt sie mit einer Frau? Nein, nicht Hannah. Warum ich in den seltenen Telefonaten nie den Mut aufbringe, Hannah einfach einmal danach zu fragen? Hm.

Ich erinnere mich an dieses Frühjahr, das ich als besonders schlimm empfunden habe, weil ich mich vollständig isoliert fühlte von der leichten Außenwelt, zu der ich keinen Zugang hatte. Meine Ehe mit René implodierte allmählich, meine Gefühlswelt erkaltete, gefror bei zunehmenden, frühlingsgefluteten Außentemperaturen zu Eis und ich schlich wie ein geschlagener Hund durch die Welt. Der Frühling war entsetzlich. Kein Wunder eigentlich, dass dieser Sommer mir die absonderlichsten Kapriolen entlockte. Kein Wunder eigentlich, dass ich im Sommer emotional Amok lief. Die sexuelle Revolution mit Marla. Die bitter nötigen Explosionen, die mein Herz allmählich aufweckten. Die kleinen, sexuellen Scharmützel mit Fevos, die eher als kriegsbedingte Kollateralschäden zu bezeichnen sind. Nein, so militärisch soll es auch nicht klingen, denke ich. Die Nächte mit Fevos waren eher der Schritt nach vorne, der vielleicht zu weit gesetzt war, der sicher entbehrlich war. Aber wer weiß, wozu all dies gut war!? Im Freiheitsdrang vielleicht einen Schritt zu unbedacht gesetzt. Vielleicht leicht über das Ziel hinaus geschossen. Mag sein.

Und nach all diesen Kapriolen und Kämpfen reifte der Entschluss, einen anderen Weg zu gehen. Das Gefühl wiedergewonnener Freiheit. Die Trennung von René, die neue Wohnung. Endlich bewusst und gezielt durch das Leben zu gehen. Mich nicht länger von der mich umgebenden Welt treiben lassen. Eigenständig Gefühle zu erleben und, wenn nötig, folgerichtige Entscheidung zu treffen. Dabei war die Trennung von René in diesem Jahr der erste wirklich folgerichtige Entschluss

154

aus der wirren Misere meines Gefühlslebens. Folgenschwer, aber folgerichtig. Weil es nicht *mein* Weg ist, den er mit mir gehen will. Weil *mein* Weg ein vollständig anderer ist. Die Trennung also eine ordnende Maßnahme im Chaos meines im Wind tanzenden, flatternd hin und her geworfenen Lebens. Mit dem festen Vorsatz, fortan die Dinge besser zu lenken und nicht länger Spielball im Getriebe anderer zu sein. Soweit die Theorie.

Und heute? Was geschieht jetzt? Jetzt bin ich mitten drin in einer fesselnden Affäre, deren Fortgang ich selbst schon gar nicht mehr steuern kann. Wie mit geschlossenen Augen.

Kaum also, dass ich den Telefonhörer weggelegt habe, hadere ich mit meinem Tun. Kaum, dass ich mich mit Val für morgen verabredet habe, ist sie wieder da, die kleine Skepsis-Stimme in mir. Und dennoch. Ich finde diese Frau schlichtweg hinreißend. Valerie Sennheim. Es ist nicht mehr nur dieses kopflose Schmachten, dieses blinde Sehnen nach irgendetwas, wie ich es vielleicht noch im Frühjahr, zu Beginn des Sommers empfunden habe. Valerie Sennheim und ihre Blicke sind mehr als blindes Sehnen. Ihre Küsse lösen mehr als nur die bereits gesprengten Ketten. Es ist irgendwie anders. Es fühlt sich alles so gut an. So erhaben. So weit weg von den bisherigen Revolutionen und Experimenten. Weit weg von den bereits atemlos in die Luft gesprengten Pulverfässern, die ich in Marlas Armen in tausend Stücke jagte. Weit weg von Freiheitsdrang und entfesselter Ungeduld.

Val ist ein so schönes, aufrechtes Bild in mir. Ganz deutlich schon. Es ist nicht so flatternd wie bei dem skurrilen Spiel mit Marla. Vals Bild ist so klar. Lupenrein sehe ich sie da an ihre Küchenwand gelehnt stehen in ihrem kobaltblauen engen Top und dem locker um die Hüften geschlungenen hellblauen Sweater. Sehr süß. Wie sie so dasteht und murmelnd die Frage in ihrem hübschen Kopf bewegt, was sie uns wohl zu essen zaubern könnte. Val! Val kann auch noch kochen! Kochen. Eigentlich ein sehr alltäglicher, nicht weiter sensationeller Vorgang, das Kochen. Alle Menschen tun das, irgendwie, die einen schlecht, die anderen virtuos. Die einen gelangweilt, weil es eben sein muss. Die anderen, und dazu gehöre ich, lassen es einfach bleiben. Weil es eh nicht schmeckt und weil es nervtötend ist. Weil es die Küche in Schutt und Asche legt. Und weil kostbare Stunden schon mit der Vorbereitung hingehen. Aber Val kann kochen!

„Du kannst kochen, Val? Finde ich sexy. Sehr sexy."

So deutlich wollte ich das eigentlich gar nicht sagen. Es ist mir so herausgezwitschert. Vals Augen werden wieder zu kleinen, kostbaren Smaragden. Augen wie Jade. Mandelförmige, funkelnde Juwelen. Augen werden zu Smaragden, wenn hübsche Frauen wie Val lachen. Wenn Valerie Sennheim lacht.

„Nanu?", kichert es aus den Smaragden. „Was, bitte, ist denn so sexy am Kochen, hm? Unter diesem Aspekt habe ich das ja noch nie gesehen!"

– „Einfach, dass Du es kannst, Val."

Eine wirkliche Erklärung ist das nun nicht gerade, das weiß ich nur zu genau. Aber es ist einfach so. Ich finde es schlichtweg krachend sexy, dass Val kochen kann. Ich weiß auch nicht, was ich mir vorgestellt habe. Dass Val ein von der alltäglichen Welt entrücktes Wesen ist, das eher in abstrakten Sphären lebt? Dass sie den alltäglichen Notwendigkeiten des Daseins vollständig enthoben ist? Vermutlich fände ich es genau so sexy, wenn sie mir eröffnete, dass sie ihr Auto selbst reparieren kann, ihre Waschmaschine oder den Rasenmäher.

Smaragde! Mandelförmige Juwelen! Ein Gemälde in kobaltblau.

Da sitze ich nun also mit all meinen klugen, theoretischen Vorsätzen über Eigenständigkeit. Wunderhübsche Ansätze. Mich nicht länger treiben zu lassen, sondern die Dinge selbst voranzutreiben. In meine Richtung. Wohin auch immer sie mich führt. Ich lege das Telefon zurück auf die Ladestation und frage mich, ob es das ist. Ob ich mit dieser Verabredung die Dinge selbst vorantreibe in meine Richtung, weil eben ich allein es so will. Oder ob ich wieder einmal nur ein Spielball im Chaos der Gefühlswirren bin und mich von Außenwelten treibe lasse. Mich wieder einmal von anderen in Kapriolen hineintrudeln lasse. Gerade erst ordne ich meine kleine Welt. Die Kartons der gerade erst vollzogenen Hinrichtung sind noch blutverschmiert. Die Kaffeebecher stehen immer noch nicht im Küchenschrank, sondern klagen fratzenhaft ihre Geschichten an die Wand. Und ich bin bereits wieder auf Abwegen? Ist das wieder so ein Umweg? Ist das das immer gleiche Schema? Das scheinbar immer gleiche Schleudertrauma der Gefühle? Oder *ist* das mein Weg?

Val ist eine so aufregende Frau. Unsere Begegnung ist so aufregend. Die Treffen mit ihr sind so ungeheuer spannungsgeladen. Erotische Untiefen leuchten vom Boden her auf, flackernd, gleißend. Die Gespräche mit Val sind aufregend. Tiefgründig. Anspruchsvoll. Die Begegnungen verheißungsvoll. Eine ungeheure Spannung entlädt sich zwischen uns, ganz vorsichtig ziehen wir immer noch wieder einen Schritt zurück. Val baut die Spannung fast systematisch auf, so scheint es mir. Sie wirkt so siegesgewiss. Als hätte sie ein festes Ziel vor Augen, auf das sie systematisch zusteuert. So wirkt es jedenfalls.
Warum also jage ich nicht meine Skepsis-Stimme zum Teufel und ergebe mich meiner Neugier? Was soll schon geschehen? Ich habe die Freiheit und die Wahl, es zu tun oder es zu lassen. Und schließlich, es ist ja abgesehen von ahnungsvollen ersten Küssen und Berührungen noch nichts geschehen. Wir haben nicht die Zügel fahren lassen. Und wenn es geschieht, warum auch nicht. Verfluchte Skepsis-Stimme! Sollte ich eine heranstürmende, verheißungsvolle Affäre bereits im Keim ersticken, nur weil ich derzeit im Begriffe bin, Ordnung in mein Leben zu bringen?! Nur weil ich mich so gut wie gestern erst aus meiner zementenen Ehe herausgelöst habe? Was hat Valerie Sennheim mit René zu tun? Was mit den Kapriolen auf Korfu? Was mit den Pulverfässern, die Marla und ich noch vor kurzem sprengten? Nichts. Absolut gar nichts, denke ich halsstarrig und weigere mich, der Skepsis-Stimme nachzugeben. Verfluchte Skepsis-Stimme, denke ich und wische diese Bedenken mit einer fuchtelnden Armbewegung beiseite. Die Energie, die mit der verflixten Grübelei vergeudet wird, sollte ich besser in die Herrichtung meiner Wohnung stecken. Um zumindest eine äußerliche Ordnung herzustellen.

Allmählich gewinne ich einen ersten Überblick über das Kistenchaos meiner Wohnung. Allmählich fügt sich das Durcheinander in ein halbwegs wohnbares Umfeld. Es beginnt mir zu gefallen. Langsam. Allmählich erkenne ich die Konturen einer durchaus bewohnbaren, kleinen Wohnung. Nur so zum Spaß schlendere ich den mühsam entkisteten Flur entlang und beginne, mich an diesem Raumschreiten zu erfreuen. Wie gut das tut: Meine Wohnung. Mein entkisteter Flur. Mit nur den Dingen, die ich für mein Dasein um mich haben möchte. Nichts Fremdes. Mit vor die Haustür geworfenen Kartons, die nur ich allein entrümpelt habe, weil es nur meine Rümpeleien sind. Es beginnt, mir zu gefallen. Ich setze mich auf die Sofaecke, blicke an den noch quer im Raum herumstehenden Schränken und Kisten vorbei durch die hohe Terrassentür in den angrenzenden kleinen Garten. Und ich genieße diesen Anblick. Weil es mein Anblick ist. Den nur ich mir ausgesucht habe. Der nur mein Anblick sein soll.

Die hohen Tannen am Grundstücksende müssten vielleicht mal gestutzt werden, denke ich tatendurstig, obwohl ich weiß, dass der Vermieter sicherlich zu den Menschen gehört, die sich von niemandem in die Gartengestaltung hereinreden lassen. Nein, nicht der. Gewiss nicht. Nicht dieser kleine Giftzahn. Nicht Herr Heribert Kaltenbrunner.

Der Mann kann ja nichts für seinen historisch vorbelasteten Namen. Aber als ich den Namen das erste Mal hörte, zögerte ich für einen Augenblick, mich für diese Wohnung zu entscheiden. Ich wollte erst ganz sicher gehen, dass Heribert nichts mit *dem* Kaltenbrunner zu tun hat. Mit dem SS-Kaltenbrunner. Mit dem Reichssicherheitshauptamt-Kaltenbrunner. Verwandtschaftlich gesehen. Er hat nicht. Wie er mir versicherte. Obwohl Heribert Kaltenbrunner nicht wirklich verstanden hat, welches Problem ich damit hätte. Hm.

Diese Sorte Hauseigentümer, die beständig betonen, was für ein anständiges Haus und was für eine anständige Gegend dies sei. Dann aber, wenn sie sich unbeobachtet fühlen, rasch die Überreste des unbotmäßigen Weinkonsums behände und scheinbar unbemerkt im Müllcontainer verschwinden lassen. Jedoch nicht, ohne bei nächster Gelegenheit die Mieter auf die Pflicht zu sorgfältiger Mülltrennung hinzuweisen. „Altglas nicht in den regulären Hausmüll!" Auf eine Weise amüsant, wie berechenbar Menschen sind. Interessante Studien, die man in, ach, so anständigen Wohngegenden treiben kann. Der anständige Kaltenbrunner wird es als impertinent empfinden, als unschicklich, wenn eine dahergelaufene Mieterin sich anheischig macht, gartenplanerisch in seine Sphäre vorzudringen. Und trotzdem gefällt mir der Gedanke daran, diesem kleinen Hauseigentümer mit Blockwart-Allüren Ratschläge zu geben für die Gartengestaltung.

Das Rasseln holt mich schlagartig aus meinen Gartenbetrachtungen. Ein fremdes Surren, eher ein verhuschtes Rasseln. Zunächst reagiere ich gar nicht, weil ich das Geräusch nicht einordnen kann. Wieder das Surren. Es ist die noch fremde Klingel der Wohnungstür, die leicht gequetscht und quakig durch den Flur surrt. Das wäre doch mal eine vornehme Aufgabe für den Blockwart. Eine „anständige" Klingel in diese „anständige" Wohnung zu bringen.

Ich öffne die noch nicht so vertraute Wohnungstür und stoße um Haaresbreite an die von zu viel „anständigem" Wein deutlich gerötete Knollnase von Blockwart Kaltenbrunner. Was eigentlich macht seine dicke Nase so dicht an meiner Wohnungstür? Wollte er sie damit aufschließen? Blockwart Kaltenbrunner scheint es als seine Aufgabe anzusehen, stets genau darüber informiert zu sein, was hinter den verschlossenen Türen der übrigen Hausbewohner vor sich geht. Kann er haben, denke ich empört und belustigt zugleich über diese Szene. Der Mann ist ja wie im Comic. Eine Karikatur seiner selbst, denke ich amüsiert. Mein mildes Lächeln gilt also nicht wirklich ihm, sondern vielmehr der filmreifen Szene. Mein Gott, denke ich, was für eine Schnapsnase, die sich da an meiner Wohnungstür reibt! Blockwart Kaltenbrunner scheint kein Gespür für die Situationskomik zu haben. Jedenfalls zieht er seinen Zinken diskret zurück und räuspert sich ertappt.

„Ach, guten Tag, Herr Kaltenbrunner", trällere ich ihm betont akkurat ins gerötete Wein-Gesicht. „Ich habe diese lausige Klingel gar nicht gehört. Ich habe nämlich gerade Besuch, wenn Sie verstehen..., hm?" Ich lege eine provokative Sendepause ein, um seine Neugier ein wenig zu plagen. „Stehen Sie schon lange hier? Ach, das tut mir leid." Nichts tut mir leid. „Worum geht es eigentlich?" –

„Junge Frau", quakt Blockwart Kaltenbrunner.

Ich hasse es, wenn man mich so nennt.

„Wenn Sie bitte Ihre leeren Kartons nicht hier im Hausflur stapeln würden. Hier kommt ja bald niemand mehr durch. Sie wissen, wir sind ein ordentliches Haus."

Oh, mein Gott, denke ich nun weniger amüsiert. Das kann ja ein heiteres Wohnen hier werden. Ein „anständiges" und ein „ordentliches" Haus. Das kann ja heiter werden. Ich überlasse den Blockwart seinen wichtigen Aufgaben und beschließe, mich doch lieber selbst um eine andere Klingel zu kümmern. Diesen Herrn werde ich doch eher auf Distanz halten, denke ich.

Ich gehe zurück in mein kleines Refugium und überlege, ob es vielleicht gerade das ist, was meine Skepsis-Stimme mir einflüstern will. Dass es die gerade erst hart erkämpfte Freiheit ist, die ich vorerst einmal in Ruhe genießen sollte. Die Tatsache, dass niemand einfach in meine Wohnung hereinstiefeln kann. Dass niemand nur einen Schlüssel im Schloss umzudrehen braucht, um plötzlich vor mir zu stehen. Endlich eine eigene Sphäre, einen eigenen, geschützten Raum nur für mich zu haben. Den Klingelton zu hören oder eben nicht zu hören. Die Tür zu öffnen oder eben nicht zu öffnen. Jemanden mit zu mir nach Hause zu nehmen oder eben nicht. Niemanden um Erlaubnis fragen zu müssen. Mich nicht erklären zu müssen, wenn ich nachts nicht nach Hause komme. Ja, denke ich plötzlich, nachdem ich die Wohnungstür wieder sorgfältig hinter mir schließe, vielleicht es das, was mich zögern lässt, mich Val blind in die Arme zu werfen. Die gerade erst mit Schmerz erkämpfte Freiheit nicht gleich wieder einzutauschen gegen die Behaglichkeit und Nestwärme einer möglichen neuen Beziehung. Aber das will Val ja auch nicht. Sie hat ja bereits eine Beziehung. Und ich will gar keine neue Beziehung. Was aber ist es, auf das wir zusteuern?

Als ich das Summen der Haustür höre, ist es wieder da, dieses blödsinnige Zögern, dieses Hadern mit meiner Skepsis-Stimme. Als ich den Namen „Sennheim" auf ihrem Klingelschild lese, denke ich zunächst wieder, was für ein wohlklingender Name. Das Surren der Tür. Zu spät.

„Wie lange wirst Du denn heute für die paar lausigen Treppenstufen brauchen? Lohnt es sich, dass ich schon mal einen Kaffee koche oder kann es später werden mit Dir?"

Vals Stimme knistert leise scherzend durch die Gegensprechanlage. Kaum zu glauben, wie sie immer im entscheidenden Moment mein Zögern mit so kecken Ermunterungen lahm legt.

„Guten Abend, erst einmal, so viel Zeit muss sein, Val. Und überhaupt, warum ist der Kaffee denn noch nicht fertig? Schlechtes timing, hm?!"

-„Touché. Aber was hältst Du davon, wenn wir unser Gespräch hier oben bei mir weiter führen, hm? K o m m e n d l i c h h o c h ! "

Vals Stimme wird deutlicher. Wie weggeblasen ist die Skepsis, weggespült jedes Hadern und Zögern. Mit schnellen Schritten jage ich die Treppe hoch. Zu Val. Und lande direkt in ihren Smaragdaugen.

„Donnerwetter, beeindruckende Zeit. Schön, dass Du da bist. Sehr schön. Komm endlich her...", surrt Vals Stimme zunehmend weicher und zieht mich zu sich heran. Küsse. Umarmungen. Vertrautes Gefühl.

Als wir an diesem Abend von unserem kleinen Restaurantbesuch in Vals Wohnung zurück schleichen, fragt Val nur kurz, ob ich einen Kaffee oder etwas anderes trinken möchte. Sie fragt das irgendwie wie aus dem Off. Während ich bereits mitten in ihrem Wohnzimmer stehe und unschlüssig durch den Raum blicke wie eine Reisende am Hauptbahnhof, kramt sie im Hintergrund Jacken und Schlüssel an ihre jeweiligen Plätze. Wie aus dem Off dann die scheinbar selbstverständliche Getränkefrage. Ich weiß es nicht. Unschlüssig wäge ich die Getränkefrage hin und her. Val kommt lächelnd auf mich zu, wartet nicht wirklich eine Antwort ab, als hätte sie auch keine Antwort erwartet. Sie nimmt im Vorbeigehen meine Hand und führt mich widerstandslos die kleine Wendeltreppe hoch. In ihr Schlafzimmer unter dem Dach. Keine Fragen mehr, keine Antworten mehr. Kein Zögern mehr. Keine Skepsis mehr. Val dirigiert mich auf ihr Bett und die schönsten Dinge nehmen ihren Lauf. Kleidungsstücke fliegen an uns vorüber. Val! Es ist unglaublich. Das süße Spiel von Locken und Abwehren, von

161

Erregen und Hinauszögern, von Macht und Ohnmacht, von Wollen und Gewollt-Werden. Ein berauschendes Gefühl, allmählich in ihren Armen die Kontrolle zu verlieren.

„Schließ die Augen!"

Vals leises Kommando klingt wie aus einer anderen Welt.

„Und hör' genau zu!"

Geräusche. Verheißungsvolle Geräusche. Das strenge, peitschende, leicht schnalzende Ziehen des Ledergürtels, den Val in einer einzigen Bewegung aus den Schlaufen ihrer Jeans herauszieht, hallt sachte in mir nach. Mit geschlossenen Augen. Das Reiben des Leders auf der Jeans hört sich tief an. Sehr tief.

Vals Augen werden in der Lust erneut zu Smaragden, zu glitzernden Smaragden. Nicht nur das Lachen verzaubert ihre Augen also, auch die Lust lässt die Smaragde strahlen. In Vals Augen kann man die Lust lesen. In Vals Augen spiegelt sich ihre Leidenschaft.

„Was tust Du nur ...?", frage ich, überrannt von so viel Intensität. Val lächelt mich zärtlich an und lässt ihre Hand für einen Moment regungslos dort verharren, wo es am schlimmsten ist. Dort, im süßen Dreieck des Wahnsinns.

„Nichts, meine Schöne, das bist Du. Du allein. Lass es einfach geschehen...", flüstert sie und ich lasse es geschehen.

Von: M.
An: Valerie
Betreff: Soll ich Dir sagen, woran ich denke?
Val, Aufregende! Soll ich Dir sagen, woran ich fortwährend denke? Du willst es wissen? An diese Nacht denke ich unablässig! In dieser schwülen Nacht bei offener Terrassentür liegst Du nackt mit wunderbar wollüstig dahingeworfenem Körper vor mir. Liegst einfach nur so vor mir. Auf der quietschenden, blauen Luftmatratze unter dem Flügel. Was für ein Bild! Die Luft ist mild, aber Dein Atem heiß. Ich ziehe mich langsam aus, drehe mich um und sehe Dich dort räkelnd, lüstern, wie hindrapiert, Deine Beine fließen über den Parkettboden – und Du gibst solche Laute von Dir. Ich bin für Minuten zu keiner Bewegung imstande, so sehr raubt mir der Anblick Deines heißen, nackten Körpers die Luft. Dann rast mein Puls schnel-

ler, mein Atem wird unregelmäßiger, wirrer, erregter. Ich beuge mich zu Dir hinab. Ich streiche zunächst mit zittrigem Finger eine Haarsträhne aus Deinem Gesicht. Sehe Deinen gierigen, fordernden Blick, Deinen geöffneten Mund und lege zitternd meine Lippen auf die Deinen. Suche Deine Zunge mit der meinen, finde sie und berühre sie ganz zart zunächst. Zunächst nur hauchdünn, dann fordernd, wollend. Dann ist alles aus. Um mich herum ergießt sich die Welt in den Ozean und mich drängt einzig der Wunsch, der Trieb, mich an Deinen warmen Körper zu pressen, Deinen Hals zu küssen, hinab zu Deinen wundervollen Brüsten. Ich hebe Deinen Körper leicht an, um sie dichter an mir zu spüren. Ich umfasse sie fester, fordernder. Mit den Knien öffne ich Deine widerstandslosen Schenkel. Ich zerre Deinen Körper zurück auf die Matratze und öffne mir Deine warmen Beine. Kein Laut des Widerstands, kein Signal des Sträubens. Ich höre nur Deinen heißen Atem. Du erinnerst Dich? Ich küsse Dich, ich schmecke Deine Lust und höre Deine Erregung. Ich dringe in Dich ein und höre Dich schreien. Deine Lust, Königin, ist göttlich! Ich vermisse Dich so sehr. M.

Von: Valerie
An: M.
Betreff: Ja, ich erinnere mich an
diese nacht, süße. ich war dabei. war unter dir. war in dir. war überwältigt. sehe dich morgen abend. Eine ungeduldige.

Von: M.
An: Valerie
Betreff: Falls wir uns nicht mehr sprechen...
Meine liebe Val. Längst ist eben der Moment überschritten, als könnten wir ewig so weiterturteln. Val, ich habe einen schweren Stein im Hals, so sehr musste ich vorhin schlucken ob Deiner nüchternen, gnadenlos objektiven Sicht der Dinge. Schutz? Du willst Schutz? Vor mir? Du willst Dich vor mir in Sicherheit bringen? Wer benötigt hier Schutz vor wem? Was auch immer, aber es schlägt mir brachial entgegen. Ich

will diese Schwere nicht, aber ich kann nicht so tun, als sei alles unbeschwert. Ich weiß nur, dass mein Gefühl für Dich so echt und tief ist, dass es mir die Kehle zuschnürt. Und Du? Du hast noch immer dieses eben nur eine Bild von uns. Als sei unser Gefühl nur auf eines gerichtet. Und ja, Val, es ist eben auch von Begehren durchflutet. Was wäre auch Verwerfliches daran? Auch diese Lustbarkeiten gehören eben dazu. Gehören zu Dir, weil Du es bist, die diese Gefühle in mir hervorruft. Aber es gibt so viel mehr Bilder von uns als nur dieses eine... Schließ' mal die Augen und sieh' genau hin. Siehst Du's?

Ich weiß keine Lösung für uns im Moment. Aber ich weiß ganz deutlich, dass Du mir fehlst, dass ich mich wild nach Deiner Nähe sehne, dass ich in Deinen Armen zu Butter zerfließe, dass ich in Deinen Augen versinke, verschmelze, sprachlos verharre, vor Erregung explodiere bei nur der winzigsten Berührung, den Tränen nahe wieder weg fahre, gespannt lausche, wenn Du sprichst, stolz Deine Worte verfolge... Leg' endlich den Hörer auf, ich will mit Dir telefonieren. Deine Ratlose.

Von: Valerie
An: M.
Betreff: Du gehst ja nicht ans telefon....
meine liebe. mit erstaunen habe ich deine mail verschluckt... Du berührst mich und das schaffen nicht viele, verstehst Du?

Von: Valerie
An: M.
Betreff: Bei jedem treffen gibt es einen punkt...
wenn ich an gestern denke, läuft es mir noch immer den rücken hinunter. bei jedem treffen mit dir gibt es einen punkt, an dem ich selbst auch vergesse zu atmen, an dem ich überwältigt werde von einem gefühl, das jedes mal anders aussieht. mal ist es ein alles-wird-gut-gefühl, mal bin ich einfach nur überwältigt von deiner stimme, dann wieder von einem blauen blick, in den ich besinnungslos fallen könnte und gestern ... gestern war es etwas ganz besonderes. In diese wahnsinnige erregung

mischte sich ungefragt plötzlich ein nicht gekanntes gefühl der nähe, auf das ich gar nicht gefasst war. gehalten, umarmt zu werden. sich sicher zu fühlen. weil ich dieses gefühl so vermisst habe. außerdem war da noch etwas. ich weiß gar nicht, wie ich dir das beschreiben soll. etwas, das ich so noch nicht gefühlt habe, eine ganz besondere form der erregung, die uns das hirn wegspült und uns die salzigen tränen in die augen treibt. ich schaue dich dann fragend an, wenn du gehst. anziehung, erotik, geist, scharfsinn und nun auch noch eben dieses gefühl. ein tag heute, an dem ich mir nur wünsche, ich hätte dich und du mich und alles andere... umarme dich. V.

Von: M.
An: Valerie
Betreff: Es ist schlimm, immer wieder von Dir weg zu fahren. Val. Heute besonders. Welchen zauberhaften Level haben wir denn da gestern erreicht, hm? Sag' Du es mir. Ich liege in Deinen Armen, Du lächelst mich vielsagend an: „Als hätte ich es mir nicht gedacht…!"
- „Was gedacht?"
„Dass man Dich auch etwas härter anfassen kann!"

Von: Valerie
An: M.
Betreff: pssssssssss...
kann ich dir so etwas überhaupt erzählen? dass ich manchmal wie gelähmt nur so dasitze, wenn es so intensiv ist zwischen uns und du dann wieder gehst? dass du mehr berührst als nur meinen körper, wenn Du mich anfasst? dass ich immer weicher werde in deinen armen, die sich so wunderbar um mich schlingen können? dass es ein wunderbares gefühl ist, von dir gehalten zu werden? Warum ich mein herz bei dir so auf der zunge trage? passt gar nicht zu mir. ich bin das eigentlich gar nicht. weiß nicht. wie machst du das? was ist das, was du mit mir machst? träumte gestern diesen hübschen traum: sitze in einem hellgelben zug, du holst mich in dieser fremden, bunten stadt ab. wir haben ein ganzes wochenende zeit, genießen

den abend mit allem, was uns dazu einfällt.... . küsse, sekt, gutes essen, kino in der letzten reihe. Draußen halten wir uns fest, weil ein schlimmer herbststurm über die hellgelbe stadt fegt und an uns zerrt als wollte er uns auseinander reißen. nur festhalten... . samstag zerre ich dich auf den markt und wir kaufen bunte, wunderbare dinge. trinken cappuccino. wir gehen einkaufen und ich stehle mich in die umkleide, um einen ungefragten blick auf deinen wunderschönen körper zu werfen. du sagst, das bringe nur unglück und zerrst den schweren theatervorhang wieder zu. plötzlich sitzen überall um uns herum theaterbesucher. ein gieriges, gaffendes publikum um deine umkleidekabine herum, als müsste gleich der vorhang aufgehen und der erste akt beginnen. du kommst heraus in einem wunderbaren Theaterkostüm. ein langer anthrazitfarbener gehrock, schwarze hohe schaftstiefel, die an der wade seitlich mit silbernen schnallen verziert sind. der hellgelbe, beinahe barocke stehkragen schmeichelt deinem leicht gebräunten gesicht. du trittst vor und sprichst den prolog. das publikum ist hingerissen. deine stimme klingt so sicher und warm.

ich weiß nicht, warum ich dich im theater sehe? nach der vorstellung stehen wir wieder auf dem markt. das kostüm behieltst du an, allerdings schimmert es jetzt kobaltblau. warum sind träume immer so farbenfroh? den rest des samstags führst du mich kreuz und quer durch wunderbarste landschaften. In der nacht übernehme ich wieder gern die regie, das kommando. wenn du verstehst, was ich meine. der traum war einer der schönsten. mehr, sehr viel mehr möchte ich. verstehst du? ... V.

Von: M
An: Valerie
Betreff: Ich denke wohl, ich verstehe nur zu genau,
was Du meinst... . Mehr, sehr viel mehr ...

Von: Valerie
An: M.

Betreff: Sehnsucht
...ist was schlimmes, oder? dieses ziehen und zerren am körper,
seele und geist ist schon beunruhigend. das schöne ist: es regt
die phantasie an wie nichts gutes. bin heute noch ganz gaga
von gestern und deine berührungen haben ihre spuren nicht
nur auf meinem körper hinterlassen. leider ist es nun einmal
so, dass bilder bilder erzeugen, dass lust lust erzeugt und ge-
fühle neue gefühle erzeugen. und es ist nun einmal so, dass ich
so gern sofort und jetzt mit dir ins bett möchte, dich unter
meine decke nehmen und ohne gürtel und sonstige dinge in
quälender – und ich meine diesmal wirklich quälender – lang-
samkeit deinen körper erkunden möchte. muss gleich los und
einfach auch einmal arbeiten. werde dabei aber an all dies den-
ken. einen sanften kuss für dich. zunächst ganz sanft. dann
weniger sanft. dann schmerzhaft. vibrierende. V.

Von: M
An: Valerie
Betreff: Bitte, Süße,
geh ruhig einmal arbeiten zwischendurch, aber vergiss nicht,
mir zu schreiben zwischendurch. Schreib' mir viel und heftig.
Bitte. Zündele nur weiter. Tu es einfach, ja?

P.S. Bin untröstlich. Aber das Buch, das Du mir geliehen hast,
ist auf mir unerklärliche Weise mit Kaffeeflecken gesprenkelt.
Wie konnte das passieren?

Von: Valerie
An: M.
Betreff: das willst Du also!!
fordernde! hättest heute eigentlich keine post verdient. und das
nicht nur, weil du so frech und fordernd bist. auf deine kleinen
unverschämtheiten werde ich zu gegebener zeit in angemesse-
ner weise reagieren. du hast es nicht anders gewollt. und gehe
mal davon aus, dass deine nachlässige und schlampige art des
umgangs mit anderer leute büchern eine nicht eben glimpfli-
chere reaktion nach sich ziehen wird. du weißt ja wohl, warum.

167

wusstest du, meine süße, dass schmerz individuell unter-
schiedlich wahrgenommen wird? manchmal ist es allein die
erwartung des schmerzes! du siehst also, meine teure, wie tü-
ckisch die angelegenheit ist. und das nicht nur, weil im hirn
schmerz- und lustempfinden so dicht beieinander liegen. aber
zurück zu deinen kleinen unverschämtheiten. so muss ich dich
noch ein wenig zappeln lassen, was dein begehren hinsichtlich
einer von dir erwarteten angelegenheit angeht. schließlich,
meine aufsässige gespielin, hast du die frechheit besessen, dich
aus dem staube zu machen. ich erwarte sehnsüchtig und voll
schmutziger gedanken deine rückkehr. V.

Von: M.
An: Valerie
Betreff: Begehrte Frau!
Bis zur Schmerzgrenze und darüber hinaus. Ungeduldig.
Trinke meine Tränen und ersticke beinahe daran. In der Nacht
ohne Dich träume ich phantastische Szenen zusammen, die
mich tags darauf erröten lassen. Komm zu mir und küsse
mich, damit all dies ein Ende hat. Du bist es, an die ich fort-
während lächelnd denke. Umarme Dich ungestüm und ver-
brenne an Dir. Weißt Du, wie sich das anfühlt?
Ein winziges post scriptum an Deine voyeuristische Ader:
Nach unserem Telefonat vorhin, das an sich schon zum
Verbrennen heiß war, musste ich es tun! Ja, es ging nicht an-
ders. Ich musste mich ... , es geschah einfach so ..., mit ge-
schlossenen Augen ..., Val, Du hättest es sehen sollen...!

Von: Valerie
An: M.
Betreff: unerhört unduldsame frau!
unduldsame. unerhört lasterhafte. wieder einmal hast du un-
geduldiges wesen ja keine post verdient. aber wieder einmal
bin ich opfer meiner leidenschaft für dich und tue fast alles,
was du forderst. Schamlose. machst so entzückend sinnliche
sachen, nachdem wir telefoniert haben. hemmungslose, die du
bist. phantastisch, dieses bild, das ich mir davon mache. sagen-

168

haft erotisch! oh je. erzähle mir mehr und mehr aus deinem unerhörten liebesleben, lasterhaftes wesen. ich bin verrückt nach dir. no ordinary love.

ich erwarte ungeduldig deine ankunft. und vergiss nicht, wir zwei sind am sonntag zum frühstück verabredet. ich werde eine kerze anzünden, dir heißen kaffee aufbrühen, dich mit kleinen tomaten füttern, frische croissants reichen, köstliche konfitüre und allerlei leckerein dazu. werde leise lala auflegen, die gardinen zuziehen, um mit dir ungestört zu sein vor den schamlosen blicken der voyeure. ich werde bissen für bissen genießen. dich bissen für bissen genießen... dich dabei beobachten, denn ich hatte schon fast vergessen, wie unerhört erotisch ein frühstück mit dir ist. du beklagst, das ei sei eine idee zu hart gekocht. ich erwidere, „was macht das schon, unsere herzen sind weich genug für diese welt." du wirst frisch gepressten orangensaft schlürfen und dich zu mir hinab beugen, Du wirst mir von dem orangensaft winzige schlückchen in meinen mund träufeln, mit beinahe geschlossenen, brennenden lippen, aufeinander gepresst. ich freue mich so sehr darauf, so sehr auf dich, unduldsame. V.

Von: M.

An: Valerie

Betreff: ein unausgeschlafener, gar nicht geschlafener Montag,

an dem ich noch ganz gaga bin. Val! Was für eine Nacht! Sind wir eigentlich noch ganz bei Verstand, oder was? Was kann ich sagen? Turbulente Zeiten. Meine Schöne, ich habe mich in dieser Nacht in Deinen Augen versenkt, in Deinen tiefen lustvollen Blicken versenkt. Bin untergetaucht, abgesoffen, Deine Blicke zerren mich hinab irgendwohin, wo es sich böse gut anfühlt. Spüre Dich so gerne. Verliere mich so gerne. Versenke mich so gerne. Und heute? Zu Kreuze kriechend verkatert. Aber ich habe längst all diese Dinge in mein Herz geschlossen. Und diese feinen Verrücktheiten, die mich mit einem Dauerlächeln im Gesicht dahintreiben lassen, weil ich jedes Mal, wenn ich Dich spüre, schmecke, mich erneut in Dir versenke. Ein Gefühl, zu hauchdünn, um es zu benennen, zu mächtig, um es zu verschweigen. Habe Dich genossen. Und dann ergreifst Du morgendlich die Flucht, verlässt mich schnöde und lässt mich in den zerwühlten Laken Deines Bettes zurück. Ich könnte mich heimlich in Dein Büro stehlen, mich irgendwo hinter den Regalen verstecken und genau dort weitermachen, wo wir in der Nacht aufgehört haben... Was eigentlich hieltest Du davon, schöne Val?

❧ ❧ ❧

Das Zimmer ist nicht besonders geräumig. Um ans Fenster zu gelangen, muss man sich vorsichtig an den harten Bettpfosten und den ausladenden Ecken der durchaus hässlichen Schreibecke hindurchmanövrieren. Die Einrichtung ist augenscheinlich neu, sachlich kühl, zweckdienlich und wahrscheinlich genau so phantasielos zusammengewürfelt wie die aller halbwegs bezahlbaren Hotelzimmer in größeren Städten. Eher für Durchreisende, die keine großen Ansprüche an besondere Behaglichkeit und Nestwärme stellen. Eher für Geschäftsleute, die spät am Abend kreuz müde in das sachliche Bett fallen und sachlich schlafen. Sachliche Hotelzimmer eben. Mit einer ebenso sachlichen „Nasszelle".

Val bugsiert ihren schlanken Körper elegant zwischen den Bettpfosten und dem durchaus hässlichen Schreibelement hindurch und zieht energisch die freundlich grauen Vorhänge zu. Mittags um viertel nach zwölf. In unserem sachlichen Hotelzimmer.

„Wer weiß, möglicherweise gibt das milde mausgrau der Vorhänge unserem kleinen Versteck den nötigen Charme, was meinst Du?", fragt Val grinsend und blickt sich prüfend im Raum um, als erwarte sie tatsächlich, dass die zugezogenen Vorhänge unserem Nest mehr Behaglichkeit verleihen. Sie tun es nicht. Das Licht wird lediglich etwas matter. Anfang November muss man ohnehin selbst mittags mit eher spärlichem Licht zurechtkommen. Val und ich benötigen heute auch kein Licht. Und wir sind auch nicht wegen der Behaglichkeit oder des mausgrauen Charmes dieser Vorhänge hier. Wir verschwinden einfach in diesen geschützten Raum des Hotelzimmers. Wir treffen uns in diesem sachlichen Hotel und verwandeln den uns umgebenden Raum in ein Paradies. Nur mit unserer Anwesenheit. Nur mit unserer Zärtlichkeit.

Das matte, mausgraue und beengte Hotelzimmer erstrahlt in ungeahnten Farbvarianten. Der triste Raum duftet nach frischen Blumen. Der Strauß Lilien, den ich heute Morgen noch schnell hierher bestellt habe, mit der hellblauen Klappkarte *„Weil ich mich so sehr auf Dich gefreut habe..."*, überstrahlt die mausgraue Mattheit. Lichtkegel durchkreuzen die Decke über dem geräumigen Holzbett. An den hohen hölzernen Bettpfosten knatschen und knarren die von Val sorgsam verzurrten ledernen Bänder und Riemen, die dem ganzen Zimmer mit jeder zurrenden Bewegung die letzte Sachlichkeit nehmen und den kargschmucklosen Raum in eine Oase der Phantasie und der Sinnlichkeit verwandeln. Unsere Geräusche und Gerüche rauben dem Raum jede Nüchternheit. Die durcheinander gewühlten Laken schmecken nach verschüttetem Champagner. Vals Lippen schmecken nach unerhörter Lust. Vals Körper duftet nach ungezügeltem Rausch. Das vorhin noch so triste Hotelzimmer erstrahlt in unserer Zärtlichkeit und gibt ein nahezu perfektes Bühnenbild, eine wunderbare Kulisse für unsere wunderbar verschmelzenden Körper.

Ich löse mich aus Vals umschlingenden Armen, um uns noch ein Glas Champagner einzuschenken. Was für ein Bild! Was für ein sinnliches Tun! Ist das das „leichte Leben"?, frage ich mich. Das „leichte Leben", von dem ich vor kurzem noch glaubte, dass es für mich nicht existiert? Das „leichte Leben", das es wahrscheinlich nur im Kino gibt. Und jetzt liege ich in Vals Armen und alles fühlt sich so gut an. Alles fühlt sich an wie das „leichte Leben", das uns in Kinofilmen vorgegaukelt wird.

Ich bade in diesen Stunden wie in Goldpulver. Ich weide mich an Vals Anblick, an ihrem wunderhübschen Körper, wenn sie so langgestreckt auf dem Bett liegt, die Beine nur leicht übereinander geschlagen. Wenn sich die weichen Formen der Muskeln ihrer zum Hinschlagen schönen Oberschenkel abzeichnen im Halbdunkel dieses Novembernachmittags. Schäumende Stunden mit Val. Ist das das „leichte Leben"?

Was für eine lachende Freude es heute Morgen war, im Hotel den Strauß Lilien und die hellblaue Klapp-Karte für Val zu bestellen. Die Dame an der Hotel-Rezeption hat mich heute Morgen angesehen, als sei ich völlig übergeschnappt. Sie hat überhaupt nicht verstanden, was ich mittags in einem Hotelzimmer will und weshalb ich da unbedingt einen Strauß Lilien haben muss.

„Ich weiß, dass es nur noch knapp zwei Stunden sind...", habe ich der begriffsstutzigen Rezeptions-Maus freundlich zugezwinkert. Manchmal hilft ja Charme. „Aber es muss sein, verstehen Sie? Es ist sehr wichtig, wirklich!", habe ich die abwehrenden Einwände der Dame an der Rezeption abzublocken versucht. Sie hat nicht einsehen wollen, dass ich in knapp zwei Stunden in Zimmer 403 einen riesigen Strauß Lilien benötige.

„Ich müsste es in der Gärtnerei am Bahnhof versuchen, vielleicht... aber ich kann Ihnen da gar nichts versprechen... können die so kurzfristig liefern", hat sie unwillig und immer noch verständnislos gemurmelt. „Ich weiß aber nicht, ob es...". Penetrant hat sie sich widersetzen wollen. Meinem unerhört wichtigen Vorhaben mit den Lilien hat sie sich widersetzen wollen.

„Hören Sie, Sie schaffen das schon. Mit der hellblauen Klappkarte, wie besprochen. Da bin ich ganz sicher!", habe ich die Nörgeleien der phantasielosen Hotelfachangestellten unterbrochen. Meine Stimme muss so etwas Bestimmendes wie „Lilien. Um zwölf. Aber pronto, bitte" enthalten haben. Jedenfalls hat sie schlagartig ihr Murren beendet und nur knapp „Ja, natürlich" gemurmelt. Meine Stimme klingt am Telefon manchmal unnachgiebiger und bestimmender als sie ist. Als ich es bin. Manche Kollegen nennen diesen Telefon-Ton bei mir gelegentlich „Maschinengewehrsalven". Nun, wenn es der Sache dient. Diese brave Dame an der Hotelrezeption jedenfalls scheint vor den drohenden Salven des Maschinengewehrs in Deckung gegangen zu sein. Die Lilien stehen Punkt zwölf mit der hellblauen Klappkarte „Weil ich mich so sehr auf Dich gefreut habe..." in dem mausgrauen Hotelzimmer.

Vals leuchtender Gesichtsausdruck, als sie die Lilien sieht, ist jede einzelne Maschinengewehrsalve wert. Für dieses Lächeln von Val hätte ich noch ganz andere Geschütze aufgefahren. Ich liebe diese kleinen Gesten. Das leichte Leben. Das muss es sein, das leichte Leben. Einander Freude zu bereiten. Ich ihr mit den Lilien, sie mir mit diesem Lächeln...

Diese Treffen mit Val in verwunschenen, kleinen Hotelzimmern haben etwas wundervoll Verruchtes, etwas ungeheuer Aufregendes. Weil diese Treffen die Luft des Verbotenen atmen. Weil sie nach Abenteuer schmecken. Ich bin jedes Mal von neuem aufgeregt wie ein Teenager vor dem ersten Rendezvous. Jedes Mal die gleichen aufregenden Vorbereitungen. Die schwierige Garderobenfrage. Was ziehe ich an? Was passt in das Ambiente dieses Hotels? Was passt zu unserem derzeitigen Level? Der Level unseres Verhältnisses? Wie weit kann ich heute gehen? Wie weit wird sie heute gehen? Welche kleinen Überraschungen wird sie heute bereithalten? Manchmal machen die Vorbereitungen besonders viel Spaß. Die schlichte Frage, sollte ich eine Flasche gekühlten Champagner oder besser einen guten Rotwein mitnehmen? Kleine Snacks bereitstellen oder lade ich sie hinterher – „hinterher" - wie das klingt! – unten in der kleinen Schmuddelkneipe zum Essen ein? Val sagt immer, echte Eleganz zeige sich daran, dass man sich als Frau in einem 5-Sterne-Restaurant beim Hummer-Essen genauso souverän bewegt wie in einer schmuddeligen Hamburger Hafenkneipe. Ich mag Hamburger Hafenkneipen. Ich mag Vals Souveränität. Stundenlanges Duschen vor unseren Treffen, als wollte ich meinen Körper, meine Haut irgendwie einstimmen. Einstimmen auf Val. Einstimmen auf Vals Zärtlichkeit. Diese Treffen mit Val in schummerigen Hotelzimmern haben etwas unerhört Knisterndes!

Dabei war es gar nicht geplant. So wie nichts eigentlich geplant war. So wie unser ganzes Verhältnis nicht geplant war. Das Treffen im Hotel sollte zunächst eigentlich nur eine Überraschung sein. Eine hauchdünne Geste nur.
„Dienstag, 17 Uhr, Hotel am Stadtpark, Zimmer 501. Erwarte Dich ungeduldig", habe ich Val vor einigen Wochen ins Büro gemailt.

173

Ohne weitere Fragen oder Erklärungen antwortete sie weinige Minuten später *„Wusste ja, dass Du gut bist. Aber dass Du sooo gut bist...?! Werde da sein. V."*

An diesem Dienstag im Herbst in Zimmer 501 habe ich mich zwischen Erdbeeren und Champagner in Val verliebt. Nichts ist planbar. Dinge geschehen. Oder sie geschehen nicht. An diesem Dienstag in Zimmer 501 aber geschehen die Dinge. Und sie sind nicht planbar. Sind nicht steuerbar. An diesem Dienstag rollen die Wogen so dicht an mich heran. An diesem Dienstag sind die Küsse nicht mehr nur Küsse, schmeckt der Champagner nicht mehr nur nach Champagner. An diesem Dienstag in Zimmer 501 ist Val so schön wie nie zuvor. Ihre Zärtlichkeit verschwenderischer, ihr Lächeln bodenloser als sonst. Val bemerkt meine flatterige Stimmung, meine butterweichen Knie und begegnet diesem Gefühl, als ahnte sie etwas, mit so ungeheurer Behutsamkeit. Ohne ein Wort. Als fürchte sie, ich könnte es aussprechen. An diesem Dienstag in Zimmer 501 habe ich mich in Val verliebt. Nichts ist planbar, nichts ist steuerbar. Es ist einfach so. Verliebt in Val, die Siegesgewisse. Verliebt in Val, weil ich in ihren Armen zu Butter zerfließe.

„Was ist mir Dir?", fragt Val nur knapp, eher pflichtschuldig, als wir das Zimmer 501 am späten Abend verlassen. Weil sie weiß, dass sie nicht einfach so über meine Wogen hinwegbrettern kann. Aber sie will nicht hören, was sie zu hören fürchtet. Will nicht ausgesprochen bekommen, was sie ahnt. Weil Val nicht will, dass ich mich in sie verliebe. Weil sie sich nicht verlieben will. In diesem knappen „Was ist mit Dir?" liegt bleischwer ihre ganze Befürchtung, dass ein Verhältnis eben nicht ewig ein Verhältnis sein kann. Dass es Grenzen gibt, die nicht überschritten werden dürfen. Dass ein Verhältnis keinen Raum bietet für Gefühle des Verliebtseins. Nicht für meine, nicht für ihre.

Vals Leben ist fest strukturiert. Feste Zeitschienen für ihren zeit- und kraftintensiven Job. Feste Zeitschienen für ihre Freundin und die Beziehung, die sie miteinander führen. Ein klares oben und unten, ein klares rechts und links. In diesem klaren rechts und links, irgendwo dazwischen, liegt nun das Verhältnis mit mir. Für Verliebtheit gibt es da keine Kategorien. Vals Lebensphilosophie hält in diesen festen, klar umrissenen Strukturen an erster Stelle in der Prioritätenskala einen Job bereit, der sie ausfüllt. Dann erst kommt ihre Beziehung, die ihr die von Zeit zu Zeit benötigte Nestwärme bietet. Weit oben in der Prioritätenskala liegt bei ihr auch der Freundeskreis für das soziale Wesen in ihr. Und inmitten dieses straffen Modells findet sie Raum für das eine oder andere Verhältnis zwischendurch.

Ich frage mich ohnehin, wie Val das alles zeitlich und organisatorisch auf die Reihe kriegt. Ich meine, wie macht sie das? Wie schafft sie es nur, dass ihre Freundin offenbar von unserem Verhältnis nichts merkt? Oder weiß sie es und es ist ihr egal? Solche Beziehungen gibt es ja. Ich frage Val nie danach. Wahrscheinlich würde sie nur sagen *„Alles eine Frage des timings und der Organisation"*. Manchmal schlägt mir der Beziehungswind eisig entgegen, wenn ich Val in ihrer Wohnung besuche und wieder einmal über irgendein winziges Detail ihrer Freundin stolpere. Mal ist es ein Foto, mal sind es einfach nur ein Paar Schuhe. Dann fühle ich mich wie ein Einbrecher auf Beutezug. Wie ein Eindringling, ein Dieb, der in anderer Leute Sachen kramt. Wie schafft Val es nur, denke ich dann in solchen Momenten, dass ihre Freundin nicht plötzlich den Schlüssel umdreht und vor uns steht? Oder geht sie dieses Risiko ein? Das hübsche Spiel mit dem Feuer? Ich weiß es nicht.

Und mitten in Vals hübsch geordnetes Leben hinein rassele ich nun mit einem auf den Lippen liegenden Geständnis. *„Ich kann es ihr nicht mit Worten sagen, doch legt sie's mir brennend auf den Mund."* Ich kann Vals Frage „Was ist mir Dir?" nicht beantworten. Ich sehe ihre Befürchtung und schweige. Ich ahne, dass damit unsere Leichtigkeit zerstört würde.

Vals Augen flüstern es nur zu deutlich. Sie will nicht hören, was sie sieht. Dass ich mich in sie verliebt habe. Nein, Val will es nicht hören. Also schweige ich. Ich sage nichts von meinem Gefühl. Sage ihr nicht, dass an diesem Dienstag in Zimmer 501 alles so anders ist. Dass ihre Smaragde heute tiefer durch mich hindurchgestrahlt haben als sonst. Sage ihr nicht, dass ihr wunderbarer Körper mir heute die Sinne vernebelt hat. Sage

175

ihr nicht, dass mein Herz mir bis zur Halskrause schlägt, wenn sie mich anlächelt. Ich gestehe Val nicht, dass ihre warmen Küsse mir heute mehr als nur Küsse waren, dass es Küsse waren, die jetzt in meinem Herz Amok laufen. Nein, ich sage Val nichts von all dem.

„Nichts, Val, gar nichts. Alles in Ordnung. Ich hatte nur gerade so einen leichten Kopfschmerz. Alles in Ordnung", lüge ich ihr lächelnd entgegen. Val akzeptiert erleichtert meine Lüge, von der sie nur zu genau weiß, dass es eine Lüge ist, und wir gehen, als wäre nichts geschehen, nebeneinander den Flur zum Fahrstuhl entlang. Wortlos. Nein, Val. Nicht der Kopf schmerzt. Es sind Schmerzen, die sich an ganz anderer Stelle breit machen, denke ich, als sie so dicht neben mir im Fahrstuhl steht und noch einmal zärtlich nach meiner Hand greift. Das Herz, Val, es ist das Herz!

Die Treffen mit Val in den Hotels werden zu einem hübschen Spiel zwischen uns. Es ist beinahe so, als ermögliche uns die Fremdheit der Umgebung eine Distanz zu unserem Tun. Als wären wir in der fremden Umgebung nicht wir selbst, als wären wir hier nicht verantwortlich für unser Tun. Die Treffen in diesen Hotelzimmern haben so etwas unerhört Verruchtes, Verbotenes, Aufregendes. Sie tragen aber auch in ihrer unverbindlichen Umgebung bereits den Keim der Trennung in sich. Ich spüre diesen Keim leise an unserem Verhältnis nagen. Knisternd. Scharrend höre ich den sachte heranwachsenden Keim der Trennung. Des Endes unseres Verhältnisses. Verhältnis. Ist es überhaupt noch ein Verhältnis? Verhältnisse dauern nicht so lange an. Für ein bloßes Verhältnis sind wir schon zu weit, meine ich. Ein Verhältnis, das so lange brennt, ist doch bereits keines mehr. Es ist mehr. Aber mit der Fortführung als Verhältnis nehmen wir uns die Chance, eine Beziehung zu entwickeln. Eine Beziehung, die wir ja nicht wollen. Die ich nicht will, weil es zu früh ist. Die Val nicht will, denn sie hat bereits eine.

Die Hoteltreffen sind aus einem Spiel entstanden. Sie haben aber den unromantischen Vorteil, dass ich nicht jedes Mal in Vals Wohnung mit einem verunsicherten Ohr an ihrer Wohnungstür kleben muss, weil ich befürchte, jeden Moment ihrer Freundin in die Augen lügen zu müssen. Und Val, nun sie muss sich keine Ausflüchte mehr zurechtlegen, warum sie mich nicht in meiner Wohnung besuchen will. Jedenfalls nicht für *solche* Treffen. Im Grunde weiß ich auch ohne Erklärungen, warum Val *diese* Nähe nicht in meiner Wohnung will. Weil sie glaubt, mir damit zu viel von sich zu geben. Weil es zu sehr nach Zweisamkeit schmeckt in eben meinem Revier. Weil es ihr zu sehr nach Beziehung riecht, sich mir in meiner Umgebung zu ergeben. Sie will die Regie behalten. Sie will ihre Eigenständigkeit nicht preisgeben. Also haben diese Treffen in schummerigen Zimmern fremder Häuser nicht nur den verruchten touch, sondern schlicht einen ganz pragmatischen Hintergrund.

Und heute? Heute liege ich neben Val in unserem mausgrauen Hotelzimmer und in dem weichen Geruch der Lilien. Vals süße Berührungen und tiefe Blicke legen mir wieder brennend das Gefühl des Verliebtseins auf die Lippen. Nein, ich werde ihr nichts davon sagen, beschließe ich und schenke kühlen Champagner in unsere Gläser.

„Ich frage mich gerade", sagt Val sehr langsam und setzt vorsichtig mit der linken Hand ihr Glas auf dem Boden ab, „wie eine Frau wie Du so lange hat warten können. Warum hast Du nicht längst den Weg genommen, der für Dich der richtige ist? Eine so leidenschaftliche Frau wie Du, die lange Jahre den Schlaf der Gerechten, ich meine *erotisch gesehen*, schläft?!"

- „Schwer zu sagen, Val. Wenn der Leidensdruck nicht groß genug ist, schläft man eben seine Jahre vor sich hin, *erotisch gesehen*, meine ich."

Vals Blick hat beinahe etwas Mitleidiges. Sie lächelt mich so schweigend an, dass ich nicht weiß, ob es Mitleid ist, oder ob sie mich schlichtweg für dämlich hält.

„Schlimme Sache", sagt Val schließlich leise, fast ernst.

„Aber hast Du denn nichts vermisst? Meine Güte, wo hast Du denn Deine Leidenschaft so lange verstauen können?"

- „Nein, ich glaube, *vermisst* habe ich so direkt eigentlich nichts. Ich hätte ja noch nicht einmal gewusst, was man so alles vermissen kann. Wusste ja noch nicht einmal, was genau es ist, wonach ich mich so sehne. Es ist nur heute so, dass ich so viele Defizite empfinde... *erotisch gesehen*, meine ich." Schweigen.

„Tssss, ... *erotisch gesehen*, meinst Du. Hm, hm." Über dieses kleine Wortspiel müssen wir beide lachen.

Mit einem Mal werden Vals Blicke ernster. Sie trinkt ihr Glas aus, stellt es wieder vorsichtig neben dem Bett ab und dreht sich langsam zu mir um. Wortlos. Ernst irgendwie.

„Defizite... ", flüstert sie fast tonlos. Es ist wohl nur eine Art innerer Monolog. Gedanken. Und noch einmal.

„Defizite... ! Was für ein Jammer. Du – und Defizite?!"

Ein fast mitleidiges Lächeln, auf eine Weise gutmütig. Jedenfalls sehr warm, verständnisvoll. Dann aber mischt sich etwas Verruchtes in Vals Lächeln. Sie nimmt mir das Glas aus der Hand und umfasst mit einem gekonnten Griff mein Handgelenk ganz fest. Mit der anderen Hand umfasst Val meinen Nacken und zieht mich zu sich heran. Ganz dicht zu sich heran. Einladend dicht, auffordernd nah.

„Wie gerne würde ich...", flüstert Val kaum hörbar, aber doch sehr bestimmt, „... noch auf der Stelle, wenn ich nur etwas mehr bei Kräften wäre, Deine Defizite ausfüllen. Ganz langsam. Ganz allmählich. Step by step, verstehst Du? Level für Level mit Dir Dinge tun, die *Du*, Süße, längst hättest tun sollen."

In Vals Smaragden sehe ich das Funkeln wieder. Ich sehe es deutlich. Das wilde Funkeln der Lust in ihren Smaragd-Augen.

„Tsssss... ", säuselt Val, ohne mein Handgelenk loszulassen. *„Du* und Defizite... !?"

Vals Stimme ist so sanft. Gerne würde ich sie bitten, diesen Satz noch einmal genau so zu sagen. Noch einmal diese Handbewegung, noch einmal diesen festen Griff, diesen Blick und noch einmal diesen sanften Satz, der so verheißungsvoll, so tiefgründig in mir nachhallt. Stattdessen blicke ich sie nur wortlos an. Level, sagt sie...

Wenn wir miteinander schlafen, erklimmen wir zusammen, so kommt es mir vor, jedes Mal einen anderen, einen weiteren Level. Wie aufregend ist es dann, wenn wir vorher mit kleinen Andeutungen und unserer Phantasie mit den ungeschehenen Dingen des nächsten Levels spielen und ich nur ahne, was meine Phantasie für mich bereithält. Die Erwartung und Ah-

178

nung dessen, was kommen mag. Aber nicht genau zu wissen. Die höchste Lust findet in unseren Köpfen statt. Erregung ist Phantasie. Gelebte Phantasie.

Warum, Val, willst Du nicht hören, dass ich mich längst in Dich verliebt habe...?

ৰ ৰ ৰ

Diese Zeit mit Val ist so intensiv, so schlimm. Wir treffen uns regelmäßig, so oft es eben geht. Meine Aufregung vor unseren Treffen wird immer schlimmer, weil ich jedes Mal mit dem entschlossenen Mut einer Ertrinkenden zu ihr fahre, ihr endlich zu sagen, wie mir das Herz bis zum Hals schlägt. Dass ich mich längst in sie verliebt habe.

Heute aber, denke ich, als ich vor dem Spiegel stehe und unschlüssig an meiner Jeans herumzuppele. Heute, denke ich, spreche ich aus, was längst in Worte gehört. Auch wenn Val es nicht hören will. Heute. Heute sage ich es ihr. Vernunft hin oder her. Denn was nämlich hat unser wüstes Verhältnis noch mit Vernunft zu tun?! Nichts. Nicht das Geringste. Also steigt meine Entschlossenheit. Die Entschlossenheit, mein Gefühl für Val nicht länger herunterschlucken zu wollen.
Ein letzter Blick in den Spiegel. Eigentlich ist es vollkommen egal, was ich anziehe. Nichts wird heute auch nur annähernd der Aufgeregtheit gerecht, die mich würgt. Dreimal habe ich mich schon wieder umgezogen. Nichts findet heute meine Gnade. Kein Outfit kann heute meiner Aufregung standhalten. Also ist es vollkommen egal, beschließe ich bei einem letzten unschlüssigen Blick in den Spiegel, was ich mir heute um die Hüften hänge. Val hat die Maßstäbe ohnehin so haushoch gehängt, dass es schier unmöglich ist. Ihr zu gefallen, darum geht es schließlich. Kaum zu glauben, dass man sich mit Anfang 30 noch mal fühlt wie 15. Also lasse ich die Jeans da wo sie ist, an meinen Hüften, zwänge mir nur noch das braune Top mit dem sehr tiefen Ausschnitt um den Oberkörper und beschließe,

179

dass es so in Ordnung ist. Weil heute eh nichts meine Gnade findet.

Weil Val heute zu mir nach Hause kommt. Und genau das ist es gerade, was mir heute Abend die Luft in der Kehle dünn werden lässt. Heute schlüpfen Val und ich aus der knisternden Anonymität der Hotelzimmer hinein in die gefahrenbeladene Intimität meines neuen Zuhauses. Noch kann ich es nicht glauben. Ich glaube es erst, wenn Val vor mir steht. Vor mir in der gefahrenbeladenen Intimität meiner Wohnung. Val hat es bislang erfolgreich vermieden, länger als nur eine Stunde mit mir in meiner Wohnung zu sein. Virtuos. Geschickt. Sehr variantenreich jedes Mal ein anderer Grund. Ich weiß nicht genau, warum. Aber es ist wohl die Privatheit, die sie scheut. Ist schon irgendwie witzig, denke ich. Val meidet zu viel Privatheit und Intimität, die sie in meiner Wohnung empfindet. Und das, nachdem wir so ziemlich die höchsten Stufen der Intimität miteinander erlebt haben, wie ich meine. Aber eben in der Anonymität fremder Hotelzimmer. Oder aber in ihrer Wohnung, wo eben schlicht Val die Regie führt. Als gäbe ihr das Sicherheit, die Kontrolle über unser Verhältnis zu behalten.

Aber heute wagt sie sich in die Höhle der Löwin. In meine Höhle und heute bin ich die Löwin. Heute Abend kommt Val. Und ich vertrödele die kostbare Zeit, die mir noch bleibt, mit sinnlosen Garderobenexperimenten. Als käme es heute noch auf das Outfit an!?

Wo bleibt Val eigentlich, denke ich mit einem Seitenblick zur Uhr. Es ist bereits zehn nach acht. Was für meine unmaßgeblichen Verhältnisse nicht weiter ungewöhnlich wäre. Aber Val... Val ist ein lebendes Räderwerk der Präzision. Sie schafft es immer, wie von Geisterhand, eine Punktlandung hinzulegen. Ich verstehe nicht, wie sie das macht. Ich staune nur noch darüber. Val ist, abgesehen vielleicht von unserem kleinen, wüsten Verhältnis, die Inkarnation von Akkuratesse. Die gelebte Akkuratesse. Ihr Leben ist so penibel geordnet, ihre Abläufe so stringent und systematisch. Da gibt es eben einfach keine Unpünktlichkeit, keine Ungenauigkeit. *„Alles eine Frage des timings. Alles eine Frage der Organisation"*, sagt Val dann immer spitz, wenn ich über ihre Akkuratesse schmunzele. Ich darf darüber schmunzeln, als fliegender Chaot, meine ich.

In Vals auf den Punkt getimten und geplanten Leben hat so ein zerzaustes Verhältnis wie das unsere eigentlich gar keinen Raum, denke ich, während ich mich geduldig auf das Sofa setze und auf sie warte. Fast viertel nach acht. Immer noch keine Val.
Oder aber ich bin das letzte Fünkchen Chaos, das sie sich in ihrem gestylten Leben leistet. Als Auffrischung sozusagen. Nein, verwerfe ich den schäbigen Gedanken. Aber Vals Leben ist so durchorganisiert, dass da eben kein Platz für unkalkulierbares Gefühl ist. Denn Gefühle sind immer riskant. Man droht die Kontrolle zu verlieren. Und Val liebt es, die Kontrolle zu haben, die Regie über die Dinge zu führen. Daher vielleicht ihre Angst, die flackernde Leichtigkeit unseres Treibens würde plötzlich dadurch schwer, dass zuviel Gefühl in Spiel käme. Ein Verhältnis hat keinen Platz für Gefühle, die aus dem Verhältnis mehr als eben nur ein Verhältnis machten. Kein Platz für Verliebtheit?
Val hat stets die Kontrolle über ihr Leben. In ihrem Job, in ihrer Beziehung, in ihrem Alltag. Und eben auch in den gelegentlichen kleinen Verhältnissen, so scheint es mir.
Zwanzig Minuten nach acht. Noch immer keine Val.

Warten ist etwas schlimmes, wenn das Herz ohnehin bis zur Halskrause schlägt, finde ich und hole, um die Zeit sinnvoll zu nutzen, schon einmal den Wein aus der Küche. Ich liebe diese Zeremonie des Schon-mal-den-Wein-Holens. Der Korkenzieher verschwindet mit wunderbar quietschendem Geräusch im Korken – Val würde es lieben, aber sie ist ja noch nicht da. Dieses herrlich ziehende, halb knatschende, halb tauchende Geräusch, wenn der Korken, sich geräuschvoll windend, erlöst aus dem Flaschenhals ploppt, als stöhnte der Wein erlöst auf. Plopp. Das Klingeln des Telefons drängelt sich mitten in mein erlösendes Plopp – Punktlandung, denke ich. Das kann nur Val sein. Solche Punktlandungen bringt nur Val fertig. Ich stelle die entploppte Flasche Chardonnay zurück auf den Tisch und nehme den Telefonhörer ab.

181

„Punktlandung", sage ich, anstatt mich zu melden.
- „Wie bitte? Wer ist da? Was für eine Landung?" -
Es ist Val. Ihre knusprende Stimme hallt noch in meinem Hirn nach. Also doch eine Punktlandung.
- „Bist Du es, Val?" frage ich, nachdem ich begriffen habe, wie denkbar dämlich ich mich eben gemeldet habe.
„Volltreffer. Ich bin's. Das mit der Punktlandung erklärst Du mir später. - Hör mal, meine Schöne, Du bringst allerhand Unordnung in mein hübsch geordnetes Leben. Ich glaube, zum ersten Mal seit 117 Jahren bin ich zu spät zu einer Verabredung. Das ist nicht auszuhalten. Was machst Du mit mir, hm?"
Da ist es wieder, Vals kleines Glucksen in der Stimme.
„Und dann auch noch dieser Penner hier vor Deiner Tür, der meint, mir erklären zu müssen, warum ich nun gerade *hier* nicht parken dürfe. Sag' mal, in was für einer Gegend wohnst Du denn hier?" –
Oh, nein, denke ich, Kaltenbrunner! Dieser Schlumpf. Hat der schon wieder nichts Besseres zu tun als meinen Besuch abzufangen.
„Val, warte mal. Tu einfach, was der Penner Dir sagt, okay."
Val versteht sicher nicht, warum so eine Schnapsnase wie der vor ihrem Wagen herumwedelnde Schlumpf ihr Verhaltensmaßregeln geben sollte. Aber sie tut, was die Schnapsnase ihr sagt und parkt brav an der gegenüberliegenden Straßenseite.

Als ich heraus komme und sie an ihrem Wagen abfische, steht Blockwart Kaltenbrunner mit der peinlichen Geste der Genugtuung vor der Tür und kostet seinen Triumph mit aufgeplusterter Brust aus. Na, warte, denke ich, da wollen wir ihm doch noch etwas zum Nachgrübeln mit auf den Weg in die Nacht geben. *Den* Kuss, den ich Val vor Kaltenbrunners glasigen Augen auf ihre warmen Lippen presse, wird er wohl noch lange in Erinnerung behalten.

Dann steht Val vor mir, siegesgewiss wie immer. Mit einem Lächeln, das jeden Zug zum Entgleisen bringt. Mit einer Siegesgewissheit, die mir augenblicklich meinen Stellenwert vor Augen führt. Den Stellenwert eines Verhältnisses. Sie zieht mich in einer wunderbar fließenden Bewegung zu sich heran, küsst mir den letzten, spärlichen Mut von den Lippen, zerrt mich zu Boden und beginnt ihren wundervollen Angriff genau da, wo es am schlimmsten ist.

„Ich habe uns..., oh, oh, Val, warte... schon den Wein geöffnet, die... hhmm... Fl---asche steht, war--te, Val, ... da drüben auf d...", beginne ich mit einer flüchtigen, verlegenen Handbewegung zum Tisch hinüber. Bei meinem Gestammel, unterbrochen von erregter Schnappatmung, hätte Val eher annehmen müssen, dass ich die Flasche bereits ohne sie verköstigt habe.

Val fängt meine flüchtige Handbewegung mit einem überzeugten Griff ab, führt meinen Arm sanft zurück hinter meinen Rücken und flüstert ganz langsam „Pssst, später, meine Liebe, später. Dein Wein ist sicher sehr gut, ja... sehr gut, ... aber... später." -

Ich lasse Val jede freie Bahn. Lasse sie gewähren. Lasse es geschehen. Lasse mich wieder und wieder von Val in unsere wunderbaren Sphären treiben. Wozu eigentlich die stundenlangen „Was-zieh-ich-heute-bloß-an" - Prozeduren, wenn wir uns dann am Ende in wenigen Augenblicken die Kleider vom Leib reißen wie die Wahnsinnigen?!

Mit Val zusammen eisbrecherische Level der Lust zu erleben! Damit erstickt mein spärlicher Rest Mut, ihr von Gefühlen zu reden.

Mit verbundenen Augen liege ich vor Val, vollständig ausgeliefert. Nicht zu wissen, wann und wie sie ihre süßen Attacken fortsetzt. Zu warten, abzuwarten. Dann ihre Haut zu spüren. Ihre wunderbar weichen Brüste an meinem Rücken zu spüren. Ihr fester Griff an meinem Nacken, an meinem Hals. Ihren schlanken Oberkörper an meinem Rücken. Mit der Hand umfasst sie von hinten meinen Hals, ihre Fingerspitzen drücken sanft mein Kinn etwas zur Seite, so dass ihre Lippen unmittelbar an meinem Ohr entlang streifen.

„Na, komm schon, Süße, sag's mir! Sag mir, was Du von mir willst. Ich will es hören..." –

Vals Stimme ist so leise wie nie zuvor, aber ihre Worte explodieren in meinem erregten Körper wie kleine Tretminen, auf die ich mit jedem Atemzug gerate. Es ist eher ihr verführerischer Tonfall. Dieses Bestimmende ihrer Worte, dieses Unnachgiebige ihrer Stimme. Ihr vollständig ausgeliefert zu sein. Wie in geträumter Trance entspreche ich ihrem Wunsch und drehe mich um. Mit ihren Knien öffnet Val mit nur einer einzigen Bewegung meine widerstandslosen, vibrierenden Schenkel.... Ich sehe nur das kühle Dunkel des Seidenschals, den Val gekonnt um meine Augen gebunden hat.

„Was tust Du?".

„Schhhhh.... Ich betrachte Dich", flüstert Val. Das Dunkel des Seidenschals erhöht die Erregung, die Ahnung dessen, was kommen mag.

„Na, komm schon, sag's mir, Süße. Sag mir, was Du willst. Sprich mit mir...".

Vals Stimme wird drängender, aber so sagenhaft sanft. Die Hitze wird unerträglich. Ich kann nicht mehr länger warten, auch wenn das Warten zu unserem Spiel gehört. Auch wenn das Warten so wunderbar süß sein kann. Ich sage Val, was sie hören will. Ich sage ihr, was wir beide hören wollen, was uns beide in neue Höhen peitscht. Auszusprechen, was in Gedanken schon schlimm genug ist. Erregend. Auszusprechen, was einzig in Momenten der Lust in Worte gehört. Weil es dafür sonst keine Begriffe gibt. Dinge, die mir sonst nie über die Lippen kämen. Ich sage Val, was sie hören will.

Der Augenblick unmittelbar vor dem Aufprall ist der schönste. Die Explosion ist wüst. Mit noch verbundenen Augen spüre ich die heftigste Explosion. Mit lautem Schrei explodiere ich in Vals Armen. Mit verbundenen Augen wispere ich Val die wildesten Dinge zu. Solche, die sie hören will und solche, die sie nicht hören will.

„Valerie Sennheim, Valerie, Val, ich habe mich so schlimm, so schlimm, Val, in Dich v..." – „Psssst. Nicht. Sag es nicht!", flüstert Val und legt mir ihre noch immer brennenden Fingerspitzen auf den Mund. „Nicht. Tschh... . Sag nichts."

Val will nicht hören, dass ich mich in sie verliebt habe. Sie will es nicht hören. Sie weiß es und will es nicht hören. Weil unser Verhältnis dann kein Verhältnis mehr ist. Weil unser Tun dann Konsequenzen hat.

Ich habe es eigentlich gewusst, bevor sie gekommen ist. Ich habe es im Grunde genau gewusst. Und doch sticht es nadeltief in mein Herz, dass meine siegesgewisse Val nach diesen intensiven Momenten, für die es keinen Ausdruck mehr gibt, ihre Tasche schnappt und wie selbstverständlich geht. Als wäre sie nur kurz zum Blumengießen vorbeigekommen. Blumengießen, ja. Und wie! Alles in mir hat sie heute unter Wasser gesetzt mit ihrer flutenden Zärtlichkeit. Überschwemmt. Geflutet. Getränkt. Ich bin in ihren Armen ersoffen und sie geht! Ich schwimme noch in dem Bassin ihrer Zärtlichkeit, zappele noch wie ein Fisch in den ganz langsam nur abflutenden Wogen der Lust, spüre noch ihre heißen Küsse an den unmöglichsten Stellen meines getränkten Körpers - und Val nimmt ihre Tasche und geht! Wie kann sie nach diesem Feuerwerk, das wir eben entzündet haben, einfach gehen, als wäre es ein halbwegs amüsanter Kinobesuch, nach dem man erschöpft, aber leidlich guter Dinge nach Hause geht?

Val geht. Die Tür schnappt leise ins Schloss. Ich lausche noch ihren federnden Schritten im Hausflur. Die schwere Haustür, die mit knarrenden Geräuschen zuklappt. Dann ihre Absätze auf dem Asphalt. Es müssen ungefähr zwanzig, vielleicht dreißig Meter sein, die sie zu ihrem Wagen braucht. Ich höre jeden einzelnen ihrer Schritte wie einen Schlag ins Gesicht. Jeder Schritt von mir weg eine Demütigung. Warum, zum Teufel, kann Val nicht einfach heue Nacht hier bleiben?! Wo, verdammt, ist der Unterschied? Ich meine, in meinem Bett die wunderbarsten Stunden zu versäuseln, sich gegenseitig das Hirn und den Verstand aus dem Leib zu vögeln, in *meiner* Wohnung, in *meinem* Bett, in *meinem* Revier, wenn sie so will. Was aber ist dann qualitativ so entscheidend anders daran, den letzten winzigen Rest der Nacht auch noch hier zu bleiben? Ist es der Morgen, vor dem sie sich fürchtet? Der *Morgen danach*, der schemenhaft einen besonderen Zauber der Zweisamkeit aufzeigt? Das ist doch absurd. Können die drei, vier Stunden Schlaf „danach" wirklich noch intimer sein als *diese* süßen Sachen, die wir zuvor taten? Was kann intimer sein als diese tiefen Orgasmen? Tiefe, getränkte Orgasmen.

Val ist fort. Ist sie nun gegangen, weil sie den *Morgen danach* fürchtet? Oder habe ich sie mit meinem herausposaunten Gefühl verschreckt?

Es ist eigentlich auch egal, denke ich und beschließe, nun selbst auch nicht mehr in das einsame Bett zurückzuklettern. Nur einen kleinen Blick werfe ich noch um die Ecke in das schummerige Schlafzimmer. Puuh. Was für eine Stimmung hier noch im Raum liegt! Welche bezirzenden Gerüche noch in der Luft liegen! Die kleinen Kerzenstummel flackern noch genauso wirr wie vorhin und geben dieses wundervoll schwache Licht. Aus den Boxen summt immer noch Sade mit ihrem „hungry for life". Leise. Sehr leise. In einem ganz weichen Rhythmus singt Sade „hungry for life"...

Eigentlich ist es egal, warum sie gegangen ist, nun, da sie fort ist. Viel wichtiger ist die Frage, kommt sie zurück ...?

Vals Blick barg gerade, als sie mich zum Abschied umarmte, so viele unterschiedliche Empfindungen. Geschichtet wie bei einer fiesen, fettigen Schichttorte meiner Großmutter. Ich habe diese Schichttorten gehasst. Fies fettig, klebrig und zuckerig. Und bis man mal ans Ende oder an den Anfang gelangt, ist der Magen längst verkleistert. Man dringt nicht an das Wesentliche, den Kuchenkern, hindurch. Genauso klebt nun heute Nacht Vals Abschiedsblick in mir – zuckersüß und undurchsichtig geschichtet wie Omas Schichttorte. Und ich blicke nicht zu ihren wesentlichen Kuchenkernen hindurch. Zu Vals Gefühlskernen. Vals Blick liegt geschichtet irgendwo zwischen einem echten Gefühl der Nähe und bloßer Sinnlichkeit. Zwischen Sehnsucht und Flucht, zwischen Befriedigung und Bedauern. Bedauern darüber, dass nun die Leichtigkeit aus unserem Verhältnis gewichen ist. Ist sie das? Frage ich mich und lasse mich mit dem letzten einsamen Tropfen Chardonnay in mein Sofa sinken.

„Hurts like brand-new shoes...", singt Sade irgendwo im hinteren Teil der Wohnung, als wäre sie wirklich hier. In meinem Schlafzimmer. Musik hat diese fatale Verstärkerwirkung auf Gefühlslagen. - „Hurts like brand-new shoes..." Ja. It hurts. Die Musik tut heute Nacht weh wie neue Schuhe. Gerade noch hat Sade uns beide in Wallungen versetzt und unsere aufgeheizten

Gefühle weiter und weiter vorangetrieben. Und nun? Nun ist es die gleiche Musik, die meine traurige Stimmung, meine sehnende Stimmung vertieft. Wie Drogen. Verstärker der jeweiligen Stimmung. Hurts like brand-new shoes... Muss Neues immer erst wehtun? Denke ich und ringe mit Schwermut. Tut dieses Gefühl weh, weil es eben noch so neu für mich ist? Ich meine, eine Frau in den Armen zu halten und dann wieder nicht. Oder tut es weh, weil jedes Verhältnis irgendwann weh tut? Oder tut es weh, weil es mehr ist? Mehr als ein Verhältnis, mehr als brand-new shoes...

Val sagt, sie hätte einige Tage keine Zeit für uns, müsste ganz und gar abtauchen in ein neues wichtiges Projekt. Bei Val sind irgendwie alle Projekte sterbenswichtig. In der Werbebranche ist alles zum Umfallen wichtig. Wenn Val sich ihrer Arbeit unterwirft, ist die Welt um sie herum nicht mehr existent. Das kenne ich zwar schon. Und dennoch hatte ich gehofft, dass sie nach *diesem* Abend zumindest eine Minute für einen winzigen kleinen Anruf hat. Aber kein Anruf. Keine Minute. Keine Val. Tage lang keine Val. Kein Telefon. Kein Ton. Weil irgendein Projekt wichtig ist.

Das Leben nimmt schon manchmal die absonderlichsten Wendungen. Ich werfe mit Wucht mein bisheriges Leben, meine bisherige Ehe an die Wand, weil ich mit ungeheurer Vehemenz spüre, wohin *meine* Reise geht. Dann läuft mir inmitten meiner konfusen Umbruchsphase meine siegesgewisse Valerie über den Weg. Wir erleben die tollsten Dinge. Wir empfinden beide eine schlimme Nähe. Jedenfalls glaubte ich, dass auch für Val unsere Küsse mehr sind als nur Küsse. Dass es auch für Val nicht nur ein sexuelles Abenteuer ist. Aber Valerie Sennheim ist verankert in einem so klar strukturierten Leben, in dem es bereits eine Frau gibt. Einen zeitzehrenden Job. Und dazwischen eine kleine Liebelei, eine Affäre. Mich.
Da zertrümmere ich meine bisherige Welt, meine Ehe, die mir so starr, so zementiert schien. Da glaubte ich, die einzig lebbare Leichtigkeit in der Liebe zu Frauen suchen zu müssen. Da idealisierte ich die Liebe dieser Frauen. Da war in meiner Vorstellung alles groß, schön, bunt und weltumspannend. Nach-

dem ich mich aus der Schale der bisherigen Ehe-Welt gelöst hatte, glaubte ich deren Welt, die Welt der frauenliebenden Frauen, hell und wunderbar. Als wären Frauen die leichteren Wesen. Dabei ist Val mindestens genau so starr in ihrer Welt einzementiert. Und flieht nur gelegentlich in die bunte Welt der Abenteuer. Der sexuellen Abenteuer mit anderen Frauen. Und nun verbrenne ich an einer wunderbaren Frau, die aber eben schon eine Frau hat. Die mich als bloßes Abenteuer am Rande hält. Die mir - fraglos, unbezweifelbar – die grellsten und schönsten Dinge zeigt, von denen ich noch nicht einmal wusste, dass es sie gibt. Eine Frau, der ich Stück für Stück mehr verfalle. Eine Frau, die mir in der Welt der Liebe Wege zeigt, von deren Tiefen ich nur in meinen kühnsten Träumen Bilder hervorholte. Und nun erlebe ich sie.

Val verabschiedet sich für eine Woche in einen Kurzurlaub. Mit ihrer Frau. „Na klar", sage ich ihr betont selbstverständlich. Natürlich ist ihre Frau diejenige, mit der sie einen Kurzurlaub macht. Wer denn sonst? Ihr Verhältnis jedenfalls nicht. Eine Woche irgendwo am Meer am Ende der Welt. Da, wo es keinen Winter mehr gibt. Da, wo Jahreszeiten nichts mehr bedeuten. Da, wo der verwöhnte Westeuropäer so tut, als liege ihm die Welt zu Füßen. Wie lauschig, denke ich mit einem krachenden Biss der Eifersucht. Schlimme Schnitte. Kapverdische Inseln?! Wo zum Teufel ist das überhaupt?
„Na klar, das ist doch schön", heuchele ich Val quer ins Telefon. Gut, dass man diese Schnitte in meinem Herzen nicht hören kann.
„... Irgendwie ist es... dennoch bitter." Für diesen absolut unnötigen Zusatz könnte ich mich erschießen. Schwächen zeigen in dieser undefinierten Phase?! Bist wohl verrückt, denke ich. Val sagt nichts zu meinem überflüssigen Unsatz. Sie schweigt darüber hinweg, indem sie um die Peinlichkeit herum irgendwelche belanglosen Details über die Gegend garniert.
„Na, dann... Machs gut, Val. Bis dann." –
„Ja. Bis dann."

Was hatte ich denn erwartet?! Dass Frauen, nur weil sie Frauen sind, einander lieben wie die Engel? Rein und ungetrübt, auf-

188

richtig und klar? Das ist doch kompletter Blödsinn. Was sollte denn aufrichtiger und authentischer an der Liebe von Frauen sein? Hatte ich da etwas in den blauen Himmel gehoben und sternengleich für unverwundbar gehalten, was nicht goldener und besser ist als jede andere Liebe auch?! Sieht so aus, muss ich ernüchtert feststellen. Dass Frauen, nur weil sie Frauen sind, nicht unbedingt kuscheligen Blümchensex haben, ist mir in den letzten Monaten auf atemberaubende Weise vor Augen geführt worden. Aber irgendwie war ich wohl der Illusion erlegen, dass Frauen, die mit Frauen Verhältnisse haben, dies aufrichtiger tun. Als wären sie besondere Wesen. Als wäre diese Liebe etwas Besonderes. Ich hatte geglaubt, dass hinter dem wilden Sex auch wilde Gefühle stehen. Dass es nicht nur Spiel und Lust ist, miteinander zu schlafen. Dass hinter all der Lust auch Gefühl ist. Gefühl füreinander. Bindung vielleicht. Nein, das kann nicht sein. Nicht so beliebig. Für mich ist diese Liebe zwischen Frauen etwas besonderes, der Sex ein Königreich aus Phantasien, die Körperlichkeit eine Oase der Sinnlichkeit. Nicht besser oder edler, nein, einfach nur etwas ganz besonderes. Aber hatte ich ernsthaft erwartet, dass Frauen, nur weil sie Frauen sind, einander lieben wie die Engel?

Ich begehre Val bis zur Schmerzgrenze und ein wenig bereits darüber hinaus. Habe mich in sie verliebt, in die Siegesgewisse, die keine Gefühle zulässt. Sehne mich nach ihrer Nähe, nach ihrem Lachen, nach ihren Gesprächen. Und Val? Val genießt diese Affäre, solange sie leichtfüßig dahinplätschert ohne Konsequenzen. Sie schenkt mir ihre Zärtlichkeit, solange ich keine Ansprüche stelle, solange ich mich aus ihrem Leben fernhalte.

Ich habe es gewusst. Schon bei ihrer Abreise habe ich es gewusst. Ich habe es in ihren Smaragden gesehen, die erloschen und matt an mir vorbeiblickten. Ich habe es an ihrem traurigen Blick gesehen. Vals Smaragde sind wieder zu Augen geworden. Zu wunderschönen, aber eben ganz normalen Augen einer ganz normalen, schönen fünfunddreißigjährigen Frau, die einen ganz normalen Kurzurlaub mit ihrer Frau antritt und sich noch rasch vorher von ihrer ganz normalen Geliebten, einem ganz normalen Verhältnis, verabschiedet. Bei ihrer Ab-

reise bereits habe ich gewusst, dass Val nicht wieder zurückkommt. Nicht zu mir zurückkommt. Nichts ist normal.
Vals Verabschiedung hat eine so bleierne Schwere. Da ist
nichts leichtfüßiges mehr. Ihre sonst so heitere, stets ein wenig
spöttelnde Leichtigkeit weicht einem Bild, das ich so noch gar
nicht von ihr kannte. Die Smaragde haben so gar nichts sma-
ragdenes mehr in sich. Nur noch Augen, schöne Augen zwar,
aber eben nur Augen. Merkwürdig, denke ich, als sie vor mir
steht und mit Worten ringt. Die traurige und bedrückte Val ist
beinahe noch schöner als die heitere, leichtfüßige Val. Meine
Güte, Val. Siehst Du denn nicht, wie Du mich pulverisierst?
Als sie mich zum Abschied noch ein viel zu flüchtiges Mal
umarmt, als wäre es tatsächlich nur für ein paar Tage, rieche
ich aber ihre salzigen, sorgsam verschluckten Tränen. Niemals
hätte Val zugelassen, dass ich Tränen an ihr sehe. Aber ich
rieche sie, ich spüre ihre Tränen.
„Versteh' doch. Ich kann das nicht mehr, es ist alles viel zu nah
geworden. Ich kann das nicht mehr." -
Flüstert Val ganz leise, als hoffte sie, ich würde es eh nicht
hören. Denn wenn sie nur für einige Tage wegführe, gäbe es da
doch für die zurückbleibende Geliebte nichts zu verstehen?!
Was also *kann sie nicht mehr*?! Auch ohne diesen geflüsterten
Abschied hätte ich es gewusst. Dass Val nicht mehr zurück-
kommt. Nicht mehr zu mir zurückkommt.
Es ist viel schlimmer als brand-new shoes! Es ist wie ein in
Stücke gezerrtes Herz. Wie eine pulsierende Wunde.

190

7.

März

Die Freiheit zu haben, von allem zu kosten...

Nein. Ich verstehe es eigentlich nicht. Aber ich habe heute Morgen auch keine Lust auf tiefergehende Diskussionen über absonderliche Lebensentwürfe und füge mich ihrem ungeduldigen Blick. Außerdem spielt es auch keine Rolle, ob ich ihre Lebensweise verstehe oder nicht. Also stimme ich ihr notdürftig zu.

„Ja, mag sein, dass Du Recht hast. Vielleicht ist es müßig, auf die große Liebe zu warten. Vielleicht aber auch nicht. Solange wir sie nicht gefunden haben, wissen wir doch aber auch nicht, ob es sich lohnt. Ob es sich lohnt, auf die Liebe zu warten, meine ich. Ach, ich weiß nicht. – Komm, lass uns aufstehen und diesen strahlendschönen Sonntag begrüßen... sagen wir, mit einem Frühstück de luxe? Was hältst Du davon?"

Lena macht nicht die geringsten Anstalten, ihren entzückenden, müden Körper aus meinem Bett zu schlängeln. Stattdessen wühlt sie ihren schlanken Leib in die Kissen zurück und bedeckt nur fahrlässig ihre Haut. Provokativ. Aufreizend. Grinsend. Mit einem demonstrativ zugezwinkerten Auge. Als wollte sie mir heute morgen partout in einem kleinen Experiment die Richtigkeit ihrer Thesen demonstrieren. Irgendwie süß.

Ich mag Lena sehr. Wahrscheinlich wegen ihrer Hartnäckigkeit, denke ich in diesem Moment. Weil sie immer so felsenfest überzeugt ist von ihrem Tun. Weil sie sich nicht abbringen lässt.

„Oh, nein, Lena. Du bist ohne Frage ein außerordentlich reizvolles Geschöpf. Das sieht jedes Kind. Wir beide, aber, sind *befreundet*. Verstehst Du? *Freunde*! Hm? Wir erinnern uns? Die Sache mit Vertrauen, Füreinander-Dasein, Zusammen-Was-Unternehmen, Ausgehen, Spaß-Haben, Einander-Zuhören. Was immer Du willst. So was in der Art jedenfalls. Wir sind *befreundet*, Lena, aber wir haben keinen *Sex*. So einfach ist das."

191

Lena lächelt. Das ist wieder ihr Glaub-doch-was-Du-willst-Lächeln. Von ganz weit weg lässt Lena ihr Lächeln zu mir nieder tropfen. Als wollte sie sagen „Wart's ab. Auch Deine Ideale werden noch von der Realität eingeholt. Früher oder später..." Aber Lena antwortet nichts. Lena lächelt nur.

„Komm schon, schwing Dich aus den Federn. Lass uns irgendwo frühstücken gehen", sage ich und reiße die Decke von ihrem räkelnden Körper. Sehr süß, denke ich bei dem Anblick dessen, was sich mir da entgegenräkelt, und ich zweifele zumindest für einen kleinen Augenblick an meinen Überzeugungen. Genau auf diesen Blick hat Lena gewartet. Mit dem süßen Lächeln des Triumphes murmelt sie knurrend „Okay, Du Standfeste, gehen wir frühstücken. Aber erklär mir, warum man nicht befreundet sein kann und sich trotzdem, oder gerade deswegen ganz vortrefflich miteinander vergnügen kann, hmm?"

Lena schält sich langsam aus meinem Bett. Sie bewegt sich bei mir ganz selbstverständlich, ganz vertraut. Kein Wunder, denke ich und betrachte sie wohlwollend, wie sie sehr langsam an mir vorüber ins Bad schleicht. Wir sind seit langen Monaten befreundet. Sie übernachtet oft bei mir, wenn wir an den Wochenenden zusammen etwas unternehmen. Sie schläft in meinem Bett. Dicht neben mir. Aber eben nicht mit mir.

„Weil Freundschaft eben keinen Sex verträgt. Deshalb. Weil Freundschaft an Erotik zertrümmern würde. Weil dann Gefühle vermischt würden, die nicht zueinander gehören. Freundschaft und Sex!? Das passt nicht. Dann kommt die böse Erwartungshaltung. Dann kommt die böse Eifersucht. Dann kommt Anspruchsdenken. Nein, Lena. Das sind einfach zwei Paar Schuhe. Freundschaft und Sex."

„Und genau das ist der Irrtum, weißt Du, ...", brüllt Lena aus dem Bad, um den lauten Wasserhahn zu übertönen, „... wir leben beide im Jetzt und Hier. Hinc et nunc. Und das Leben findet nun einmal im Jetzt und Hier statt. Nicht irgendwann und eines schönen Tages. Und wenn man sich mit den angenehmen Dingen des Lebens befassen will, sollte man es besser im Jetzt und Hier tun. Etwas anderes als dieses Leben gibt es nämlich nicht. Das Leben ist nämlich definitiv zu kurz, als dass man es damit zubringen sollte, auf etwas Großes zu warten. Etwas Größeres als das Leben selbst gibt es nämlich nicht."

„Hm..."

Lena verschwindet mit Geklapper hinter der Duschwand. Durch die offene Badezimmertür dringen tröpfchenweise die angenehmen Gerüche ihres Duschgels. Das ist ja zum Hinschlagen betörend, dieses Zeug. Das muss sie mir hier lassen, denke ich noch, da steht sie auch schon wieder vor mir und sammelt ihre quer durchs Schlafzimmer verstreuten Kleidungsstücke zusammen. Was das angeht, ist Lena eine wirkliche Schlampe. Eine sehr entzückende Schlampe, denke ich, während ich sie beobachte. Sie zieht sich aus, wo sie gerade steht und lässt schlicht alles zu Boden fallen. Unbekümmert und sorglos. Ebenso unbekümmert sucht sie nun heute Morgen ihre Klamotten wieder zusammen.

„Das klingt mir zu sehr nach Endzeitstimmung", sage ich und beobachte Lena ungeniert, wie sie sich umständlich anzieht. Chaotisch, wirklich chaotisch, diese Frau, aber einfach liebenswert. „Wo, nämlich, bleibt in Deinem Lebensmodell des ‚Jetzt und Hier' das Gefühl? Von Liebe will ich mal gar nicht reden."

„Das ist ja gerade. Ich will nicht immer nur auf Gefühle warten, ehe ich mich amüsieren darf. Und wenn ich Pech habe, warte ich bis ans Ende meiner Tage auf dieses phänomenale Gefühl, das die Menschen Liebe nennen. Und dann? Was dann? Dann habe ich hübsch gewartet. Und nichts ist geschehen. Nee, danke. Ich warte nicht. Und wer sagt mir überhaupt, was genau das ist?! Die Liebe? Oder das, was die Menschen dafür halten. Oder schlimmer noch, ich habe dieses Gefühl und dann - wutsch - ist es weg. Futsch. Dann hat sich's ausgefühlt, ausgeliebt. Nee, lass' man. Ich habe Freundschaften. Ich habe Liebschaften. Das ist alles ganz wunderbar."

Lena sieht mein ungläubiges Gesicht und setzt sich neben mich auf die Bettkante. „Und außerdem haben Gefühle immer was mit Schmerz zu tun. Das muss ich *Dir* doch nicht sagen. Ich will ja keine alten Wunden aufbrechen, aber Deine Val zum Beispiel. Du wirfst Dich ihr zu Füßen, nachdem ihr Euch aneinander die Finger verbrannt habt, und - wutsch - ist sie weg. Oder Deine ferne Hannah. Du schmachtest ihr monatelang hinterher und zauderst und zauderst... und - wutsch - ist sie weg. Oder Dein René. Da glaubt er, in Dir die Frau fürs Leben gefunden zu haben, heiratet Dich... und - wutsch - bist Du weg. Das ist schon irgendwie bitter, findest Du nicht? Oder Deine Marla. Sie erhofft sich mehr von Dir als nur Sex... und - wutsch - bist Du weg."

Lena ist wirklich hinreißend in ihrer grauenvoll nüchternen Logik. Lachend legt sie ihren Arm um mich.

„Siehst Du, Lena. Genau das ist der Grund, warum wir zwei Hübschen die Ebenen nicht verschwimmen lassen sollten. Sonst gehen wir miteinander ins Bett und - *wutsch* - bist Du weg...!"

„Okay. Überzeugt. Zumindest fürs erste... Komm, lass uns ein Frühstück de Luxe haben".

„Klingt wunderbar...".

Lena. Lena ist ein besonderer Mensch. Lena ist eine halsbrecherisch rasant lebende Frau. Lena ist eine einfach gute Freundin. Ich teile ihre Auffassung vom Leben nicht immer, aber sie ist eine gute Freundin. Ich mag Lena sehr. Und das nicht nur, weil sie mir im letzten Winter, als Val ohne ein weiteres Wort auf die Kapverdischen Inseln entfleuchte, eine Art punching-ball war. Lena war so rührend süß, als ich ihr nächtelang all meine Bitterkeit über dieses schnöde Verlassenwerden um die Ohren warf. Lena hörte mir stundenlang geduldig zu, als ich so verletzt war. Lena war es, die mich mit ihrer Heiterkeit ins Leben zurückholte. Die mich ablenkte, indem sie mich auf die skurrilsten Partys schleppte. Tagelang hörte Lena mit Engelsgeduld Lobeshymnen über meine schöne Val. Und Lena war es auch, die mich schließlich energisch daran hinderte, Val auf die Kapverdischen Inseln hinterher zu fliegen und mich dort endgültig zum Trottel zu machen.

„Um Gottes willen, Du bist ja vollkommen übergeschnappt. Welche fiesen Drogen hat Dir diese Frau eingetütet? Das kommt gar nicht in Frage, Du bleibst hübsch hier. Pfff... Der Frau auch noch bis ans Ende der Welt hinterher fliegen!! Wo ist das überhaupt – Kapverden? Kommt gar nicht in Frage. So hinreißend kann *keine* Frau sein, dass man sich ihretwegen zum Trottel macht und den Ohrfeigen auch noch den ganzen Globus entlang hinterher rennt. Oder fliegt."

„Doch, Lena, sie ist so hinreißend, dass ich mich ihretwegen zum Trottel machen würde..."

„Oh, mein Gott. Sie hat Dir *doch* Drogen gegeben. Sie hat Dich verhext. Hypnotisiert. Weiß der Himmel, was sie mit Dir angestellt hat?! Hmhmhm... Langsam wird's spannend. Jetzt will ich allmählich Einzelheiten aus Eurem unerhörten Verhältnis."

Lenas Kichern hat immer etwas Anzügliches.

„Hrrrr, Lena! Nun hör' aber mal auf. Du verstehst das nicht."

„Nein, meine Süße, ich verstehe das nicht! Erkläre es mir. Was ist das für ein fragwürdiges Gefühl, sich freiwillig zum Trottel machen zu wollen und dafür auch noch Geld auszugeben für einen Flug ins Nirgendwo? Hm?"

„Das fragwürdige Gefühl nennt man Verliebtsein. Verstehst Du? Brennendes, sehnsüchtiges, selbstloses, begehrendes Verliebtsein. Etwas Besseres als dieses Gefühl gibt es nämlich nicht."

„Oh je. Dann kann ich Dir auch nicht mehr helfen, glaube ich", sagt Lena nur knapp.

Ihrem Gesichtsausdruck kann ich deutlich entnehmen, dass sie darüber nachdenkt, wer von uns beiden auf dem Holzweg ist. Entweder hält sie mich für übergeschnappt. Oder aber sie hat zum ersten Mal begriffen, was für eine ungeheure Kraft dieses Gefühl des Verliebtseins hat, dass es die Menschen dazu bringt, die dämlichsten Dinge zu tun.

Tagelang musste Lena meine Verliebtheitsarien über Val ertragen. Ich glaube, wenn Lena Val jemals über den Weg laufen sollte, wird sie sie dafür erschießen. Ja, sie wird sie erschießen. Lena wird Val einfach nur dafür erschießen, dass sie meinen Kummer hat glattbügeln müssen. Wochenlang. Aber Lena ist eine echte Freundin. Sie wird es diskret tun. Und sie wird mich nicht mit den Details behelligen.

Das schöne an meinem punching-ball und Trostkissen Lena ist, dass sie mit ihrer gnadenlos objektiven und nüchternen Sicht mich immer wieder auf den Boden zurückholt. Lena glaubt eben nicht an die Liebe. Sie hält jede Romantisiererei für kompletten Blödsinn, für vertane kostbare Zeit. Lena hält Liebe für eine Illusion, für ein Zerrbild unserer verzweifelt einsamen Seele.

Lena ist eine Frau mit ungeheuer viel Sinn für die wirklich schönen Dinge des Lebens. Eine Frau mit Verstand und Begabung. Äußerlich eher der Typ Diva. Irgendwo zwischen Greta Garbo und Sigourney Weaver. Vielleicht wegen ihrer Größe. Oder wegen ihrer langen dunklen Haare. Oder es ist ihre forsche, direkte Art. Vielleicht auch ihr energisches Auftreten. Was auch immer. Auffallend in der Erscheinung. Auffallend attraktiv. Mit ungeheurer Hingabe lässt Lena sich auf Neues ein, versenkt sich in Literatur, wirft sich der Kunst mit wilder Leidenschaft zu Füßen. Die kleine Kunstgalerie, in der sie Geschäftsführerin ist, lebt und atmet ausschließlich von Lenas Experimentierfreude und Lebhaftigkeit. Die Künstler schätzen ihren kritischen Geist und ihre Begeisterungsfähigkeit. Manch ein unbedeutender Künstler kam erst durch Lenas Wagemut und Durchsetzungskraft zu Ruhm und Ehre. Weil sie eben einfach an deren Talent glaubt. Oder weil sie es schlicht in den Bildern sieht. Weil sie in Bildern das sieht, was andere Kritiker nicht sehen. Weil sie hinter die Federstriche schaut. Lena ist auf so erfrischende Art authentisch, dass man sie einfach mögen muss. Man ist sofort für sie eingenommen, wenn sie lachend eingesteht, dass ihre eigenen Talente für die Malerei nur unzulänglich sind. Ich sehe das nicht so. Ich finde ihre Bilder, die sie ausschließlich in ihrer Wohnung aufhängt und niemandem verrät, von wem die sind, sehr schön. „Für die Galerie" wie Lena immer trocken sagt, „sind diese kleinen Klecksereien zu winzig".

Ihren Hang zur Ästhetik und zu allem Schönen setzt Lena nahtlos in ihrem leicht ungeordneten Liebesleben fort. Lena glaubt an das Schöne im Menschen. Sie liebt Formen, Farben und Genüsse. Sie liebt schöne Frauen. Aber Lena glaubt nicht an die Liebe. Ihren Freunden ist Lena ein verlässlicher Partner, ein Fels in der Brandung. Aber die vielen Frauen, die in ihrem Leben kommen und gehen, erleben die Vergnügungen mit ihr eher unverbindlich. Und genau so will Lena es auch. Sie hält es für Zeitverschwendung, auf die große Liebe zu warten, weil sie eh nur eine Illusion sei. „Eine Seifenblase, an der wir eines

Tages ersticken", sagt Lena, wenn ich sie überzeugen will, dass das Gefühl der Liebe das Beste ist, was uns passieren kann.

„Du erstickst an dieser Seifenblase nach kurzer Zeit, die Du wie unter Drogen im Liebesrausch erlebst. Diese Seifenblase, die uns unser Hirn und unsere Seele vorgaukelt. Du erstickst an der Seifenblase, während draußen das wahre Leben an Dir vorüberzieht und mit jedem Windhauch Chancen an Dir und Deiner Seifenblase entlang rauschen. Und das schlimmste ist, Du merkst es erst, wenn es zu spät ist."

Lena glaubt eben nicht an die Liebe. Darum findet sie es auch vollkommen normal, dass Frauen, die einfach nur miteinander befreundet sind, eines Tages miteinander ins Bett gehen. Sich aufs Vortrefflichste vergnügen und dann nachher wie ganz normal befreundete Frauen weitermachen. Als wäre man nur mal eben zusammen essen gewesen oder im Kino oder so etwas. Sie glaubt das wirklich. Ich finde das skurril. Ich meine, ich kann doch nicht mit meiner Freundin Sex haben!? Freundschaft verträgt eben keine Erotik. Auch wenn man sich noch so attraktiv findet.

❧ ❧ ❧

Schon wieder eine von diesen skurrilen, schillernden Partys? Ich glaube eigentlich nicht, dass ich zusagen werde. Auch wenn Lena recht hat, dass ich mich gelegentlich unter das Volk mischen sollte. Aber schon wieder eine von diesen immergleichen Frauenpartys?! Nein, ich denke, ich sage besser ab. Das immergleiche, fassadenhafte Gurren uniformierter Frauen, die in dieser bunten Maskerade ihre wahren Sehnsüchte verstecken. So kommt es mir vor auf diesen Maskenbällen der Eitelkeiten. Frauenpartys. Der stakkatoartige Tanzstil ähnelt immer einer militärischen Formation. Wie ein Bataillon Ameisen. Und alle turteln umeinander. Kühl, maskenhaft, distanziert. Mit der Geste derer, die in ihrem Leben alles bereits gesehen und erlebt haben, die nichts mehr wirklich berühren kann, vollkommen abgeklärt. Frauenpartys. Wie anonyme Barbiepuppen, stets auf der Jagd nach einer neuen Trophäe, derer man sich kurzerhand entledigt, sobald man ihrer überdrüssig geworden ist.

In den letzten Monaten, seit Val verschwunden ist, habe ich vielleicht einfach zu viele von diesen fragwürdigen Vergnügungen gesehen, als dass ich mich heute dazu durchringen könnte, mit Lena an diesem Wochenende nach Berlin zu fahren, um dort eine weitere von diesen Lustbarkeiten mitzuerleben. Ich stehe dann ohnehin wieder nur wie ein Betrachter am Rande der Arena und begutachte das Gurren der Weibchen, die umeinander buhlen. Dann betrachte ich leidlich amüsiert deren balzhaftes Bemühen, lässig und abgeklärt zu wirken. Ich stehe dann wieder am Rande der rauchgeschwängerten Tanzfläche oder sitze auf irgendeinem klebrigen Barhocker, abgeschirmt durch meine Käseglocke des fernen Betrachters, und fühle mich inmitten all dieser schönen Frauen dennoch einsam. Weil ich deren Balzen gar nicht auf mich wirken lasse. Weil ich deren Anmache gar nicht zulasse. Weil die eine oder andere der flirrenden Frauen zwar recht schön ist, aber mich nicht wirklich berührt. Keine berührt mich wirklich. Weil ich sie eben einfach alle mit meiner siegesgewissen Val vergleiche. Weil ich eben immer noch, nach vier Monaten inzwischen, in all diesen tanzenden Augen nach Vals Smaragden suche. Seit Val aus meinen Armen verschwunden ist, suche ich in allen Augen nach ihren funkelnden Smaragden. Keine Smaragde. Keine Val.

Wieder einmal siegt Lenas Hartnäckigkeit. Wieder einmal zieht sie alle Register ihres unbeugsamen Willens und überredet mich, sie nach Berlin auf diese kleine Party zu begleiten. Ich glaube, es ist ihr sprudelnder Charme, dem man sich einfach nicht entziehen kann.
„Wenn Du schon keine Lust hast, auf diese Feier mitzukommen, dann begleite mich wenigstens zu dieser Vernissage, bitte. Tu es für mich. Komm einfach mit und leihe mir Deinen kritischen Geist. Sonst kaufe ich in wenigen Augenblicken die halbe Vernissage kurz und klein und ruiniere damit meine Galerie."
Ich sehe schon, die Lage ist ernst. Lena findet diesen verkorksten argentinischen Maler Torquasso so hinreißend, dass sie seinen Bildern längst verfallen ist und für ihre Galerie wahrscheinlich den halben Bestand aufkaufen wird, wenn sie nie-

mand daran hindert. Zum Glück ist sie realistisch genug, das rechtzeitig zu erkennen.

„Du wirst doch diesem furchtbaren Macho Torquasso nicht Deinen Verstand opfern?! Seine Bilder sind lebensfern und grässlich pathetisch."

Ich habe neulich in Lenas Galerie nur wenige Bilder von diesem Torquasso in einem Fotokatalog gesehen und fand sie schlicht grauenvoll. Das Prinzip der Stärke unterwirft in grellen Farben das Schwache. Ein Machokult, der nun wirklich nichts mehr mit Kunst zu tun hat. Grauenvoll demütig unterwirft das Schwache sich dem Starken. Argentinier eben. Furchtbar. Aber Lena hält diesen Schwachsinn für einen ausdrucksstarken Stil der Lebensfreude. Sie sieht wieder irgendetwas hinter den Federstrichen. Angeblich etwas Aufklärerisches. Etwas Ungestümes und Lebensbejahendes, wie sie sagt. Ist Unterwerfung unter das Prinzip des Stärkeren argentinische Lebensfreude?!

„Na, komm schon, die Party hinterher im Anschluss an die Vernissage wird sicher amüsant. Es sind alle Damen von Rang und Namen dabei. Das ‚who is who' des lesbischen Berlins, wenn Du so willst. Das darf man sich nicht entgehen lassen."

Lenas Lebenswandel kommt mir zunehmend künstlich vor. Eine artifizielle Welt der Eitelkeiten.

„Also, gut, Lena, ich komme mit. Aber weniger wegen der Party. Dein ‚who is who' interessiert mich weniger. Ich fahre nur mit, um zu verhindern, dass eine starke, lesbische Frau wie Du dem schwiemeligen Machokult eines Argentiniers verfällt."

„Perfekt. Ich hole Dich morgen früh um acht ab."

Lenas hartnäckige Art ist einfach bezaubernd.

Die Ansammlung von langen, staksigen und unpersönlichen Fluren und Räumen erinnert mehr an ein Labyrinth als an eine Galerie. Unpersönlich und kalt. Der kühle, gläserne Tresen mit seinen schroffen Metalleinrahmungen wirkt auch nicht eben anheimelnder. Es erinnert mich mehr an eine Zahnarztpraxis, klinisch und steril. Man betritt den Raum und fühlt sich an den diskreten Charme einer DDR-Bahnhofshalle erinnert.

Kaum, dass wir den kurzen Eingangsflur hinter uns gelassen haben, drängt uns eine alienhafte, komplett weiß gekleidete, durchgestylte junge Frau ein Glas Sekt auf. Mit ihrem unge-fragten Begrüßungskuss durchbricht dieses gekünstelte Wesen eben jene unausgesprochene, unsichtbare Grenze des Privaten, die mir kostbar ist. Ich mag so etwas nicht. Ich will nicht von fremden Aliens geküsst werden, nur weil ich einen sterilen Zahnarztpraxenflur entlang gehe, an dessen Wänden Bilder eines argentinischen Machos hängen. Mit oder ohne Sekt. Mit oder ohne Lena.

„Herzlich willkommen in Torquassos Vernissage, Lena..."

Flötet die weiße Frau mit unverkennbarem Unterton. Der Blick, den mir Torquassos Begrüßungskomitee in Weiß entge-genschmettert, ist unverkennbar anzüglich. Lenas knappes „Entschuldige, bitte, aber diese Leute hier kennen mich eben" erklärt dann alles.

„Oh, nein, Lena, würdest Du bitte dafür sorgen, dass diese Elfe hier und alle weiteren Prachtexemplare Deines ‚who is who' mich nicht länger für eine Deiner Trophäen halten. Nicht, dass mir das irgendwie unangenehm wäre. Aber das hat hier jetzt irgendwie etwas Schräges. Wenn ich mich als Deine Beute darstellen möchte, dann tue ich das gerne selbst. Kläre die Damen bitte auf. Danke."

Das geht nun doch zu weit. Lena verschwindet kurz. Die Blicke der übrigen Damen werden kecker, tuschelnder. Inzwischen werfe ich einige erste flüchtige Blicke auf die Bilder, die im Eingangs-flur hängen und offenbar nicht von Torquasso sind. Landschaf-ten in ganz weichen Farben. Ohne Pathos. Lächelnd kommt Lena zurück und hängt sich vergnügt bei mir ein.

„Entspanne Dich, meine Liebe, ich habe die Fronten geklärt. Du bist den Ruch des Anrüchigen los und giltst nicht länger als meine neue Trophäe, tsss... Möchte bloß mal wissen, was daran so schlimm wäre."

„Nichts, Lena, nichts...", sage ich und greife kurz nach ihrer Hand. Ich hasse es nur, ungefragt auf der Bühne der Eitelkei-ten zu stehen.

„Komm, schauen wir uns Deinen Lieblingsmacho an."

„Spötterin, elende!"

Sagt Lena lachend und wir gleiten durch das kühle Labyrinth der Vernissage, die Sektgläser wie Pokale oder wie lichtspen-dende Fackeln vor uns her tragend.

Wenn der kühle, gläserne Tresen in diesem Vernissage-Labyrinth nicht so standfest wäre, würde ich wohl lang hinschlagen vor Schreck. Ich vermute, der Teint irgendwo zwischen buttermilchgelb und feuerwehrrot. Irgendwo zwischen kreidebleich, buttermilchgelb und feuerwehrrot oder im Wechsel. Gerade noch rechtzeitig schaffe ich es, mein frisch nachgefülltes Sektglas auf dem sterilen Tresen abzustellen, bevor ich es in hohem Bogen quer über das gläserne Mobiliar gegossen hätte vor Entsetzen. Meine linke Hand bohrt sich wie ein Schraubstock in die Metallumrandung des Tresens und verleiht meinem zu Pudding zerfließenden Körper die nötige Stabilität. Die Knie flattern wie Schilfrohre im Sumpf. Sonderbare adrenalingeschwängerte Dinge schießen einem in solchen Schreckmomenten durchs Hirn. Soll ich schnell unbemerkt hinter den Tresen kriechen und von dort durch die Küche und durch das kleine Küchenfenster über die Notleiter ins Freie und in Sicherheit? Zu spät. Soll ich einen Stein in das hintere Fenster werfen, um von mir abzulenken und fluchtartig zum Ausgang rennen, in der Hoffnung, unerkannt zu bleiben? Zu spät. Oder soll ich spontan ohnmächtig werden und auf der Stelle zusammensacken, damit Sanitäter mich unerkannt auf einer Trage zum Hinterausgang hinausbringen können? Zu spät. Es ist alles zu spät. Jeder Fluchtweg ist versperrt. Jetzt heißt es Haltung bewahren. Knie sortieren. Haltung. Zu spät.

Sie hat meine zitternden Knie längst bemerkt, fürchte ich. Und sie kommt lächelnd auf meinen zerfrästen Tresen zu. Sie kommt lächelnd auf mich zu. Mein Gott, wie strahlend schön sie ist. Was zum Teufel hat sie hier verloren? Die Schilfrohre flattern so laut, dass sie es hören muss.

Ich versuche noch einmal, meine Muskulatur zu beherrschen, indem ich betont langsam mein Sektglas ergreife, um betont unberührt einen Schluck zu nehmen. Diese Übung funktioniert in den meisten Fällen, in denen ich meine Aufregung verbergen muss. Ich bezwinge meinen Flattermann, indem ich mich auf jeden einzelnen Muskel in meinem Arm und meiner Hand konzentriere. Weil ich anderenfalls das Glas zum Überschwappen brächte. Und weil ich damit endgültig blamiert wäre. Diese kleine List funktioniert im Allgemeinen. Ich nehme

201

also betont langsam mein Glas auf und trinke so selbstverständlich wie nur möglich einen lächerlich kleinen Schluck. Nur nicht zu viel. Verschlucken wäre ganz schlecht jetzt. Nur kleine Schlucke. Körperbeherrschung. Es klappt. Es muss so wirken, als überraschte es mich nicht sonderlich, sie hier zu treffen.

Sie kommt lächelnd auf meinen Trost spendenden Tresen zu. Nur noch wenige Schritte. Wie bringt sie es nur fertig, nach all dem, was war, noch so zu lächeln? Mit ihrem siegesgewissen Lächeln kommt sie auf mich zu und durchbricht meinen in den letzten Monaten mühsam restaurierten Schutzpanzer. Siegesgewiss wie immer steht Valerie Sennheim vor mir.

Als wäre nichts gewesen. Als wäre sie nie fort gewesen. Als träfen wir uns häufiger mal auf irgendwelchen sonderbaren Vernissagen überdrehter argentinischer Künstler.

Die auffallend perfekt geschminkte blonde Frau an ihrer Seite übersehe ich beinahe mechanisch, als Val auf mich zukommt und mir mit akkurater Eleganz zur Begrüßung die Hand gibt. Wo zum Teufel steckt eigentlich Lena? Wenn man sie braucht, ist sie unterwegs. Ich brauche ihre Unterstützung in dieser grotesken Begegnung.

Mechanisch, ohne wirklich beteiligt zu sein, erwidere ich artig und floskelhaft die Begrüßung. Was zum Teufel macht Val hier? Und wer ist diese gestylte Frau an ihrer Seite? Wenn ich nur vorbereitet gewesen wäre auf dieses Wiedersehen, hätte ich mir irgendetwas Belangloses zurechtlegen können. So aber bin ich komplett überfahren. Sinnlos eigentlich, irgendetwas zu sagen. Überflüssig eigentlich, Val zu fragen, wie es ihr geht. Denn das sieht man ja nur zu deutlich. Sie strahlt so wunderbar. Sie sieht so unverschämt gut aus. Und dann dieses Wesen an ihrer Seite. Die beiden wie aus einem Guss. Ein Kunstwerk. Wie ein Gemälde sehen die beiden zusammen aus, wie sie da so auf den gläsernen Tresen zusteuern. Das perfekte Paar tanzt da übers Parkett, wie mir scheint.

Vielleicht ist der Schmerz noch stechender dadurch. Schlimm genug, Val hier so unvorbereitet zu treffen. Dann aber auch noch mit einer neuen Frau, und dann auch noch mit einer so perfekten? Hätte es nicht ausgereicht, dass sie hier plötzlich mit ihrer Frau auftaucht, an deren Existenz ich mich immerhin schon gewöhnt hatte?

„Hallo, was für eine wunderbare Überraschung, Dich hier zu treffen. Damit habe ich ja nun so gar nicht gerechnet. Ich wusste gar nicht, dass Du eine Schwäche für Macho-Kunst hast?!"

Die gleiche, siegesgewisse Schlagfertigkeit, die ich von Val kenne.

„Dito, meine Liebe, dito. In jedweder Hinsicht."

Mein Verstand kehrt zurück und mit ihm Gott sei Dank die Sprache.

„Und Du, Val? Gehörst Du den Gönnern, zu den stillen Bewunderern oder zu den unerkannten Spöttern dieses argentinischen Machos?"

Vals Lachen schlägt mir mit Wucht in die Magengrube. Mein Gott, wie habe ich diese Frau vermisst. Wie habe ich ihr Lachen vermisst.

„Eher zu den unerkannten Spöttern. Du weißt ja, ich habe ein Faible für das Ungewöhnliche und Unkonventionelle. Aber der gute Torquasso ist nun wirklich jenseits des Erträglichen."

„Hm, wohl wahr, aber sag, Val, warum bist Du dann hier?"

„Gute Frage. Ich bin eher geschäftlich hier. Wir benötigen für ein neues Werbekonzept noch ein unschlagbares provokatives Element. Ich hörte von diesem argentinischen Macho und hoffte, hier so was zu finden."

Geschäftlich? Und wer ist dann diese unaufdringliche Schöne, die sich diskret im Hintergrund hält? Val scheint meine Blicke zu bemerken und bittet ihre Begleiterin mit einer entschuldigenden Handbewegung zu sich heran.

„Entschuldige, vor lauter Begeisterung habe ich ganz vergessen, Dir Corinna vorzustellen ... "

‚Corinna'. Was gibt es da vorzustellen? Artig begrüße ich Corinna, die mich höflich, aber distanziert anlächelt, sich dann aber wieder anderen Gesprächspartnern am Tresen zuwendet, an denen sie mehr Interesse zu haben scheint. Gehört die schöne Corinna etwa auch zu Lenas ‚who is who'?

„Corinna..." murmele ich leise, aber laut genug, dass Val es hört. Val lächelt nur. Wie immer. Als hätten wir uns gestern erst gesehen.

„Weißt Du…, Corinna ist… ehhm…" Verlegenheit huscht über Vals Gesicht. Das kann doch nicht sein? Val und Verlegenheit?

„Ach, lassen wir das, ich freue mich jedenfalls sehr, Dich wieder zu treffen. Sag mal, wie lange bist Du noch hier? Ich denke, wir sollten uns mal sprechen, was meinst Du?"

„Das sollten wir, Val, das sollten wir." Mein Ton sollte gar nicht so scharf klingen. Val blickt mich überrascht an.

„Ich gehe heute Abend mit einer Freundin auf die Vernissage-Party. Vielleicht hast Du ja auch Lust?" frage ich mit dem Mut der Verzweifelten.

„Wird sicher nett… Die Party, meine ich. Aber ich habe leider schon was vor… heute Abend."

Na klar, hat Val schon was vor. Eine Frau wie Corinna lässt man ja schließlich nicht allein in Berlin stehen. Was bin ich nur für ein Trottel.

Vals Blicke werden dringlicher. Ernster.

„Nein, nun mal ernst. Wir sollten mal miteinander sprechen. Kann ich Dich nächste Woche anrufen?"

„Gerne, natürlich. Ruf mich irgendwann an, wenn Du magst."

Lass mich bitte in Ruhe, hätte ich stattdessen sagen müssen. *Spiel Deine Spiele mit anderen*, hätte ich sagen sollen. *Schnapp Dir Deine bezaubernde Corinna und lass mich in Ruhe*, hätte ich antworten müssen. Stattdessen dieses dämliche *Gerne, natürlich, ruf mich an, wenn Du magst*.

Noch eine flüchtige, aber sehr schlimme Umarmung, einen flüchtigen, aber sehr schlimmen Blick über die Schulter und Val geht. Sie geht zielstrebig auf Corinna zu, umfasst zärtlich deren Taille und geht gemeinsam mit ihr dem Ausgang zu, den langen, kühlen Zahnarztflur entlang. Und weg sind sie. Und ich kralle mich immer noch im Metallrahmen des gläsernen Tresens fest. Nur ganz langsam löst sich die Spannung.

„Welches Schlossgespenst ist Dir denn über den Weg gelaufen, Du siehst irgendwie derangiert aus?!"

„Wo, bitte, warst Du so lange, Lena? Jetzt hätte ich mal *Deine* Unterstützung gebraucht!"

Knurre ich Lena an, als sie vergnügt um die Ecke geschossen kommt, diesen jugendlichen Argentinier im Schlepptau.

„Du? Meine Unterstützung? Wofür, um Himmels willen? Du hast Dich doch angeregt unterhalten, wie ich gesehen habe. Hattest doch schillernde Gesprächspartner, wie ich beobachten konnte?" Lenas Kichern hat immer so etwas Anzügliches.

„Wie bitte? Du hast Val gesehen?"

„Ach Du meine Güte, das war Deine kapverdische Valerie? Was treibt *die* denn hier? Das hättest Du mir sagen müssen. Ich hätte ihr eigenhändig die Löffel lang gezogen", feixt Lena.

Nein, Lena sollte hier besser niemandem die Löffel lang ziehen. Sie soll einfach nur da sein, wenn ich sie brauche.

Lena schickt ihren jugendlichen argentinischen Helden mit höflicher Geste weg und kommt ganz dicht zu mir herangerobbt.

„Sag mal, und Du weißt auch, wer die hübsche Begleiterin Deiner Val war?", fragt Lena zögerlich, fast flüsternd, als handelte es sich um ein schlimmes Staatsgeheimnis oder um die Enthüllung irgendeiner Verschwörung.

„Corinna", antworte ich nur knapp und ein wenig irritiert, da ich nicht sehe, was daran so geheimnisvoll ist. Lena blickt sich mit zusammengekniffenen Augen sorgfältig um. Sie sieht dabei aus wie Schlemil in der Sesamstraße, der aus seinem Trenchcoat eine verbotene Acht auf dem Schwarzmarkt anbietet.

„Na, ja. Ihre Frau ist es jedenfalls nicht", sage ich und beobachte Lenas geheimnisvollen Blick. „Nicht die von damals. Das macht es irgendwie noch bitterer. Weißt Du, *die* hätte ich ja irgendwie akzeptieren können. Aber die schöne Corinna? Nee. Ach nee. "

"Nun hör mal auf zu jammern und hör mir mal zu. Deine Val hat es ja faustdick hinter den Ohren. Donnerwetter."

„Was meinst Du damit?", frage ich Lena verständnislos.

Lenas Stimme wird noch akzentuierter als sie es ohnehin schon ist. Ein entzückendes, schelmisches Grinsen setzt sich in ihren Mundwinkeln fest. „Donnerwetter...", wiederholt Lena langsam. „Ich sag's ja. Faustdick." „Nun mach's mal nicht so spannend, Lena!"

„Deine kapverdische Liebhaberin, entschuldige, ich meine Deine siegesgewisse Valerie Sennheim, pflegt offenkundig einen sehr interessanten Lebensstil, wie mir scheint. Unsere hübsche Corinna nämlich, betreibt ein florierendes kleines Geschäft hier in Berlin, wenn Du verstehst, was ich meine?!" Nein, ich verstehe nichts. Gar nichts.

„Unsere hübsche Corinna bietet solventen Damen ihre Begleitung an. Du verstehst? Dienstleistung der Extraklasse gegen ein gewisses Entgelt. Oder, wenn Du es noch deutlicher brauchst, unsere schöne Corinna ist... *käuflich*. Verstehst Du jetzt? Es gibt auch ein böses Wort dafür – *Prostitution*. Menschen kaufen Sex. Du verstehst? Und wenn ich es nicht besser wüsste, würde ich glatt vermuten, Deine siegesgewisse Val kauft gerade die schöne Corinna. Das ist ja außerordentlich pikant."

Lenas Augen funkeln wie kleine Sterne, als sie sich die ganze Szene noch einmal vorstellt. In ihrer anzüglichen Art ist Lena einfach unschlagbar.

Pikant? Ich denke pikant trifft es nicht wirklich. Ich weiß nicht, ob ich es *außerordentlich pikant* finden soll oder einfach nur furchtbar oder einfach ganz normal. Was ist schon normal!? Und warum sollte Val nicht eine Frau kaufen? Warum soll sie nicht für Sex bezahlen? Was weiß denn ich, was in Val vorgeht? Gar nichts weiß ich. Ich weiß nur, dass es schlimm war und dass es wunderschön war, Val wieder zu sehen. Und dass ich mich noch immer so sehr nach ihr sehne. Ob sie nun schöne Corinnas kauft oder nicht.

„Was wirst Du nun tun? Du hast doch wohl nicht ernsthaft vor, Dich Deiner kapverdischen Liebhaberin wieder vor die Füße zu werfen, zumal sie sich offenbar gerade eine frische Corinna gekauft hat?" Lena ist ungeheuerlich.

„Würdest Du bitte aufhören, sie meine ‚kapverdische Liebhaberin' zu nennen, ja? Und wenn Du es genau wissen willst, Lena, ich habe nicht die geringste Ahnung, was ich tun werde. Und überhaupt, Lena, woher weißt Du eigentlich, dass unsere schöne Corinna diesem Gewerbe nachgeht, hm? Solltest Du da gar Einblicke haben?"

Lenas grinsendes Schweigen spricht Bände. „Nun, man hört so dies und das...", lacht Lena. Eigentlich überrascht es mich nicht, dass auch Lena offenbar zu den Frauen gehört, die sich gelegentlich eine Frau kaufen. Für die Lust. Für die Leidenschaft. Einfach so. Als wäre nichts dabei. Und eigentlich ist ja auch nichts weiter dabei. Männer tun es täglich, tausendfach. Warum also sollen nicht auch Frauen für bloßen Sex Frauen kaufen?

Außerordentlich pikant!? Gar nichts werde ich tun, denke ich. Nichts. Ich glaube ja noch nicht einmal, dass Val sich tatsächlich meldet. Und wenn sie sich meldet? Werde ich sie treffen? Ich weiß es nicht. Ich weiß nur, dass ich sie ganz sicher niemals auf die Sache mit der schönen Corinna ansprechen werde. Auch wenn Lena das noch so gerne wissen möchte. Da muss sie sie schon selbst fragen, wenn sie es so *außerordentlich pikant* findet.

Die Frauen auf der Party am Abend tragen alle die gleichen, gesichtslosen Masken. Wie im falschen Film stehe ich wieder einmal am Rande der Arena und betrachte deren unnützes Umeinandergeturtel. Was für ein Jahrmarkt der Eitelkeiten. Lena allerdings amüsiert sich köstlich. Irgendeine von diesen unzähligen Ameisenköniginnen scheint ihr Augenmerk auf sich zu ziehen. Sie wird wohl für eine kurze Zeit Lenas neues Spielzeug. Hübsch, aber eben maskenhaft. Denn mehr als nur Spiel ist es nicht, was sich zwischen diesen Frauen bewegen wird. Und ich stehe wieder einmal am Rand des Geschehens, als Zaungast und habe einzig Sehnsucht nach Val. Ob sie nun schöne Corinnas kauft oder nicht.
Aber es wird sich ändern müssen. Ich will keine immer wieder verschwindende Val. Ich will keine angebrochenen Nächte mehr, in denen ich nach wilden Stunden alleine in meinem Bett liege, weil Val Angst vor dem Morgen danach hat. Ich will keine Val um jeden Preis. Ich will keine Rücksicht mehr nehmen müssen auf ihre Angst, wir könnten plötzlich mehr als nur ein Verhältnis sein. Ich will kein Teil mehr sein in diesem maskenhaften Spiel der Ameisen. In diesem hohlen, einsamen Nebeneinanderher. Ich will kein Darsteller auf diesem Jahrmarkt der Eitelkeiten sein. Und möglicherweise eines schönen Tages als eine Trophäe von einer zur anderen gereicht werden.
Es muss sich alles ändern, Val. Es ist mir vollkommen egal, ob Du schöne Corinnas kaufst, weil sie Deinem Gefühl nicht gefährlich werden können. Oder ob Du schöne Corinnas kaufst,

weil Du keine Zeit hast für anstrengende Verhältnisse. Wer weiß schon, was Du so tust. Vielleicht hat Lena Recht und es ist tatsächlich *außerordentlich pikant*, dass Du Frauen kaufst, dass Du mit Frauen Sex hast, die Du dafür bezahlst. Ich weiß es nicht. Vielleicht, meine schöne Valerie, hast Du einfach nur Angst davor, dass Dir mal eine Frau zu nahe kommt und Du nicht mehr die Regie über Deine Gefühle hast. Natürlich kannst Du das umgehen, indem Du Dich von Verhältnis zu Verhältnis schlägst. Oder indem Du schließlich für die Gunst der Frauen bezahlst, weil Du dann ganz sicher gehen kannst, dass keine unnötigen Gefühle dazwischen sind.

Wenn Du wieder kommst, Val, will ich, dass Du bleibst.

8.

Mai

Ist es Liebe, wenn es wehtut?

"*Untergang des Abendlandes*" steht da wirklich. Angewidert lege ich die Zeitung beiseite. Nein, das will ich mir an diesem schönen, mild-verregneten Sonntag nicht antun. Ich widme meine Aufmerksamkeit lieber dem Brief, den ich immer noch nicht gelesen habe, weil ich doch eigentlich schon weiß, was drin steht und weil ich eigentlich doch weiß, dass ich das alles gar nicht hören will. Ich lese die ersten Zeilen. Das reicht bereits, um den Brief gleich wieder zuzuklappen.

„*... Wie kannst Du nur so ignorant sein*" lese ich da mit gequälter Miene, „*... vielleicht musst Du lernen, respektvoller mit Menschen umzugehen, von denen Du immer behauptest, dass sie Dir etwas bedeuten.*"

Der Brief ist von Marla. Seit einigen Monaten haben wir wieder flüchtigen Kontakt. Einfach nur so. Wir telefonieren gelegentlich. Wir schreiben uns hin und wieder. Eigentlich war alles geklärt zwischen uns, so glaubte ich jedenfalls seit meiner Abreise nach Korfu im letzten Sommer, als wir unsere abenteuerliche Affäre mit einem, wie ich dachte, versöhnlichen Federstrich beendeten. Beidseitig. Ein Abenteuer lief eben auf sein Ende zu. Auf sein abgezeichnetes Ende. Nicht überraschend. Von Anfang an waren wir uns darüber im Klaren, dass wir uns nur aneinander abreagiert haben, dass wir einander Ventil waren. Nicht mehr. Es war schön und spannend, aber es war eben ohne emotionalen Tiefgang.

„So etwas gibt es doch, Marla, das solltest gerade Du nun wissen bei Deinem turbulenten Lebens- und Liebeswandel -" habe ich ihr neulich erst auf ihre Vorwürfe hin geantwortet. Das war aber auch nicht wirklich das, was sie von mir hören wollte.

Marla fand dann nach kurzen Phasen der Wirrnis, die sie zunächst ihrem Freund wieder in die Arme trieb, im letzten Herbst ihre Katie, mit der sie seitdem lebt, liebt und - leidet. Ja, sie leidet. Beide leiden. Sonderbare Konstellationen gibt es, die das Leben da für uns bereithält. Warum sich Menschen freiwillig und bei vollem Bewusstsein das Leben miteinander schwer machen!? Die beiden Frauen leiden irgendwie aneinander, sie zerfleischen sich emotional, aber ich werde den Verdacht nicht los, dass sie es auf eine Weise genießen. Sonst ließen sie es doch, oder? Katie hat ein bemerkenswert einnehmendes Wesen, sie bindet, man kann fast sagen kettet Marla an sich wie ein Schoßhündchen. Lässt der armen Marla kaum Raum zum atmen. Zwingt Marla ein Leben auf, das ihr nicht entspricht. Dreht Marla sich einmal zu weit aus ihrer beider Karussell, gibt es veritable Szenen einer Ehe. Und Marla, die Eingezwängte, die beantwortet Katies Ketten-Karussell mit notorischem Fremdgehen. Jeder Ansatz des Eingeengtseins löst bei Marla Fluchtreaktionen aus, dann brennen bei ihr sämtliche Sicherungen durch und sie findet sich jedes Mal in den Armen einer anderen Frau wieder. Bereut manchmal, manchmal auch nicht. Aber Marlas tollkühne side-slides in die Betten anderer Frauen verängstigen dann wieder die arme Katie. Und Katie, die Betrogene, reagiert ihrerseits mit Vertrauenspanik und erneuter Ankettung. Schlimmer Teufelskreis. Und ich frage mich, warum die beiden sich das antun. Aber sie scheinen sich zu lieben, auf eine Weise, auf ihre Weise.

Aber das hat alles nun mit mir nichts mehr zu tun. Ich beobachte all dies aus der Distanz. Marla war im letzten Jahr mein notwendiger Sturm, wir waren einander wechselseitig das gesuchte Schlachtfeld der Experimente. Wie gesagt, wechselseitig. Sie für mich und ich für sie. Vielleicht war sie letztlich der Stein, der mein Leben ins Rollen brachte. Nicht mehr, nicht weniger. Ich empfinde heute noch ein kleines Stück Vertrautheit, Freundschaft allenfalls, aber keineswegs Verantwortung. Irgendetwas ist ihr nun aber in den letzten Wochen in den Kopf gestiegen, seit sie ihre Beziehung zu Katie endgültig an die Wand gefahren hat. Sie hat wohl den Bogen endgültig überspannt. Offenbar hat sie ihre tollkühnen side-slides in die Betten anderer Frauen zur Gewohnheit werden lassen und nicht einmal mehr den Versuch unternommen, es zu bereuen. Vielleicht lernen beide aus dem Zusammenprall. Manche Menschen müssen erst richtig auf dem Boden aufditschen, damit sie aufwachen und merken, dass etwas schief läuft. Vielleicht wird Marla nun etwas sesshafter, was Frauen angeht. Vielleicht wird Katie etwas weniger einzwängend. Aber aus irgendeinem mir vollkommen unverständlichen Grund hält Marla mich für mitschuldig an der ganzen Angelegenheit und setzt mich in regelmäßigen Abständen unter ein bleiernes Bombardement aus Fragen und Vorwürfen.

Aber heute will ich das nicht, gerade heute nicht. Nicht nach *dieser* Nacht, die mir noch immer knisternd in den Knochen steckt. Heute leiste ich mir den Luxus der Ignoranz gegenüber den Problemen der anderen. An diesem Sonntagmorgen ignoriere ich diesen allumfassenden, gediegenen Generalverriss in Marlas Brief. Denn ich weiß bereits, was nun kommt und habe schon keine Lust mehr weiter zu lesen. Ich habe nie behauptet, dass sie mir nichts bedeutet. Ich habe allerdings auch nie behauptet, dass ich mit ihr leben will. Ich habe ihr nie mehr versprochen als das, was war. Habe offen nur die Gefühle gelebt, die ich hatte. Ich hatte Spaß mit ihr in der kurzen Zeit. Sie hatte Spaß mit mir in der kurzen Zeit. Nicht mehr, nicht weniger. Und ich habe vor allem nichts damit zu tun, dass Marla heute sexuell Amok läuft und ihre Katie vor die Wand laufen lässt. Mein kurzes kleines Abenteuer mit Marla schallt irgendwie von ganz fern nur noch schemenhaft zu mir herüber, wie aus einer fernen Welt, wie aus einem anderen Leben. Ihre Briefe klingen allmählich nur noch wie ein schwaches Echo aus einem fernen Tal. Und heute nun dieses bleierne Bombardement. Nein, Marla, nicht heute. Ich lese Deinen Brief heute nicht. Nicht nach *dieser* Nacht!

Ich äuge stattdessen noch einmal mutig auf die Zeitung, von der ich mir die willkommene Ablenkung erhoffe. Dann, denke ich, befasse ich mich doch lieber mit diesen maulenden Menschenhassern, die das Ende der Welt kommen sehen durch die Einführung der „Homo-Ehe" (schlimmes Wort, wer das in die Diskussion eingebracht hat, gehört erschossen). Unfassbar, was man heutzutage alles so absondern darf. Ideologiegeschwängert werfen die Bewahrer des Abendlandes mit Unrat um sich, um die Überlegenheit des „Normfalls" Heterosexualität zu untermauern. Beleidigend. Ich trage mit meiner Art zu lieben nun also zum *Untergang des Abendlandes* bei?! Wie bedauerlich eigentlich, denke ich, eine jahrhundertealte Kulturlandschaft durch eine Handvoll von Schwulen und Lesben – mir nichts Dir nichts – über den Jordan gehen zu lassen. Das ist schon beachtlich, was man den Homosexuellen da zutraut!

Der Schreiberling, immerhin ein angesehener Politiker, stilisiert die gleichgeschlechtliche Lebenspartnerschaft zur "*zentralen Kulturfrage des christlichen Abendlandes*". Homosexualität als „*zentrale Kulturfrage*"? Was geht nur in diesen Hirnen vor!? Wenn sie wüssten, wie stinknormal die lesbische Liebe ist, wie todbringend langweilig auch hier der Alltag sein kann. Ich sollte ihnen Marlas Brief zu lesen geben, den ich gerade wieder weggelegt habe, damit sie einmal sehen, welchen banalen Beziehungsstress auch *diese bemitleidenswerten Menschen* haben.

Ich schlafe mit einer Frau und denke dabei die schönsten Dinge, empfinde tausend tolle Sachen, aber sicherlich denke ich dabei nicht an das *christliche Abendland*, das zu zerstören ich gerade im Begriff bin.

Und wenn ich da so an die letzte Nacht denke, wie dieses entzückende Geschöpf sich wohlig unter mir räkelte, wie sie lustvolle Laute von sich gab, als ich ihre Erregung immer weiter voranpeitschte, so kann ich mir kaum vorstellen, dass sie dabei „*zentrale Kulturfragen*" im Kopf hatte. Sah jedenfalls nicht so aus. Hörte sich gewiss nicht so an. Ihr Stöhnen ließ auf alle möglichen Gedanken schließen, aber sicher nicht auf *zentrale Kulturfragen*! Mit ihrem Orgasmus hätte sie allerdings schon die Mauern des Abendlandes zum Einsturz bringen können. Fühlte sich jedenfalls so an – in ihr, an ihr. Ach, dieses Weib! Sie roch so phantastisch. Sie warf sich auf mein Bett wie eine Königin, die siegesgewiss ihre Untertanen antanzen lässt, um sich Kurzweil bereiten zu lassen. Eine gestenstarke, hinreißende Frau. Hm. Was für eine hinreißende Frau. Wie sie so dalag und wartete, dass ich mich über sie beuge, weil sie es genießt, ihre Wünsche nur durch Mimik und Signale zu verstreuen. Mein Gott, was für eine Nacht. Von wegen „Kulturfrage". Wenn dies also die „*Zerstörung des Abendlandes*" ist, so will ich nur zu gerne meinen Teil zur Zerstörung beitragen. Wenn ich auf *diese* Lustbarkeiten verzichten sollte im christlichen Abendland, dann bitte, dann stimmt etwas mit dem Abendland nicht.

Ich schlürfe meinen dampfenden Kaffee, lächle in die leere Küche hinein und spiele in Gedanken wieder und wieder die letzte Nacht durch. Wieder und wieder. Hinreißende, siegesgewisse Frau. Wie habe ich ihr bezauberndes, siegesgewisses Lachen vermisst! Wie habe ich ihre Smaragde vermisst! Val! Der Blick fällt wieder auf die Zeitung. Es wird ja immer besser, was ich da so lese. Eigentlich ist es ganz amüsant, wenn man – wie ich heute Morgen – die nötige Distanz mitbringt. Nach *der* Nacht habe ich die nötige Distanz und den nötigen Humor für diese Frechheiten. Da bezeichnet der ehemalige sächsische Justizminister Steffen Heitmann die Einführung der "Homo-Ehe" als "*schicksalhafte Entscheidung für die Gesellschaft*", in der die Partnerschaft von Mann und Frau die einzig fördernswerte Lebensform sei. Da haben die „Siegesgewisse" und ich letzte Nacht also „Schicksal" gespielt?! Mit der Gesellschaft? Wir haben demnach die Kultur zerstört? Jeder Orgasmus ein Meilenstein auf dem Weg in eine gottlose Welt? Jetzt beginnt der Beitrag mich doch allmählich zu interessieren:

> *"Die menschliche Kultur basiert auf der Form des Zusammenlebens von Mann und Frau. Und dies zu verändern heißt, unsere Kultur in eine andere Richtung zu lenken."*

Das ist ja grauenvoll dämlich. Wenn man homosexuelle Partnerschaften mit eheähnlichen Rechten ausstattet, bedeutet dies für Leute wie Heitmann, die Homosexualität als normale Option anzusehen, sie gar zu fördern? Und wenn schon. Gefährliche Argumentation. Er bezeichnet es damit als *Gefahr*, dass Homosexualität zum Kanon des Normalen gehören könnte. Die Furcht vor der "normalen Option" Homosexualität. Das ist ja abstrus. Und, ja, warum eigentlich nicht? Ich lese daraus, dass die Mehrheit Homosexuelle zwar duldet, nicht aber akzeptiert. Heitmann gesteht munter zu, er habe "*keine Probleme damit, Homosexuelle zu dulden*". Na, das ist ja reizend großzügig. Dann kann ich mich ja jetzt entspannt zurücklehnen und bei der nächsten unflätigen Anmache auf der Straße ganz sicher sein, dass mir die Duldung meiner Mitmenschen gewiss ist. Denn sie schlagen mich ja nicht tot, nein, sie dulden mich ja von ganzem Herzen und aus tiefster demokratischer Überzeugung. Schwere Kost für einen so milden Sonntagmorgen, für einen Morgen nach so einer Nacht. Ich lese von einem Klima der Duldung, nicht aber der Akzeptanz. Ich habe also an diesem Sonntagmorgen eine "Existenzberechtigung" - und nicht mehr bedeutet letztlich Duldung, auch wenn man sie für Toleranz ausgibt. Nicht aber teilhabende Rechte. Jetzt reicht es mir doch und ich lege Herrn Heitmann wieder beiseite. Das ist selbst für meine zwitschernde Laune heute Morgen zu starker Tobak. Es reicht.

Die „Siegsgewisse" ist bereits fort. Sie bleibt niemals über Nacht. So ist sie eben. Normalerweise stört mich das nicht. Ich kenne sie nur so. Aber heute ist das anders. Heute – nach *dieser* Nacht – ist das anders. Heute hätte ich sie so gerne noch hier. In meiner Küche, heute hätte ich gerne mit ihr einen heißen Kaffee getrunken, hätte sogar ihre Lieblingsbrötchen von dem Bäcker unten an der Kreuzung geholt. Vielleicht. Heute hätte ich sie gerne hier gehabt. Bei mir. Ich hätte mit ihr gefrühstückt. Hätte mit ihr bei einer Tasse Kaffee über die *„zentrale Kulturfrage"* und das *„christliche Abendland"* geschmunzelt. Und dann – wer weiß - sogar noch ein wenig mit ihr an dessen Zerstörung gearbeitet. Morgens ist es fast noch schöner, sich zu lieben. Sie wieder in meine Arme zu schließen, sie zu küssen... So zärtliche Gedanken an einem mild-verregneten Sonntagmorgen. Aber die „Siegesgewisse" ist eben bereits fort.
Irgendwie aber komme ich von dieser schlechten Diskussion über die frechen „Abnormalen", die nun auch noch Rechte einfordern, nicht los. Als Totschlagargument lese ich nun die letzte der Gemeinheiten: *„Zeugung und Aufzucht von Kindern innerhalb der Familie"*, derer homosexuelle Paare aufgrund der biologischen Gegebenheiten nicht fähig seien. Die Ehe als *"Keimzelle"* der Familie. Aber bitte, welche Paare haben heute denn noch gemeinsame Kinder? Und dennoch sind sie Keimzelle. Es geht also um etwas vollständig anderes, es ist die Angst vor dem Verlust von starren Normen. Die Angst der

Mehrheit vor der Minderheit, die alles in Frage zu stellen scheint. Die Angst vor Veränderung.

Sollte ich mich also jemals entschließen, mit meiner „Siegesgewissen" ein Kind aufzuziehen, so dürfen wir uns nicht Keimzelle nennen. Ein ohnehin schlimmes Wort, ich glaube, ich möchte gar keine Keimzelle sein, denke ich und schiebe diesen Gedanken wieder zurück in diese stets gut verschlossene Schublade meines Bewusstseins, in der ich meine mittlerweile ganz beträchtliche Sammlung von unbequemen Gedanken sorgfältig aufbewahre. Im Laufe der Jahre kommt da allerhand Unbequemes, Unausgegorenes, Verdrängungswürdiges zusammen. Nun also auch noch die Keimzellenfrage. Keimzelle!? Aber beleidigend ist es doch an diesem Sonntagmorgen.

Irgendetwas bringt mich dazu, mich dennoch durch diese dumme Diskussion zu quälen und weiter zu lesen. Diese Journalistin aus der taz schafft es dann, meine leidlich desillusionierte Sonntagsmiene wieder zu erheitern. Wunderbar spitz fragt sie nach der Keimzellenfunktion in den Fällen von Unfruchtbarkeit, Totenbett- oder Scheinehen:

> *„Wenn also Oma Böhlke ihren Nachbarn Opa Kuschinski heiratet, steht völlig außer Frage, dass diese Verbindung unter dem Schutz der Verfassung stehen soll. Es geht dabei offensichtlich nicht um Kinder. Sondern um Liebe und Füreinandereinstehen. (...) Doch wo liegt dann noch der Unterschied zu einer homosexuellen Verbindung?"*

Einfach herrlich, dieses Bild von Oma Böhlke und Opa Kuschinski, das die Absurdität der Keimzelle auf den Punkt bringt! Eine spitze Karikatur.

Seit langen Wochen schon zieht sich diese schlimme Debatte um die „Eingetragene Lebenspartnerschaft" durch die beleidigte Öffentlichkeit und treibt die sonderbarsten Blüten. Manchmal weiß ich nicht, ob ich darüber lachen oder weinen soll. An manchen Tagen, wenn die Wogen der Empörung über die „frechen Abnormalen" wieder einmal über den starrsinnigen Köpfen der Hetzer zusammenschlagen, fürchte ich einfach, dass die ganze Diskussion über rechtliche Anerkennung uns um Jahre zurückwerfen könnte. Dass durch die Forderung nach Toleranz wieder ein Klima der Intoleranz provoziert werden könnte. Manche Äußerungen der Hetzer sind so unglaublich beißend, sind so haarsträubend erniedrigend. Manche Kommentare verkleben die Zeitungen, weil sie vor Hass und Ablehnung triefen. Wovor eigentlich haben sie Angst? Die abendländische Urangst, vor was eigentlich? Manche hasserfüllten Äußerungen hallen wie ein böses Echo nach aus irgendwelchen fernen Welten, die wir längst für überwunden glaubten im Zeitalter der Aufklärung. Mittelalterliche Fratzen schneiden ihre Grimassen unerklärlich weiter.

Aber es sind moderne große Volksparteien, die sich einreihen in den Kanon der Hetzer. Wie sehr sich hinter der Ablehnung der „Homo-Ehe" tief sitzende Vorbehalte gegen Homosexuelle im Grundsätzlichen verbergen, lese ich heute Morgen in diesem grässlichen Thesenpapier. Ein bitterer Abklatsch der rigiden Homophobie der 50er und 60er Jahre: *„Angesichts der wissenschaftlich ungeklärten Ursachen der Homosexualität und im Hinblick auf Menschen mit bisexueller Orientierung und auf Jugendliche"* sei zu bedenken, so wabert das Papier im staubig-ablehnenden Raum, *„dass eine demonstrative rechtliche Gleichstellung auf Verhaltensdispositionen zurückwirken und gegenwärtig unabsehbare soziale, kulturelle und psychologische Folgewirkungen haben könnte."*

Hier schwingt die Befürchtung mit, dass Homosexualität epidemieartig um sich greifen könnte, als drohe eine Massenflucht ins schwule Lager. (!) Als könnten gefährdete Personen wie Bisexuelle (als gerade eben noch Rettbare!) und Jugendliche unrettbar verdorben werden. Eine absurde Sicht, die den Schwulen und Lesben eine besondere Anziehungskraft zuschreibt und immer noch mit dem jahrhundertealten Vorurteil der Verführbarkeit und der homosexuellen Triebhaftigkeit um sich wirft. Soziologen müssten doch ihre helle Freude an dieser Diskussion haben! Eine wahre Fundgrube, eine gefüllte Schatztruhe geradezu für Mentalitäts- und Vorurteilsforschung. Da bekäme man Lust, über die Entwicklung und Verstetigung von gesellschaftlichen Feindbildern zu schreiben. Man muss derzeit nur die Zeitungen aufschlagen oder offen als lesbisches Paar durch die Straßen gehen und hat seine Materialsammlung in wenigen Augenblicken schon zusammen. Wenn es nicht so bitter wäre, meine ich. Wenn es nicht so beleidigend wäre, meine ich. Man sollte einmal darüber schreiben. Im Wort offenbart sich manchmal erst der Stumpfsinn des Gedankens. Und überhaupt - *„wissenschaftlich ungeklärte Ursachen"*!? Muss man Liebe zwischen Frauen oder zwischen Männern *„wissenschaftlich klären"*, als handelte es sich um einen körperlichen, genetischen Defekt? Was gibt es da zu klären!? Ich benötige keine wissenschaftliche Erklärung dafür, dass ich in den hübschen Armen meiner „Siegesgewissen" vor Erregung zerplatze, dass sie mir den Verstand aus dem Hirn vögelt. Wenn man diese perlende Form der Erregung mit dieser wundervollen Frau als genetische Katastrophe bezeichnen will, soll es mir recht sein. „Nennt es wie Ihr wollt", murmele ich in meinen immer noch dampfenden Kaffee. Wenn diese tiefen Orgasmen ein physischer Defekt, eine zu erforschende Krankheit sind, so bin ich gerne bis ans Ende meiner Tage krank oder defekt. Nennt es also wie Ihr wollt, für mich es ist einfach wunderbar, denke ich erhaben über diesen Blödsinn, über die *wissenschaftlich ungeklärten Ursachen* meines gestrigen Treibens.

Und die Frage der Verführbarkeit? überlege ich einen Moment und verschütte dabei versehentlich den heißen Kaffee auf meine Jeans. Wenn ich nachdenke, wird meine Körperhaltung manchmal nachlässig. Die Muskulatur entspannt sich und - die Tasse hängt schief. Die dampfende Flüssigkeit ergießt sich über mein Bein. Der heiße Kaffee auf meinem Oberschenkel holt mich für einen Augenblick wieder zurück in meine Küche. Ins Hier und Jetzt. Gehen Kaffeeflecken eigentlich raus? Mom. Ich kleckere, verschütte irgendetwas oder ruiniere Tischdecken, indem ich den Tee zu hektisch eingieße – und immer der Gedanke an Mom. Das wird sich nie ändern. Gehen Kaffeeflecken eigentlich raus? Es gibt wohl feste Verknüpfungen in unserem Hirn, die irgendwo zwischen Geburt und Kindheit gezurrt werden und uns unser ganzes Leben bildhaft begleiten. Nicht unangenehm. In einer Weise auch beruhigend. Vertraut. Ich denke immer an Mom, wenn ich kleckere. Sie sieht mich an und lächelt milde. Beruhigend. Vertraut. Weil ich weiß, dass es nicht schlimm ist, etwas zu verschütten. Darin liegt wohl die unabänderliche Funktion solcher Verknüpfungen. Sie beruhigen uns und geben uns Sicherheit, wenn Unvorhergesehenes geschieht. Der unvorhergesehen heiße Kaffee auf meinem Bein holt das beruhigende Bild von Mom in meinem bildhaften Hirn hervor und sagt mir, dass Kaffeeflecken sicherlich raus gehen. Und dass es keine Katastrophe ist, wenn Kaffeeflecken nicht raus gehen. Es ist also okay. Wie raffiniert unser Hirn arbeitet und unser Unterbewusstsein uns Streiche spielt! Der heiße Kaffee auf meinem Bein holt mich also für einen Moment fort aus diesen absonderlichen Diskussionen der homosexuellen Ursachenforschung. Nun ja.

Verführbarkeit, denke ich. Es liest sich hier so, als handelte es sich um Drogen, um eine totalitäre Weltanschauung oder eine gefährliche Sekte oder so was. Dabei es ist doch so, dass Verführung einfach etwas Zuckersüßes ist. Wenn man es zulässt. Wenn man sich verführen lassen will. Aber man muss es eben wollen. Ich würde nun mittlerweile mit Bestimmtheit sagen, dass ich nicht die geringste Lust verspürte, mich von einem Mann verführen zu lassen. Das geht einfach nicht. Nicht mehr. Wenn es überhaupt jemals ging. Da gibt es einfach nichts zu verführen. Wenn nun aber meine „Siegesgewisse" auch in den unmöglichsten Momenten schlichtweg alle Register zöge, auch wenn ich mich noch so sehr sträubte, da würde es eben Nacht um mich. Man kann aber nur den verführen, der es zulässt.
Die These der homosexuellen Verführbarkeit geht also von falschen Annahmen aus. Zu welcher Logik ich mich an einem solchen Morgen hinreißen lasse!?
Genauso gut könnte man versuchen, einen Baum zu verführen, eine Katze oder einen Fallschirm, denn vergleichbar empfindungslos ist etwa ein heterosexueller Mann gegenüber einer schwulen Anmache. Oder eine heterosexuelle Frau gegenüber der Anmache einer Lesbe. So ist das eben. Eine lesbische Frau lässt sich ebenso wenig von einem Mann verführen wie ein schwuler Mann sich von einer Frau verführen lässt. Da ist es stockfinster in der Empfindungswelt, da fließt einfach kein Strom, da regt sich eben gar nichts. Und wer als heterosexuelles Wesen sich auf homosexuelle Verführung einlässt, nun, der hat dann wohl bereits ein emotionales Auge riskiert, der empfindet eben *so*, der will genau *das* in genau *dem* Moment. Das hieße, dass er diese Gefühle bereits hat, sie lediglich aus Man-

218

gel an Gelegenheit oder warum auch immer, bislang nicht ausgelebt hat. Dann aber ist dieses Gefühl bereits da und es ist wie es ist. Wer sich auf Verführung einlässt, ist eben bereits mit einem Bein im Wasser. Ob ihm das nun klar ist oder nicht. So einfach ist das.

Halt die Tasse gerade, denke ich zwischendurch. Schlampige Körperhaltung. Warum wird beim Nachdenken meine Muskulatur zu Pudding, frage ich mich. *Das* sollte mal jemand wissenschaftlich und ursächlich erklären. Was gibt es aber an meiner Leidenschaft für meine hinreißende „Siegesgewisse" noch wissenschaftlich an Ursachen zu klären? Man empfindet als Frau diese Lust an anderen Frauen oder man empfindet sie eben nicht, so wie man blaue Augen hat oder eben nicht. So wie man eher begnadeter Langstreckenläufer ist oder genialer Schachspieler. Da nimmt man auch vollständig unaufgeregt die Tatsache der einen oder aber der anderen Begabung zur Kenntnis und fragt nicht ständig nach dem Warum. Und wenn ich diese Lust an Frauen nicht empfinde, dann läuft jeder Verführungsangriff ins lächerlich Leere. Ich kann eben, auch wenn ich mich noch so bemühe, einen Baum, eine Katze oder einen Fallschirm nicht verführen. Weil Bäume, Katzen und Fallschirme, nach allem, was wir wissen, keine Erregung empfinden, wenn sich eine auch noch so attraktive Frau ihnen zu Füßen wirft.

Meine simple Logik beißt sich allerdings die Zähne aus an den christlichen Fundamentalisten und ihren Glaubenssätzen. Was man da alles so liest dieser Tage an abwertenden Dingen, die alle streng an der Bibel ausgerichtet sind!? Homosexualität als *„eine von vielen möglichen Neigungen zu sündigen"*, die als "*schlimmer Verstoß gegen die Schöpfungsordnung*" bezeichnet wird.

Da haben meine „Siegesgewisse" und ich letzte Nacht einen bunten Strauß geflochten, ohne es zu wissen: Wir haben küssend ganz *zentral* die *Kultur* beeinträchtigt, dem *christlichen Abendland* liebkosend die zerstörerische Säge angesetzt, mit unserer Erregung *schlimm* gegen die *Schöpfungsordnung verstoßen* und mit unseren tiefen Orgasmen auf *eine von vielen möglichen Arten gesündigt*. Das ist ziemlich viel für nur eine Nacht!

Unter Berufung auf die Bibel (3. Buch Moses 18,22 "*Du sollst nicht bei einem Mann liegen wie bei einer Frau; es ist ein Gräuel*") wirft ein Leserbrief mit Unrat, indem er auf den "Sündenfall" Homosexualität verweist:

> "*Dass der Staat mit seiner 'Homo-Ehe' Unsittlichkeit fördert und Menschen in ihren sündigen Lebensweisen bestätigt, ist gerade homosexuellen Menschen gegenüber lieblos und unverantwortlich.*"

Der Staat hat also die Verpflichtung, uns lesbischen Sünder zu beschützen und uns Hilfe angedeihen zu lassen in dem beschwerlichen Bemühen, einen Weg aus der sündigen Lebensmeile heraus zu finden. Überzeugend barmherzig. Das überschreitet nun wieder diese unsichtbare Grenze zur Lächerlichkeit. Mit all dem Humor, der mir an diesem Sonntagmorgen im Gemüt sitzt, kann ich das amüsant finden. Der Schwachsinn der Gegner schärft den Verstand und schürt den Humor. Ich sündige gern so rauschhaft wie in der letzten Nacht.

Von der Deutschen Bischofskonferenz klingt die Ablehnung auch nicht eben freundlicher. Da hat gleichgeschlechtliche Liebe mal kurzerhand eine *geringere Wertigkeit im Vergleich zur Ehe* und gilt als instabiler: "*Mann und Frau ergänzen und bereichern sich in ihrer Liebe gegenseitig auf besondere Weise - geistig, psychisch und körperlich*". Nun, denke ich, ich habe mich letzte Nacht auch heftig an meiner „Siegesgewissen" *bereichert* und mich in ihr köstlich *ergänzt* und so manches mehr, was diese Vögel in ihrem Stumpfsinn und ihrer knappkarstigen Vorstellung von Schulbuch-Liebe gar nicht ahnen können. *Geistig, psychisch und körperlich* haben wir uns in der letzten Nacht aneinander *bereichert* und *ergänzt*. Wo also ist dann noch der Unterschied zu der anderen Liebe, die allein den Segen der Mehrheit trägt? Es war alles dabei: die geistige Übereinstimmung, die intellektuelle Faszination für den jeweils anderen, das phantasievolle Spiel, das eben geistige Nähe voraussetzt, und eben auch – und zwar aufs heftigste - der körperliche Rausch, die wüste Leidenschaft, der Sex. Die Philippika dieses starrköpfigen Kardinals weiß meine Lust jedoch besser einzuschätzen. Sie sei eben schlichtweg „*böse*", eine „*schwere Verirrung*"

220

und verstoße gegen das „natürliche Sittengesetz". Meine Lust an meiner „Siegesgewissen" und ihrem wundervollen Körper entspringt eben nicht „einer wahren affektiven und geschlechtlichen Ergänzungsbedürftigkeit" und ist deshalb unter „keinen Umständen zu billigen". So lese ich von den katholischen Normalitätsbewahrern, dass meine Leidenschaft unter keinen Umständen zu billigen sei.

Was, bitte, ist „geschlechtliche Ergänzungsbedürftigkeit"? Meint der Kardinal dieses süß-saure Kribbeln, wenn man übereinander herfällt und die Erregung einem durch den Körper und zwischen die Beine schießt? Ist es das? Ist es der Moment des Auseinanderplatzens vor Verlangen, wenn meine „Siegesgewisse" mit ihren wunderhübschen schlanken Händen meine Brüste umschließt und mir dabei fordernd in die Augen schaut?
Ich hätte das letzte Nacht einmal versuchen sollen. Ich hätte sagen sollen „Ach, meine Schöne, weißt Du, ich bin heute Nacht ganz furchtbar geschlechtlich ergänzungsbedürftig". Sie hätte mich ausgelacht oder schlimmer noch, wäre aufgesprungen und wortlos gegangen, weil sie mich für schwachsinnig gehalten hätte.
Meine „Anomalie" also, unter der ich „leide", so lese ich in der Stellungnahme der Katholischen Kirche, „fügt dem Allgemeinwohl schweren Schaden zu". Da ist allen Ernstes die Rede von „schädlichen Auswirkungen auf die Kultur und die öffentliche Moralität". Wie kann, um alles in der Welt, denke ich mit angewidertem Schauer über so viel Engstirnigkeit, wie kann das, was sich in meinem Schlafzimmer, in meinem zugegeben lasterhaften Bett abspielt, dem Allgemeinwohl und der öffentlichen Moralität schaden? Und gelitten habe ich letzte Nacht gewiss nicht. Weder unter Anomalie noch unter sonst irgendetwas. Abgesehen vielleicht von den süßen und gewollten kleinen Schmerzen, die wir uns in der Lust zufügen, um es immer weiter voranzupeitschen. Aber das meint der kluge Kardinal wohl nicht. Davon versteht Hochwürden nichts.

Allenfalls leide ich heute Morgen darunter, dass meine schöne „Siegesgewisse" bereits wieder fort ist. Dass sie partout nicht über Nacht bleiben will. Warum beschäftigt mich ihr Verschwinden gerade heute Morgen so sehr, warum fühlt sich heute Morgen alles so anders an? Hm...

Das erstaunlichste Argument jedoch stammt von einem Redakteur der FAZ, der heute Morgen seine minderheitenfeindliche, homophobe und vorurteilsbehaftete Grundhaltung unter das Volk bringt. Schwer am Rande der Volksverhetzung, denke ich. Er nennt das Lebenspartnerschaftsgesetz ein *„ungeheuerliches Vorhaben"*. Zum Glück - so schreibt er - sei homosexuellen Paaren die Adoption von fremden Kindern verwehrt. Auch die progressivsten Gesetzgeber seien sich nämlich einig, *„dass in solchen ‚Familien' die Inzesthemmung unkalkulierbar sei und man trotz der vielfachen Forderung nach einem Adoptionsrecht dieses Risiko zu Lasten von Kindern nicht eingehen könne."* Jetzt reicht es mir endgültig an diesem milden Sonntagmorgen. *Unkalkulierbare Inzesthemmung?* Das grenzt ja an Volksverhetzung. Ist so was nicht strafbar? Jetzt lege ich den ganzen veröffentlichten Müll endgültig beiseite. Sonst riskiere ich noch, dass diese Heuchler mir meine zwitschernde Laune ruinieren. Das ist ja nicht auszuhalten, was hier an Homophobie unter die Leute verstreut wird wie Pockenimpfung. Homosexualität als „Risiko" für die Gesellschaft, Homosexualität gleichgesetzt mit sexueller Perversion, Kriminalität, Pädophilie und generell „unkalkulierbarer" Triebhaftigkeit. Das ist jetzt nicht mehr komisch, denke ich und stelle meine Kaffeetasse angeekelt weg, als sei es der Kaffee gewesen, der mir auf den Magen geschlagen ist.

Wäre sie jetzt noch hier, könnte ich mit ihr gemeinsam, wie wir es so gerne tun, stundenlang über diesen unflätigen Unsinn schimpfen. Wenn wir uns über die Ignoranz der Umwelt ärgern, dann geschieht das immer mit einem so erfrischenden Humor, dass all dies an Schärfe verliert. „Den Spöttern die Luft ablassen", nennt sie so etwas immer, meine „Siegesgewisse". Mit dem ihr so eigenen Witz fährt sie über solchen Stumpfsinn hinweg und macht ihn damit null und nichtig, als existierten diese Hetzer gar nicht wirklich. Sie hat einen so eigenen, besonderen Charme.

Als vor einiger Zeit der Fuldaer Bischof Dyba seinen beleidigenden Wortmüll über Schwule und Lesben absonderte - seine verbalen Entgleisungen über „menschlichen Abschaum" handelten ihm immerhin eine Strafanzeige wegen Volksverhetzung ein -, da konterte meine schöne „Siegesgewisse" nur lapidar, „Ach, den alten Giftzwerg soll doch der Blitz beim Sch... treffen". Mit Verblüffung, aber auch Besorgnis nahmen wir dann einige Wochen später das plötzliche und unerwartete Ableben des Kirchenmannes zur Kenntnis. Wegen Herzversagen, hieß es. Ich wusste schon immer, dass diese schöne Frau ungeahnte Kräfte in sich birgt, aber Voodoo hätte ich ihr nun doch nicht zugetraut. Geheimnisvoll, diese hinreißende Frau.

Draußen regnet es immer noch, aber durch das offene Fenster spüre ich eine für diese Jahreszeit erstaunlich milde Luft, die mir augenblicklich die Laune wieder aufpoliert. Ich werde mir den hübschen Rest des Morgens versüßen, beschließe ich, indem ich im Wald eine Runde durch den Regen laufe, der mir den ganzen verbalen Müll von der Haut wäscht. Anschließend eine erst heiße, dann kalte Dusche, so wie ich es liebe, und dann werde ich schauen, was der wunderbare Sonntag für mich bereithält.
Warum bleibt sie nie über Nacht? Warum geht sie immer, wenn es am intensivsten ist? Wovor hat sie Angst? Ich blicke noch einen Moment aus dem Küchenfenster hinaus in den gemütlich vor sich hin plätschernden Regen und erinnere mich an diesen einen Augenblick letzte Nacht, unmittelbar bevor in mir alles überschäumte. Dieser sagenhafte Moment unmittelbar vor der Explosion, der Moment, den wir immer gerne festhalten wollen, aber nicht können. Die Sekunden vor dem Aufprall, die wir gerne hinauszögern, weil sie eben die schönsten sind. Ich erinnere mich an meine Tränen, die genau in dem schönsten aller Momente aus meinen Augen strömten, und die meine „Siegesgewisse", meine schöne siegesgewisse Val mir lächelnd aus dem Gesicht küsste. Ich erinnere mich an diese Tränen, die sie trank. Ich war so überrascht und überrannt und überrollt. Überrollt von dieser klirrenden Zärtlichkeit. Es war so intensiv, so schlimm, so tief. Ich glaube es liegt an diesen Tränen, dass sich heute Morgen alles anders anfühlt. Es liegt an der Art, wie sie meine Tränen zärtlich wegküsste, dass ich sie heute Morgen so vermisse. Es ist dieser intensive Moment, der mir heute Morgen so wehtut. Heute Morgen tut die Sehn-

sucht nach Val so weh. Ist es Liebe, wenn es wehtut? Siegesgewisse Valerie Sennheim.

Das Klingeln reißt mich aus den schwirrenden Gedanken. Ich
schlurfe zur Tür und denke, dass es wohl wieder Schnapsdros-
sel Kaltenbrunner ist, der sich möglicherweise über den Lärm
beklagen will, den wir letzte Nacht offenbar gemacht haben.
Ich erinnere mich zumindest an einige recht heftige Laute, die
die Lust uns manchmal entlockt. Vielleicht war die Musik auch
ein wenig zu laut. Ach, Kaltenbrunner, denke ich, und trotte
milde zur Tür. Soll er heute doch quaken. Was soll mich nach
dieser Nacht noch erschüttern? Ich mache die Tür auf und sehe
in Vals glitzernde Smaragde.
„Ich hätte bleiben sollen letzte Nacht", sagt Val zögernd.
Wie lange habe ich auf diese kleine Geste gewartet! Dass sie
nach solchen Stunden einfach bei mir bleibt. Und jetzt steht Val
nur so da, vor meiner Wohnungstür, mir ihrer kleinen Ledertasche, als wäre sie nur mal eben zum Brötchenholen weg gewesen. Da steht sie nun an diesem Sonntagvormittag. Nach dieser
Nacht, in der sie mir den Verstand aus dem Leib gevögelt hat.
„Ja. Du hättest bleiben sollen. Aber Du kannst jetzt immer noch
bleiben. Der Kaffee ist noch heiß. Komm schnell..."
Ich ziehe Val zu mir heran, umschlinge sie ganz sanft und bade
in dem wunderbaren Gefühl, endlich nach Hause gekommen
zu sein. Nach einer langen Irrfahrt endlich angekommen zu
sein. So fühlt sich ihre Umarmung an diesem Sonntagvormittag an, nach dieser rauschhaften Nacht. So fühlen sich Vals
Berührungen heute Vormittag an. Vertraut schlägt sie mit ihrem rechten Fuß hinter sich die Wohnungstür zu, die sehr sanft
ins Schloss fällt wie der Buchdeckel eines zu Ende gelesenen
Romans, und ich zerfließe in Vals Armen zu Butter...

Milton Keynes UK
Ingram Content Group UK Ltd.
UKHW031159061224
452240UK00001B/32

9 780956 297808